Umberto Eco

Wie man eine wissenschaftliche Abschlußarbeit schreibt

Doktor-, Diplom- und Magisterarbeit in den Geistes- und Sozialwissenschaften

Ins Deutsche übersetzt von Walter Schick

2., ergänzte Auflage der deutschen Ausgabe

C. F. Müller Heidelberg

CIP-Titelaufnahme der Deutschen Bibliothek

Eco, Umberto:
Wie man eine wissenschaftliche Abschlußarbeit schreibt :
Doktor-, Diplom- u. Magisterarbeit in d. Geistes- u.
Sozialwiss. / Umberto Eco. Ins Dt. übers. von Walter Schick. –
2., ergänzte Aufl. d. deutschen Ausg. – Heidelberg: Müller, 1989
(UTB für Wissenschaft : Uni-Taschenbücher ; 1512)
Einheitssacht.: Come si fa una tesi di laurea <dt.>
ISBN 3-8114-1789-4
NE: UTB für Wissenschaft / Uni-Taschenbücher

Originaltitel: Come si fa una tesi di laurea

Einbandgestaltung: Alfred Krugmann, Stuttgart
Satz und Druck: Laub GmbH & Co. KG, Elztal-Dallau
ISBN 3-8114-1789-4

Vorwort des Übersetzers

Umberto Ecos »Come si fa una Tesi di Laurea« hat in den zehn Jahren seit seinem ersten Erscheinen in Italien schon viele Auflagen erlebt und vielen Studenten geholfen, die Hürde der dort für den Universitätsabschluß allgemein notwendigen Promotion zu nehmen. Der Erfolg des Buches hält an. Das allein wäre allerdings noch kein Grund, es auch ins Deutsche zu übersetzen. Denn sicher ist es in erster Linie auf italienische Verhältnisse zugeschnitten, und seine Ratschläge lassen sich vom deutschen Leser nicht so unmittelbar umsetzen wie vom italienischen. (An eine Übersetzung in andere Sprachen war ursprünglich nicht gedacht. Gleichwohl liegen inzwischen Übersetzungen in mehreren Sprachen vor.) Unter drei Aspekten verdient das Buch auch unser Interesse und gerade das Interesse eines Studenten, der eine wissenschaftliche Abschlußarbeit vor sich hat.

Es ist zum ersten eine erfrischend unkonventionelle Handreichung (den Ausdruck Lehrbuch würde Eco selbst sicher zurückweisen) für das wissenschaftliche Arbeiten, mit vielen allgemeingültigen Ratschlägen und praktischen Anregungen. Der Anfänger wie der, der schon Erfahrung mit der wissenschaftlichen Arbeit hat, wird es nicht zuletzt wegen der vielen Beispiele aus den unterschiedlichsten Bereichen mit Gewinn, streckenweise mit Spannung lesen. Auch wo Eco in die Rolle des Studenten schlüpft, kann er ja den Meister nicht verleugnen.

Das Buch erlaubt zum zweiten einen Blick in die bei uns weithin unbekannte italienische Universitätswelt aus einer besonders interessanten Perspektive, und es stellt insofern auch ein kulturgeschichtliches Dokument dar. Der zusätzliche Blick in die »Werkstatt« Ecos kommt hinzu; denn Beziehungen zu anderen Werken Ecos werden nicht nur durch jenen Abbé Vallet hergestellt, der im vorliegenden Buch wie in »Der Name der Rose« eine Rolle spielt.

Und schließlich steht das Buch für eine wissenschaftliche Arbeitsweise, die angesichts des Übergreifens neuer Techniken der Dokumentation und des Schreibens auch auf diesem Bereich in Gefahr geraten könnte. Insofern könnte es als Mahnung verstanden werden, bewährte Arbeitsweisen nicht leichtfertig über Bord zu werfen und das Neue darauf zu prüfen, ob es sich mit den Anforderungen wissenschaftlichen Arbeitens verträgt.

Die Übersetzung konnte und sollte nichts daran ändern, daß das Buch auf italienische Verhältnisse zugeschnitten ist und daß die meisten Beispiele den Arbeitsgebieten Ecos entstammen. Vom Leser wird also ein weiterer, »sachlicher« Übersetzungsschritt erwartet: er muß feststellen, was die Aussagen für unsere wissenschaftlichen Verhältnisse und für sein Fach bedeuten. Insbesondere sollten die mehr technischen Hinweise (etwa zur Zitierweise) im Hinblick auf das bei uns Übliche und Geforderte kritisch gelesen werden.

»Bearbeitet« wurde unter zwei Aspekten: Weggelassen oder ersetzt wurden Angaben, die für den deutschen Leser unter keinem Aspekt interessant gewesen wären (etwa zum Leihverkehr zwischen italienischen Bibliotheken oder über die Akzentsetzung im Italienischen). Ferner werden Namen und Begriffe, die dem italienischen Leser, nicht aber dem deutschen vertraut sind, in einem Anhang erläutert, soweit das für das Verständnis nützlich erscheint. Die entsprechenden Ausdrücke wurden durch * gekennzeichnet. Das ausführliche und geradezu spannende Kapitel über die Materialsuche in der Bibliothek von Alessandria mit seiner Vielzahl von Namen und Begriffen wurde dagegen ohne Erläuterungen übersetzt, weil es hier auf das *Wie* und weniger auf das Was ankommt. Anmerkungen des Übersetzers im Text oder Übersetzungen italienischer Titel sind in eckige Klammern gesetzt.

Ein letztes: seinem Titel nach hat das Buch die »Tesi di Laurea« zum Gegenstand. Diese hat im deutschen Universitätssystem keine unmittelbare Entsprechung. Darum wurde in der Übersetzung meist der neutralere Ausdruck (wissenschaftliche) »Abschlußarbeit« gewählt – auch um die Spannweite jener Formen wissenschaftlicher Arbeiten zu kennzeichnen, auf die die Ratschläge des Buches anwendbar sind. Gelegentlich wurden allerdings auch andere Ausdrücke (Arbeit, Doktorarbeit) verwendet.

Beibehalten wurde Ecos Anrede der Leser mit »ihr«; diese vertrauliche Form ist an der italienischen Universität auch im persönlichen Umgang mit ratsuchenden Studenten denkbar. Auch wenn das in Deutschland weniger vorstellbar ist, hätte ein Übergang zum »Sie« den kameradschaftlichen Ton, der das Buch kennzeichnet, verfälscht.

Frau Glorianna Bisognin und Frau Christiane Loskant haben die Übersetzung kritisch durchgesehen und viele wertvolle Anregungen eingebracht. Ihnen bin ich zu großem Dank verpflichtet.

Walter Schick

NACHTRAG ZUR 2. AUFLAGE

Auch mit Übersetzungen hat es zuweilen eine eigenartige Bewandtnis. Die hier vorliegende des Buches von Umberto Eco, die der ersten Auflage zugrundeliegt, basiert, einschließlich des Vorworts, auf der italienischen Ausgabe in der Reihe *Tascabili Bompiani,* die der Übersetzer zu wiederholten Malen aus Italien erhielt. Nachträglich hat sich jetzt herausgestellt, daß es auch noch eine zweite Ausgabe des Buches in der Reihe *Strumenti Bompiani* gibt (ein gutes Beispiel übrigens für die von Eco in seinem Buch geschilderten Schwierigkeiten beim Umgang mit dem Material). Sie hat ein geringfügig größeres Format und ist äußerlich anders aufgemacht, aber im übrigen im

Hauptteil text-, seiten- und druckgleich mit der Taschenbuchausgabe. Was beide Ausgaben unterscheidet, ist das Vorwort. Es ist in der Neuausgabe erweitert, und Eco hat in den neu hinzugefügten Teilen acht Jahre nach dem Erscheinen der Erstausgabe eine Art Zwischenbilanz gezogen. Besonders interessant und in gewisser Weise den Inhalt des Buches sachlich ergänzend sind jene Ausführungen, in denen Eco – anregend wie immer – von seinen eigenen Erfahrungen mit seinem Buch und mit Reaktionen auf das Buch berichtet. Darum wird nachstehend das erweiterte Vorwort abgedruckt:

»Vorwort zu dieser Ausgabe

1. Diese neue Ausgabe meines Buches erscheint acht Jahre nach der ersten. Ursprünglich geschrieben, um meinen Studenten nicht immer die gleichen Empfehlungen wiederholen zu müssen, hat das Buch eine ziemlich weite Verbreitung gefunden. Ich bin jenen Kollegen dankbar, die es auch heute noch ihren Studenten empfehlen, aber vor allem bin ich jenen Studenten dankbar, die im Laufe ihres Studiums den Anschluß verpaßt hatten, das Buch zufällig entdeckt und mir dann geschrieben haben, daß sie, dank dieser Seiten, endlich die Kraft gefunden haben, ihre Abschlußarbeit anzufangen oder auch abzuschließen. Ich weiß nicht, ob es gut war, dazu beizutragen, daß sich die Zahl der Leute mit Universitätsabschluß in unserem Land erhöhte, aber es ist nun einmal passiert, und ich muß auch die Verantwortung dafür übernehmen.

Als ich das Buch schrieb, hatte ich die geisteswissenschaftlichen Fakultäten und, auf Grund meiner persönlichen Erfahrung, vor allem die philosophischen und literaturwissenschaftlichen Fakultäten im Auge. Ich habe aber festgestellt, daß sich das Buch für alle als einigermaßen nützlich erwies, weil es im Grunde nicht so sehr vom Inhalt einer Abschlußarbeit handelt, als vielmehr von der seelischen Verfassung, mit der man sich an die Arbeit machen muß, und von der Art und Weise, wie man dabei vernünftigerweise vorgeht. In diesem Sinn wurde das Buch gelegentlich auch von Menschen gelesen, die nicht oder noch nicht an der Universität studierten und sogar von Schülern an höheren Schulen, die eine Untersuchung oder einen Vortrag vorbereiten mußten.

Das Buch wurde auch in andere Sprachen und in Ländern übersetzt, in denen andere Anforderungen an eine Abschlußarbeit gestellt werden als bei uns. Natürlich waren dabei einige Anpassungen durch einen Fachmann vor Ort nötig, aber insgesamt scheinen die Ausführungen für den Export geeignet zu sein. Das erstaunt mich nicht. An jedem Ort der Welt sind die Regeln, wie man vernünftig wissenschaftlich arbeitet, insgesamt gesehen dieselben, gleichgültig, auf welchem Niveau man arbeitet oder wie kompliziert die Angelegenheit ist.

Als ich das Buch schrieb, war die Universitätsreform in Italien noch nicht abgeschlossen, und in der Einleitung vertrat ich die Meinung, daß es nicht nur für die Tesi di Laurea, wie man sie bis dahin verstand, von Nutzen sein könnte, sondern auch für die künftigen ›echten‹ Doktorarbeiten. Ich glaube, daß dieser Blick in die Zukunft vernünftig war, und heute möchte ich das Buch auch für jene empfehlen, die auf Grund einer wissenschaftlichen Arbeit promovieren wollen (obwohl ich hoffe, daß, wer soweit gekommen ist, das, was ich sage, schon gelernt hat – aber man weiß nie).

2. In der Einleitung zur ersten Auflage sprach ich von den Schwierigkeiten der italienischen Universität, die ein Büchlein wie das meinige für tausende und abertausende sich selbst überlassener Studenten nützlich erscheinen ließen. Heute wäre ich glücklich, wenn ich alle noch vorhandenen Exemplare einstampfen lassen könnte und keinen Anlaß sähe, meine Handreichnung noch einmal herauszugeben. Leider kann ich nur wiederholen, was ich damals gesagt habe.

(*Anmerkung des Übersetzers:* Es folgt der Text der alten Einleitung, vgl. S. 1–5 in diesem Buch.)

6. Seit Erscheinen des Buches sind mir ziemlich seltsame Dinge passiert. Von Zeit zu Zeit erhalte ich Briefe, wie den eines Studenten, der schreibt: ›Ich habe eine Abschlußarbeit über das und das und das Thema zu schreiben‹ (und ich versichere, die Palette der Themen ist sehr weit und manche sind mir ganz fremd). ›Können Sie so freundlich sein, mir eine komplette Zusammenstellung der Literatur zu senden, damit ich mit meiner Arbeit weitermachen kann?‹ Wer so schreibt, hat offensichtlich den Sinn des Buches nicht verstanden, oder er hält mich für einen Zauberer. Das Buch will zeigen, wie man selbständig arbeitet, und nicht, wie und wo man jemanden findet, der einem, wie man sagt, die Sache schon vorgekaut hat. Außerdem hat, wer mich um eine Literaturzusammenstellung bittet, nicht verstanden, daß die Anfertigung einer Literaturzusammenstellung eine zeitraubende Angelegenheit ist, und daß ich, sollte ich nur eine der erbetenen Zusammenstellungen schicken, monatelang, wenn nicht länger, arbeiten müßte. Hätte ich soviel Zeit, ich schwöre, ich wüßte sie besser anzuwenden.

7. Aber die seltsamste Sache, die mir passiert ist und die ich erzählen möchte, betrifft eine Seite in diesem Buch. Es handelt sich um das Kapitel IV.2.4. ›Die wissenschaftliche Bescheidenheit‹. Wenn ihr euch die Mühe macht, es nachzulesen, dann seht ihr, wie ich mich bemühte zu beweisen, daß man keinen Beitrag geringschätzen sollte, weil nicht immer die besten Ideen von den größten Autoren kommen. Und ich erzählte die Geschichte, die mir beim Schreiben meiner eigenen Abschlußarbeit passiert war. Ich hatte einen entscheidenden Gedanken, der mir ein dorniges theoretisches Problem gelöst hatte, ausgerechnet in einem kleinen Büchlein von bescheidener Originalität gefunden, das ein gewisser Abbé Vallet 1887 geschrieben hatte und das ich zufällig bei einem Bouquinisten gefunden hatte.

Nachdem das Buch erschienen war, hat ihm Beniamino Placido eine amüsant zu lesende Rezension in Repubblica vom 22. September 1977 gewidmet. Bei dieser Gelegenheit führte er sinngemäß aus, ich hätte das Abenteuer Forschung als die Geschichte einer Märchenfigur dargestellt, die sich im Wald verirrt hat und die (wie es im Märchen vorkommt und wie es W. I. Propp theoretisch dargestellt hat) an einem bestimmten Punkt einem Wundertäter begegnet, der ihr den Magischen Schlüssel zur Verfügung stellt. Die Vorstellung von Placido war gar nicht so abwegig, Forschung ist immer auch ein Abenteuer, aber Placido ließ auch durchblicken, daß ich mir für mein Märchen den Abbé Vallet erfunden habe. Als ich Placido später einmal traf, habe ich ihm gesagt: ›Du hast Unrecht, den Abbé Vallet gibt es, besser gesagt, es gab ihn, und ich habe noch ein Buch von ihm zuhause; ich habe seit zwanzig Jahren nicht hineingeschaut, aber ich habe ein gutes visuelles Gedächtnis, und ich erinnere mich noch an die Seite, auf der ich jenen Gedanken gefunden habe und den roten Hinweis mit Ausrufungszeichen, das ich am Rand angebracht hatte. Komm mit zu mir nachhause, und ich zeige dir das berüchtigte Buch des berüchtigten Abbé Vallet.‹

Gesagt, getan. Wir gehen zu mir nachhause, wir schenken uns zwei Whisky ein, ich steige auf eine kleine Leiter, um jenes obere Fach in meinem Büchergestell zu erreichen, wo nach meiner Erinnerung das schicksalsträchtige Buch seit langem liegt. Ich finde es, klopfe den Staub ab, schaue nicht ohne Bewegung wieder hinein und mache mich auf die Suche nach der gleichfalls schicksalsträchtigen Seite. Und ich finde sie, mit ihrem schönen Ausrufungszeichen am Rand.

Ich zeige die Seite Placido und lese dann die Stelle, die mir soviel geholfen hatte. Ich lese sie ihm vor, lese sie noch einmal und noch einmal und falle aus allen Wolken. Der Abbé Vallet hatte nie den Gedanken geäußert, den ich ihm zugeschrieben hatte, will sagen, er hatte nie jene Verbindung zwischen Theorie des Urteils und Theorie der Schönheit hergestellt, die mir als so glänzend erschienen war.

Es hatte sich so zugetragen, daß *ich* beim Lesen von Vallet (der von anderem sprach) und auf irgend eine mysteriöse Weise angeregt von dem, was er sagte, jene Idee gehabt hatte und so auf den Text, in dem ich Unterstreichungen vornahm, fixiert war, daß ich die Idee dem Vallet zuschrieb. Und mehr als zwanzig Jahre lang war ich dem alten Abbé für etwas dankbar, was ich gar nicht von ihm hatte. Ich hatte mir den Zauberschlüssel selbst hergestellt.

Aber stimmt das auch wirklich? Kommt das Verdienst an jener Idee mir zu? Hätte ich Vallet nicht gelesen, so wäre mir der Gedanke nicht gekommen. Vielleicht war er nicht der Vater jenes Gedanken, aber er war, sozusagen, der Geburtshelfer. Er hatte mir nichts geschenkt, aber er hat meinen Geist auf Trab gehalten, in gewisser Weise hat er mich zum Denken angeregt. Ist es nicht vielleicht das, was man von einem Lehrmeister (auch) erwartet? Uns zum Finden von Ideen zu provozieren?

Ich habe nochmals darüber nachgedacht und festgestellt, daß ich im Verlaufe meiner Auseinandersetzung mit der Literatur oft Gedanken anderen zugeschrieben hatte, zu deren Suche jene mich angeregt hatten; und in vielen anderen Fällen war ich der Meinung, ein bestimmter Gedanke stamme von mir, während ich doch beim Nachsehen in einem Buch, das ich viele Jahre vorher gelesen hatte, feststellte, daß der Gedanke, oder jedenfalls sein Kern, von einem anderen Autor stammte. Eine (nicht bestehende) Schuld, die ich dem Vallet gegenüber zu haben glaubte, machte mir klar, wie viele Schulden ich zu bezahlen versäumt hatte . . .

Ich glaube, daß der Sinn dieser Geschichte, die durchaus zu den anderen Ausführungen meines Buches paßt, darin liegt, daß das Abenteuer Forschung geheimnisvoll und begeisternd ist und viele Überraschungen bereithält. Bei ihm geht es nicht um eine Einzelperson, sondern um eine ganze Kultur, und manchmal machen sich Gedanken von allein auf den Weg, wandern, verschwinden, erscheinen wieder, und es geht ihnen wie manchen Witzen: sie werden mit jedem Erzählen besser.

Ich habe darum beschlossen, dem Abbé Vallet meine Dankbarkeit zu bewahren, und zwar gerade deswegen, weil er wirklich ein Wunderspender war. Darum habe ich ihn – der eine oder andere Leser hat es vielleicht bemerkt – als Hauptperson in meinem Roman ›Der Name der Rose‹ eingeführt und ihn in der zweiten Zeile der Einleitung erwähnt, diesmal wirklich als eine Person, die etwas gibt, voller Geheimnisse und Rätsel, ein verlorenes Manuskript nämlich, und als das Symbol einer Bibliothek, in der die Bücher miteinander sprechen.

Ich weiß nicht, was aus dieser Geschichte alles zu folgern ist, aber eines weiß ich, und das ist sehr schön. Ich wünsche den Lesern, sie mögen im Laufe ihres Lebens viele Abbé Vallets finden, und ich wünsche mir selbst, für jemand anders der Abbé Vallet zu werden.

Mailand, Februar 1985«

In meiner Einleitung hatte ich davon gesprochen, daß das Buch einen Blick in die Werkstatt Ecos gestatte. Ein weiteres Fenster zu dieser Werkstatt hat sich aufgetan.

Februar 1989 *W. Schick*

Inhaltsübersicht

Einleitung

1. Früher war die Universität nur für eine Elite da. Es besuchten sie nur die Kinder von Leuten, die selber studiert hatten. Von wenigen Ausnahmen abgesehen, konnte jeder, der studierte, über seine Zeit frei verfügen. Die Universitätsausbildung war so angelegt, daß man sie in Ruhe absolvieren konnte – mit ein wenig Zeit zum Studieren und ein wenig für die »gesunden« Ablenkungen des Studentenlebens, vielleicht auch für Aktivitäten in Vertretungsorganen.

Die Vorlesungen waren anspruchsvolle Vorträge. Waren sie absolviert, so zogen sich die interessierten Studenten mit Professoren und Assistenten in ausgedehnte Seminare zurück, zehn bis fünfzehn Personen höchstens.

Noch heute nehmen an vielen amerikanischen Universitäten nicht mehr als zehn oder zwanzig Studenten an den Veranstaltungen teil (sie zahlen einen üppigen Preis und haben darum das Recht, den Unterrichtenden zu »gebrauchen«, wenn sie mit ihm diskutieren wollen). An einer Universität wie Oxford kümmert sich ein Dozent, *Tutor* genannt, um die Forschungsarbeit einer ganz kleinen Gruppe von Studenten (es kann vorkommen, daß er nur einen oder zwei im Jahr betreut) und verfolgt ihre Arbeit Tag für Tag.

Wäre die Lage heute so, es wäre nicht nötig, dieses Buch zu schreiben – auch wenn einige der in ihm enthaltenen Ratschläge für den oben beschriebenen »idealen« Studenten nützlich sein könnten.

Aber die Universität von heute ist eine *Massenuniversität*. An ihr studieren Studenten aller Bevölkerungsgruppen, mit Abschlüssen der verschiedensten Art höherer Schulen. Sie wollen vielleicht Philosophie oder klassische Literatur studieren, kommen aber von einer technischen Fachschule, wo sie kein Griechisch und vielleicht nicht einmal Latein gelernt haben. Und so richtig es sein mag, daß Latein für viele Tätigkeiten kaum gebraucht wird – für ein geisteswissenschaftliches Studium ist es sehr nützlich.

In manchen Lehrveranstaltungen sind Tausende eingeschrieben. Der Professor kennt vielleicht dreißig von ihnen, die interessiert mitarbeiten, mehr oder weniger gut. Mit Hilfe seiner Mitarbeiter (Stipendiaten, Zeitangestellten, Übungsassistenten) gelingt es ihm vielleicht, hundert zu einem gewissen Engagement zu bewegen. Unter ihnen sind viele, die in guten Verhältnissen leben, in einer gebildeten Familie aufgewachsen sind, mit einer kulturell lebendigen Umgebung Kontakt haben, sich Bildungsreisen leisten können, künstlerische Veranstaltungen und Theaterfestspiele besuchen, fremde Länder besuchen. Dann sind da noch *die anderen* Studenten, die vielleicht gleichzeitig einer Arbeit nachgehen, die auf dem Einwohnermeldeamt einer Stadt mit zehntausend Einwohnern arbeiten, in der es statt einer Buchhandlung nur Schreibwarengeschäfte gibt, die auch Bücher führen. Studenten, die, enttäuscht von der Universität, sich der Politik zugewandt haben und sich auf andere Weise ausbilden wollen, die sich aber dennoch früher oder später der Abschlußarbeit stellen müssen. Sehr arme Studenten, die sich ihre Examensfächer nach dem Preis der vorgeschriebenen Bücher und Unterlagen auswählen müssen und die sagen: dieses Examen kostet 12.000 Lire und die, wenn sie die Wahl haben, das billigere Examen wählen. Studenten, die manchmal zur Vorlesung kommen und sich abmühen müssen, im total überfüllten Hörsaal einen Platz zu finden; und die am Ende der Vorlesung gerne mit dem Dozenten sprechen würden, aber es warten schon dreißig, und sie müssen auf den Zug, weil das Geld für eine Übernachtung nicht reicht. Studenten, denen kein Mensch je erklärt hat, wie man ein Buch in der Bibliothek sucht und in welcher Bibliothek; oft wissen sie nicht, daß sie

Bücher auch in der Bibliothek ihrer Heimatstadt finden können und wie man einen Leihschein ausfüllt.

Die Ratschläge dieses Buches sind vor allem für solche Studenten bestimmt. Ferner auch für solche, die nach dem Abitur auf die Universität kommen und in die Geheimwissenschaft der vorgeschriebenen Abschlußarbeit eindringen wollen.

Ihnen allen will es zumindest zwei Dinge deutlich machen:

- daß man eine anständige Doktorarbeit (oder sonstige Abschlußarbeit) schreiben kann, obwohl man sich in einer schwierigen Situation befindet, in der alte oder neue Benachteiligungen eine Rolle spielen.
- daß man das Schreiben der Doktorarbeit – mag auch im übrigen die Zeit des Studiums enttäuschend oder frustrierend gewesen sein – dazu benutzen kann, die positiven und weiterführenden Seiten des Studiums kennenzulernen – nicht im Sinne einer Anhäufung von Wissen, sondern im Sinne der kritischen Verarbeitung einer selbstgemachten Erfahrung, der Aneignung der für das künftige Leben nützlichen Fähigkeit, sie nach bestimmten Regeln darzustellen.

2. Aus alledem ergibt sich: Dieses Buch will nicht erläutern, »wie man wissenschaftlich arbeitet«, und sich auch nicht mit dem Wert des Studiums auf theoretische Weise befassen. Es stellt nur einige Überlegungen zu der Frage an, wie man einer Prüfungskommission eine vom Gesetz vorgeschriebene Arbeit vorlegen kann, die eine bestimmte Zahl maschinengeschriebener Seiten umfaßt, von der man erwartet, daß sie mit dem vorgesehenen Promotionsfach zu tun hat und daß sie den Doktorvater nicht in einen allzu traurigen Zustand versetzt.

Natürlich kann euch das Buch nicht sagen, was man in die Arbeit einbringen soll. Das bleibt eure Sache. Das Buch gibt Auskunft darüber, (1) was man unter einer Abschlußarbeit versteht; (2) wie man das Thema sucht und die Zeit für seine Bearbeitung einteilt; (3) wie man bei der Literatursuche vorgeht; (4) wie man das gefundene Material auswertet; (5) wie man die Ausarbeitung äußerlich gestaltet. Und es läßt sich nicht vermeiden, daß gerade dieser letzte Teil der genaueste ist, obwohl er doch weniger wichtig erscheinen könnte: gerade er aber ist der einzige, für den es einigermaßen präzise Regeln gibt.

3. In diesem Buch geht es um Abschlußarbeiten an geisteswissenschaftlichen Fakultäten. Da meine Erfahrungen aus philosophischen (und literaturwissenschaftlichen) Fakultäten stammen, sind die meisten Beispiele Bereichen entnommen, die an diesen Fakultäten studiert werden. Aber im Rahmen dessen, was das Buch sich vorgenommen hat, gelten meine Empfehlungen auch für die Arbeiten in den Fächern *Politische Wissenschaften, Lehramt, Recht.* Soweit es um historische oder allgemein-theoretische und nicht um experimentelle und empirische Arbeiten geht, sollte das Modell auch auf die Bereiche Architektur, Wirtschaftswissenschaften und auf einige naturwissenschaftliche Fakultäten anwendbar sein. Es ist aber Vorsicht am Platz.

4. Während dieses Buch in Druck geht, spricht man viel von Universitätsreform. Und es sind zwei oder drei Abschlüsse von unterschiedlichem Niveau im Gespräch.

Man kann sich fragen, ob diese Änderung nicht die Vorstellung der »Tesi di Laurea« total umkrempeln wird. Dann werden wir Abschlüsse verschiedenen Niveaus haben, und wenn die Lösung der in der Mehrzahl anderer Länder gleicht, stehen wir vor einer Situation, die der im ersten Kapitel beschriebenen nicht unähnlich ist (I.1.). Das heißt wir hätten eine Art Diplom- oder Magisterarbeit (erster Abschluß) und eine Doktorarbeit (zweiter Abschluß).

Die Ratschläge, die wir in diesem Buch geben, betreffen beide, und soweit sich Unterschiede ergeben, wird auf sie hingewiesen.

Was auf den folgenden Seiten gesagt wird, gilt, unserer Meinung nach, auch im Hinblick auf die Reform und insbesondere dann, wenn man die für eine eventuelle Reform nötige Übergangszeit in Betracht zieht.

5. Cesare Segre hat das Manuskript gelesen und mir Ratschläge gegeben. Da ich viele beherzigt habe, bei anderen hartnäkkig an meiner Position festgehalten habe, ist er für das, was herausgekommen ist, in keiner Weise verantwortlich. Natürlich danke ich ihm herzlich.

6. Ein letzter Hinweis: Was im folgenden gesagt wird, gilt natürlich für Studenten und Studentinnen, so wie es für Professoren und Professorinnen gilt. Da das Italienische keinen neutralen Ausdruck hat, der beide Geschlechter umfaßt (in Amerika bürgert sich der Ausdruck »Person« ein, aber es wäre lächerlich, von einer »studentischen Person« oder einer Person, die Kandidat ist, zu sprechen), beschränke ich mich darauf, von *Student, Kandidat, Professor* oder *Berichterstatter* zu sprechen. Ich folge dabei grammatikalischem Brauch und bringe keinerlei Diskriminierung wegen des Geschlechts zum Ausdruck. Man kann natürlich fragen, warum ich dann nicht immer von *Studentin, Professorin* etc. spreche. Dies deshalb, weil ich aus eigener Erinnerung und Erfahrung arbeite und die Darstellung dadurch mehr Unmittelbarkeit vermitteln kann.

I. Was ist eine wissenschaftliche Abschlußarbeit und wozu dient sie?

I.1. Warum muß man eine wissenschaftliche Abschlußarbeit schreiben und was ist sie?

Eine wissenschaftliche Abschlußarbeit ist eine maschinenschriftliche Ausarbeitung, deren durchschnittliche Länge zwischen einhundert und vierhundert Seiten schwankt und in der der Student ein Problem abhandelt, das aus demjenigen Studienfach stammt, in dem er den Abschluß erwerben will. Nach italienischem Recht ist eine solche Arbeit für den Studienabschluß unerläßlich. Nach Abschluß aller vorgeschriebenen Prüfungen legt der Student die Arbeit einer Prüfungskommission vor, die einen zusammenfassenden Bericht des Referenten (desjenigen Professors, »bei dem man die Arbeit schreibt«) und des oder der Korreferenten, die dem Bewerber gegenüber auch Einwände vorbringen (können), anhört. Daraus entwickelt sich eine Diskussion, an der sich auch die anderen Kommissionsmitglieder beteiligen. Das Urteil der Kommission stützt sich auf die Aussage der beiden Referenten über die Qualität (oder die Mängel) der schriftlichen Arbeit und auf die Fähigkeiten, die der Kandidat bei der Verteidigung seiner schriftlich vorgetragenen Thesen beweist. Unter Einbeziehung des Notendurchschnitts aus den einzelnen Prüfungen setzt die Kommission die Note für die Arbeit fest. So wird es jedenfalls in Italien an den meisten geisteswissenschaftlichen Fakultäten gehandhabt.

Mit der Beschreibung der Äußerlichkeiten der Arbeit und des Rituals, in das sie eingebettet ist, ist noch wenig über ihre Natur gesagt. Vor allem darüber, warum die italienische Universität für den Studienabschluß eine wissenschaftliche Abschlußarbeit (»tesi di laurea«) zwingend vorschreibt.

Es ist bemerkenswert, daß die meisten ausländischen Universitäten diese Anforderung nicht stellen. In einer Reihe von ihnen gibt es unterschiedliche Abschlüsse, für die keinerlei wissenschaftliche Arbeit erforderlich ist. In anderen gibt es einen ersten Abschluß, der in etwa dem unseren entspricht, der aber nicht das Recht gibt, den Doktortitel zu führen und den man allein mit Prüfungen oder mit einer Arbeit erreichen kann, die geringen Anforderungen entspricht. In anderen wiederum gibt es verschiedene Stufen der Promotion mit Anforderungen unterschiedlichen Umfangs. Normalerweise ist die wirkliche und eigentliche Doktorarbeit einer Art Super-Abschluß, der Promotion, vorbehalten, zu der nur Zugang hat, wer sich für die wissenschaftliche Forschung weiterbilden und spezialisieren will. Diese Art von Promotion hat verschiedene Bezeichnungen, aber wir nennen sie von jetzt ab mit einem allgemein gebräuchlichen angelsächsischen Ausdruck PhD (was eigentlich so viel wie Philosophy Doctor, Doktor der Philosophie, bedeutet, aber jede Art von Doktor der Geisteswissenschaften bezeichnet, vom Soziologen bis zum Griechischprofessor. In anderen als geisteswissenschaftlichen Fächern werden andere Bezeichnungen verwendet, z. B. MD, Medicine Doctor).

Vom PhD zu unterscheiden ist ein Abschluß, der unserer »Laurea« sehr ähnlich ist und den wir in Zukunft Diplomierung nennen.

Die Diplomierung führt in ihren verschiedenen Formen zur praktischen Berufstätigkeit. Der PhD dagegen qualifiziert zu einer Tätigkeit im akademischen Bereich; wer diesen Titel also erwirbt, schlägt fast immer die akademische Laufbahn ein.

Eine »echte PhD-Arbeit« beruht immer auf *eigenständiger* Forschung; der Kandidat muß beweisen, daß er in der Lage ist, das gewählte Gebiet voranzubringen. Darum schreibt man auch diese Arbeit nicht, wie unsere Abschlußarbeit, mit zweiundzwanzig Jahren, sondern in einem höheren Alter, manchmal auch erst mit vierzig oder fünfzig Jahren (auch wenn es sehr junge PhD gibt). Warum soviel Zeitaufwand? Eben weil es sich um *eigenständige* Forschung handelt, bei der man sicher *auch* wissen muß, was andere über den gleichen Gegenstand gesagt haben, bei der es aber vor allem etwas zu entdecken gilt, was andere noch nicht gesagt haben. Wenn man, speziell in den Geisteswissenschaftlichen, von »Entdeckung« spricht, dann denkt man nicht an umwälzend neue Entdeckungen wie die Atomspaltung, an die Relativitätstheorie oder an ein Mittel gegen Krebs: es kann sich auch um bescheidenere Entdekkungen handeln, und man betrachtet als »wissenschaftlich« auch eine neue Art und Weise, einen klassischen Text zu lesen und zu verstehen, das Ausgraben eines Manuskripts, das ein neues Licht auf einen Autor wirft, oder die Neubewertung und die Neuinterpretation schon vorhandener Arbeiten, wenn dadurch Gedanken weitergebracht und in eine systematische Ordnung eingefügt werden, die bisher über verschiedene andere Texte verstreut waren. Jedenfalls muß eine Arbeit entstehen (zumindest ist das die Idee), die andere Forscher, die sich mit dem Gegenstand beschäftigen, nicht außer acht lassen dürfen, weil in ihr etwas Neues gesagt wird (vgl. II.6.1.).

Entspricht die Abschlußarbeit, mit der wir uns hier beschäftigen, diesen gleichen Anforderungen? Nicht zwangsläufig. Da sie meist zwischen zweiundzwanzig und vierundzwanzig Jahren und in einem Alter, in dem man noch Universitätsexamina ablegt, geschrieben wird, kann sie nicht das Ergebnis langer und ausgefeilter Überlegungen sein, die völlige Reife beweisen. Und so kommt es, daß es Abschlußarbeiten (geschrieben von besonders begabten Studenten) gibt, die wirkliche PhD-Doktorarbeiten sind, und andere, die dieses Niveau nicht erreichen. Auch die Universität verlangt dies nicht um jeden Preis: Eine gute Abschlußarbeit muß nicht unbedingt auf eigenständiger Forschung beruhen, sie kann auch *kompilatorisch* sein. In einer kompilatorischen Arbeit zeigt der Student immerhin, daß er kritisch vom Großteil der vorhandenen »Literatur« Kenntnis genommen hat (d.h. von den Veröffentlichungen über den Gegenstand) und daß er in der Lage ist, sie auf eine übersichtliche Weise darzustellen, dabei die verschiedenen Ansichten zueinander in Beziehung zu setzen und so einen guten Gesamtüberblick zu geben, der vielleicht auch einem Spezialisten zur Information nützlich sein kann, der sich gerade mit diesem Detailproblem nie eingehender beschäftigt hatte.

Daraus ergibt sich ein erster Hinweis: *Man kann eine kompilatorische oder eine Forschungsarbeit schreiben* – eine »Diplom-, Magisterarbeit« oder eine »PhD«, d.h. »Doktorarbeit« (Dissertation).

Eine Forschungsarbeit dauert immer länger, sie ist anstrengender und stellt höhere Anforderungen; auch eine kompilatorische Arbeit kann lange dauern und anstrengend sein (es gibt kompilatorische Arbeiten, die viele Jahre in Anspruch genommen haben), aber normalerweise kann sie in kürzerer Zeit fertiggestellt werden und birgt ein geringeres Risiko in sich.

Es ist auch keineswegs gesagt, daß man sich mit einer kompilatorischen Arbeit die Forschungslaufbahn verbaut. Das Zusammentragen von Material kann darin seinen Grund haben, daß sich der junge Forscher vor Beginn der eigentlichen Forschungsarbeit über einige Gedanken durch umfassende Dokumentation Klarheit verschaffen will.

Andererseits gibt es Abschlußarbeiten, die mit dem Anspruch auftreten, Forschungsarbeiten zu sein, die aber schnell heruntergeschrieben sind. Dabei handelt es sich um schlechte Arbeiten, die denjenigen verärgern, der sie liest und die dem, der sie schreibt, überhaupt nicht von Nutzen sind.

Die Wahl zwischen einer Forschungsarbeit und einer kompilatorischen Arbeit hängt also von der Reife und von der Arbeitskraft des Kandidaten ab. Oft – und unglücklicherweise – hängt sie auch von den finanziellen Umständen ab, weil sicher ein Student, der nebenbei arbeiten muß, weniger Zeit, weniger Kraft und oft auch weniger Geld für langwierige Untersuchungen hat (die häufig mit dem Erwerb seltener und teuerer

Bücher verbunden sind, mit Reisen zu ausländischen Forschungsstätten oder Bibliotheken etc.).

Leider kann dieses Buch keine wirtschaftlichen Ratschläge geben. Bis vor kurzem war es in aller Welt ein Privileg der reichen Studenten zu forschen. Man kann auch nicht behaupten, daß dieses Problem heute durch Stipendien, Reisebeihilfen, Mittel für den Aufenthalt an ausländischen Universitäten für alle ganz gelöst wäre. Das Ideal wäre eine gerechtere Gesellschaft, in der Studieren als vom Staat bezahlte Arbeit angesehen würde, in der eine Bezahlung erhielte, wer zum Studium berufen ist und in der es nicht notwendig wäre, um jeden Preis ein »Stück Papier« zu erwerben, um einen Arbeitsplatz zu finden, um befördert zu werden, um bei einer öffentlichen Stellenausschreibung gegenüber anderen erfolgreicher zu sein.

Aber die italienische Universität und die Gesellschaft, für die sie steht, sind so wie sie sind. Wir können uns nur wünschen, daß Studenten jedweder Gesellschaftsschicht sie ohne übergroße Opfer besuchen können, und wir wollen im folgenden versuchen darzulegen, wie man – unter Berücksichtigung der verfügbaren Zeit und Energie sowie der eigenen Berufung – eine anständige Abschlußarbeit schreiben kann.

I.2. Für wen dieses Buch von Interesse ist

Wenn die Dinge so stehen, müssen wir davon ausgehen, daß viele Studenten *gezwungen* sind, eine Abschlußarbeit zu schreiben, um möglichst schnell mit dem Studium fertig zu werden und den Titel zu erwerben, der dem berufstätigen Studenten aufgrund des Hochschulabschlusses die Beförderung ermöglicht. Einige dieser Studenten sind vielleicht schon vierzig. Gerade solche Studenten erwarten von uns praktische Ratschläge, wie man eine Abschlußarbeit *in einem Monat* schreibt, um die Universität hinter sich zu bringen, gleichgültig mit welcher Note. Für sie ist, um es nachdrücklich klarzustellen, dieses Buch *nicht* bestimmt. Wer solche Ansprüche stellt, wen die geltende paradoxe Rechtslage zwingt, eine schwierige wirtschaftliche Lage dadurch zu lösen, daß er die Universität so schnell wie möglich abschließt, für den bieten sich zwei Lösungen an: 1. Eine vernünftige Summe investieren und sich die Arbeit von einem anderen schreiben lassen. 2. Eine an einer anderen Universität schon einige Jahre früher geschriebene Arbeit abschreiben (es ist unzweckmäßig, eine schon gedruckte Arbeit, auch wenn sie aus dem Ausland stammt, zu nehmen, weil ein auch nur einigermaßen informierter Dozent von ihrer Existenz weiß; aber in Mailand eine Arbeit abzuschreiben, die in Catania angefertigt wurde, bietet die begründete Chance, daß man unentdeckt bleibt; natürlich muß man sich darüber informieren, ob der Doktorvater nicht, bevor er nach Mailand kam, in Catania als Dozent tätig war. Auch das Abschreiben einer Arbeit setzt also Forschungsarbeit voraus, die Intelligenz verlangt).

Es versteht sich, daß die soeben gegebenen Ratschläge *rechtswidrig* sind. Es ist, als würde man sagen: »Wenn Du verletzt zur Notaufnahme kommst und der Arzt dich nicht untersuchen will, so setze ihm das Messer an den Hals.« In beiden Fällen handelt es sich um Verzweiflungstaten. Unser Rat wurde gegeben, um die Ausweglosigkeit der Situation klarzumachen und zu bekräftigen, daß das Buch nicht den Anspruch erhebt, die schwierigen sozialen Probleme zu lösen, die die gegenwärtige Rechtsordnung mit sich bringt.

Dieses Buch wendet sich also an Studenten, die (auch ohne Millionär zu sein und ohne 10 Jahre Zeit für den Abschluß zu haben und dafür in der ganzen Welt herumzureisen) einige Stunden am Tag ihren Studien widmen können und die eine Abschlußarbeit machen wollen, die ihnen eine gewisse geistige Befriedigung gibt und die ihnen auch nach dem Universitätsabschluß Nutzen bringt. Und die im Rahmen des gesteckten Zieles – mag es auch bescheiden sein – *ernsthafte* Arbeit leisten wollen. Man kann auch eine Sammlung von Einklebe-Bildchen ernsthaft angehen: Man muß nur den Gegenstand der Sammlung festlegen, die Grundsätze für die Katalogisierung, die zeitliche Begrenzung der Sammlung. Wenn man sich dafür entscheidet, nicht weiter als bis 1960 zurückzugehen: bestens, vorausgesetzt, daß alle Bilder seit 1960 vorhanden sind. Diese Sammlung wird sich immer noch vom Louvre unterscheiden. Aber es ist besser, eine Sammlung von Fußballer-Bildchen von 1960 bis 1970 zu machen als ein unseriöses Museum. Dieser Grundsatz gilt auch für die Abschlußarbeit.

I.3. Was eine Abschlußarbeit auch nach dem Universitätsabschluß nützt

Es gibt zwei verschiedene Arten, eine Abschlußarbeit so zu schreiben, daß sie auch nach dem Universitätsabschluß noch Nutzen bringt. Die erste besteht darin, daß man die Arbeit zur Grundlage für breiter angelegte Forschungen macht, die man in den folgenden Jahren fortsetzt – wozu man natürlich die Möglichkeit und die Lust haben muß. Aber es gibt auch eine zweite Möglichkeit, bei der (beispielsweise) ein örtlicher Fremdenverkehrsdirektor von der Tatsache profitiert, daß er eine Arbeit über das Thema »Manzonis Fermo e Lucia* in der zeitgenössischen Kritik« geschrieben hat. Eine Abschlußarbeit schreiben bedeutet ja: 1. ein bestimmtes, klar umrissenes Thema ausfindig machen; 2. Material zu diesem Thema sammeln; 3. dieses Material ordnen; 4. das Thema unter Berücksichtigung des gesammelten Materials überprüfen; 5. alle diese Überlegungen in einen Zusammenhang bringen; 6. alles dies in einer Weise tun, daß derjenige, der das Ergebnis liest, verstehen kann, was man sagen wollte, und bei Bedarf auf das gleiche Material zurückgreifen könnte, wenn er selbst über das Thema forschen wollte.

Eine solche Arbeit schreiben bedeutet also zu lernen, in die eigenen Gedanken Ordnung zu bringen und Angaben zu ordnen: es ist das Erfahren der methodischen Arbeit; d.h. es geht darum, einen »Gegenstand« zu erarbeiten, der im Prinzip auch für andere nützlich sein kann. Und darum ist *das Thema der*

Arbeit weniger wichtig als die Erfahrung, die sie mit sich bringt. Wer das Material zur Kritik an Manzonis Roman erarbeiten konnte, dem wird es auch möglich sein, sich methodisch Angaben zu erarbeiten, die er für das Fremdenverkehrsamt braucht.

Der Verfasser dieses Buches hat inzwischen an die zehn Bücher zu unterschiedlichen Themen geschrieben, aber wenn ihm die letzten neun gelungen sind, so deshalb, weil er die Erfahrung mit dem ersten einsetzen konnte, das eine Überarbeitung seiner Abschlußarbeit war. Ohne diese erste Arbeit hätte ich die anderen nicht schreiben können, und den anderen merkt man, im Guten wie im Schlechten, die Art und Weise, wie die erste gemacht wurde, noch an. Vielleicht wird man mit der Zeit gewiefter, vielleicht weiß man mehr, aber die Art und Weise, wie man sein Wissen verarbeitet, hängt immer davon ab, wie man am Anfang vieles, was man nicht wußte, sich erarbeitet hat.

Schließlich heißt eine solche Arbeit schreiben sein Gedächtnis trainieren. Wenn man im Alter ein gutes Gedächtnis hat, dann hat man es seit frühester Jugend trainiert. Und es ist gleichgültig, ob man es durch Auswendiglernen der Aufstellung aller Vereine der Bundesliga, der Gedichte von Carducci* oder der römischen Kaiser von Augustus bis Romulus Augustulus trainiert hat. Gewiß, wenn man schon das Gedächtnis trainiert, ist es besser, etwas zu lernen, was einen interessiert oder was man brauchen kann. Aber manchmal ist es auch eine gute Übung, etwas Unnützes zu lernen. Und darum ist auch – mag es auch besser sein, eine Arbeit zu einem Thema zu schreiben, das uns interessiert – das Thema zweitrangig im Verhältnis zur Arbeitsmethode und zur Erfahrung, die man aus der Arbeit gewinnt.

Auch deshalb, weil es, wenn man gut arbeitet, kein wirklich schlechtes Thema gibt. Wenn man gut arbeitet, zieht man auch aus zeitlich oder räumlich scheinbar abseits liegenden Themen nützliche Schlüsse. Marx hat nicht über politische Ökonomie, sondern über zwei griechische Philosophen, nämlich Epikur und Demokrit, promoviert. Und das war kein Arbeitsunfall. Vielleicht konnte Marx, wie wir wissen, die geschichtlichen und wirtschaftlichen Probleme gerade deshalb mit solch großer theoretischer Kraft durchdenken, weil er das Denken an seinen griechischen Philosophen gelernt hat. Angesichts zahlreicher Studenten, die mit einer höchst anspruchsvollen Arbeit über Marx anfangen, um dann im Personalbüro einer großen Kapitalgesellschaft zu landen, erscheint es nötig, über den Nutzen, die Aktualität und die Anforderungen des Gegenstands der Arbeit nachzudenken.

I.4. Vier Faustregeln

In manchen Fällen schreibt der Kandidat eine Arbeit über ein Thema, das der Dozent für ihn ausgesucht hat. Das sollte man vermeiden.

Wir sprechen hier natürlich nicht von den Fällen, in denen sich der Kandidat vom Dozenten beraten läßt. Wir spielen vielmehr auf jene Fälle an, in denen die Schuld entweder beim Professor (vgl. II. 7.: »Wie man es vermeidet, sich vom Doktorvater ausnützen zu lassen«) oder beim Kandidaten liegt, der kein Interesse hat und der entschlossen ist, irgendeine Arbeit, sei sie auch noch so schlecht, zu schreiben, um die Angelegenheit möglichst schnell hinter sich zu bringen.

Wir ziehen hingegen nur solche Fälle in Betracht, in denen der Kandidat selbst Interesse zeigt und der Dozent bereit ist, darauf einzugehen.

In solchen Fällen gelten für die Auswahl des Themas vier Regeln:

1. *Das Thema soll den Interessen des Kandidaten entsprechen* (sei es, daß es mit seinen Prüfungsfächern zusammenhängt, sei es mit der Literatur, die er gelesen hat, sei es mit der politischen, kulturellen oder religiösen Umgebung, in der er lebt);

2. *Die Quellen, die herangezogen werden müssen, sollen für den Kandidaten auffindbar sein,* d.h. sie müssen ihm tatsächlich zugänglich sein;
3. *Der Kandidat soll mit den Quellen, die herangezogen werden müssen, umgehen können,* d.h. sie müssen seinem kulturellen Horizont entsprechen;
4. *Die methodischen Ansprüche des Forschungsvorhabens müssen dem Erfahrungsbereich des Kandidaten entsprechen.*

So formuliert, scheinen die vier Regeln banal und nicht mehr zu enthalten als die Aussage, daß, »wer eine Abschlußarbeit schreiben will, eine schreiben soll, die er schreiben *kann*«. Genauso aber ist es, und es gibt Arbeiten, die auf eine dramatische Weise mißlingen, weil es nicht gelungen ist, sich die Probleme schon am Anfang anhand dieser so offensichtlichen Kriterien klar zu machen[1].

Die folgenden Kapitel versuchen einige Ratschläge zu geben, damit die in Aussicht genommene Arbeit eine solche ist, die der Kandidat auch wirklich schreiben kann.

1 Man könnte noch eine fünfte Regel hinzufügen: daß der Professor der richtige sein soll. Es gibt nämlich Studenten, die aus Sympathie oder weil es bequemer ist, bei einem Dozenten, der für den Bereich A zuständig ist, eine Arbeit schreiben wollen, die eigentlich zum Bereich B gehört. Der Dozent nimmt sie an (aus Sympathie, aus Eitelkeit oder weil er nicht aufpaßt) und ist dann der Betreuung der Arbeit nicht gewachsen.

II. Die Wahl des Themas

II.1. Monographische oder Übersichtsarbeit?

Die erste Versuchung für den Studenten besteht darin, eine Arbeit zu schreiben, in der von zu vielem gehandelt wird. Wenn der Student sich für Literatur interessiert, dann denkt er im ersten Augenblick an eine Arbeit mit dem Titel: *Literatur heute*. Wenn der Gegenstand eingeschränkt werden muß, wird er das Thema »*Die italienische Literatur vom Ende des Krieges bis zu den sechziger Jahren*« wählen. Das sind äußerst gefährliche Arbeiten, die auch bei bedeutenden Gelehrten die Knie zum Zittern bringen. Für einen zwanzigjährigen Studenten stellen sie eine Herausforderung dar, der er nicht gewachsen ist. Entweder er stellt ganz simpel Namen und gängige Meinungen zusammen, oder er gibt seiner Arbeit einen originellen Zuschnitt, und er wird sich dann immer dem Vorwurf unverzeihlicher Auslassungen ausgesetzt sehen. Der große zeitgenössische Literaturkritiker Gianfranco Contini* hat 1957 seine *Letteratura Italiana-Ottocento-Novecento* [Italienische Literatur im 18. und 19. Jahrhundert] veröffentlicht (Verlag Sansoni Accademia). Wäre es eine Abschlußarbeit gewesen, er wäre trotz ihrer 472 Druckseiten durchgefallen. Man hätte ihm nämlich Nachlässigkeit oder Unwissenheit angesichts der Tatsache vorgeworfen, daß er einige Namen nicht erwähnt, die die meisten für sehr wichtig halten, oder daß er ganze Kapitel sogenannten »unbedeutenden« Autoren gewidmet hat und nur einige kurze Fußnoten sogenannten »bedeutenden«. Da es sich um einen Gelehrten handelt, dessen historische Bildung und kritische Genauigkeit bestens bekannt sind, war natürlich jedermann klar, daß die Auslassungen und Disproportionen gewollt waren und daß die Tatsache, daß ein Autor fehlte, als Kritik viel aussagekräftiger war als eine Seite Verriß. Wenn aber ein Student mit zweiundzwanzig Jahren dergleichen Scherze macht, wer garantiert, daß hinter dem Schweigen tatsächlich ein ausgeklügelter Kunstgriff steht und daß die Auslassungen für kritische Ausführungen stehen, die der Autor an anderer Stelle geschrieben hat oder die er doch schreiben *könnte*? Bei derartigen Arbeiten wirft der Student gewöhnlich den Mitgliedern der Kommission vor, sie hätten ihn nicht verstanden, aber sie konnten ihn verstehen, und darum ist eine zu sehr nur auf einen Überblick angelegte Arbeit immer Ausdruck von Hochmut. Nicht etwa, daß geistiger Hochmut – in einer solchen Arbeit – von vornherein abzulehnen wäre. Man kann auch behaupten, daß Dante ein schlechter Dichter sei: aber das geht erst nach wenigstens 300 Seiten eingehender Auseinandersetzung mit den Texten Dantes. In einer Übersichtsarbeit läßt sich das nicht bewältigen. Und darum ist es angebracht, daß der Student statt *»Die italienische Literatur vom Ende des Krieges bis zu den sechziger Jahren«* ein bescheideneres Thema wählt.

Ich will euch gleich sagen, was das ideale Thema wäre: Nicht *Die Romane von Fenoglio**, sondern: *Die verschiedenen Fassungen von »Der Partisan Johnny«*. Langweilig? Mag sein, aber als Herausforderung interessanter. Darüber hinaus ist die Entscheidung für das Thema bei genauer Betrachtung ein kluger Schachzug. Mit einer Arbeit über die Literatur über einen Zeitraum von vierzig Jahren setzt sich der Student allen möglichen Einwänden aus. Wie kann der Referent oder ein einfaches Kommissionsmitglied der Versuchung widerstehen zu beweisen, daß er einen Autor von minderer Bedeutung kennt, den der Student nicht zitiert hat? Es genügt, daß jedes Kommissionsmitglied beim Blättern im Inhaltsverzeichnis drei Lücken entdeckt, und gleich sieht sich der Student einer Fülle von Vorwürfen gegenüber, die seine Arbeit als eine Aneinanderreihung von Lücken erscheinen lassen. Wenn der Student dagegen ein klar abgegrenztes Thema ernsthaft bearbeitet hat, dann hat er ein Material im Griff, das dem größten Teil derer, die ihn zu beurteilen haben, unbekannt ist. Ich schlage damit keinen billigen Trick vor. Es mag ein Trick sein, aber kein billiger; denn er kostet Mühe. Es ist einfach so, daß der Kandidat als Fachmann vor ein Gremium tritt, das weniger fachkundig ist als er, und da er sich der Mühe unterzogen hat, Fachmann zu werden, ist es nur gerecht, daß er aus dieser Lage Vorteile zieht. Zwischen den beiden Extremen einer Übersichtsarbeit über 40 Jahre italienischer Literatur einerseits und der streng abgegrenzten (der sogenannten monographischen) Arbeit über die verschiedenen Fassungen eines kurzen Textes andererseits gibt es viele Zwischenformen. So können sich Themen herauskristallisieren wie *Die literarische Neo-Avantgarde der sechziger Jahre* oder *Das Bild der Langhen* bei Pavese** und Fenoglio* oder auch *Verwandtschaft und Unterschiede zwischen drei »phantastischen« Schriftstellern Savinio***, Buzzati**** und Landolfi*****.

Für die naturwissenschaftlichen Fakultäten gibt ein kleines Buch, das einen ähnlichen Gegenstand behandelt wie das unsere, einen Ratschlag, der für alle Fächer paßt:

> Das Thema *Geologie* beispielsweise ist zu weit. *Vulkanologie*, als Zweig der Geologie, ist noch zu umfassend. Die *Vulkane Mexikos* könnte eine vernünftige, wenn auch etwas oberflächliche Arbeit abgeben. Eine weitere Beschränkung würde zu einer wertvolleren Untersuchung führen: *Die Geschichte des Popocatepetl* (den einer der Konquistadoren des Cortez' wahrscheinlich 1519 erstieg und der erst im Jahr 1702 einen heftigen Ausbruch hatte). Ein noch engeres Thema, das einen kleineren Zeitraum erfaßt, wäre: *Der Ausbruch und das scheinbare Erlöschen des Paricutin* (vom 20. Februar 1943 bis zum 4. März 1952[1].

Was mich betrifft, ich würde zum letzten Thema raten. Unter der Bedingung, daß der Kandidat wirklich *alles* bringt, was es über diesen verflixten Vulkan zu sagen gibt.

[1] F. W. Cooper und E. J. Robins, The Term Paper – A Manual and Model, Stanford, Stanford University Press, 4. Aufl. 1967, S. 3

Vor einiger Zeit kam zu mir ein Student, der eine Arbeit über das *Symbol im zeitgenössischen Denken* schreiben wollte. Das war eine unmachbare Arbeit. Ich jedenfalls wußte nicht, was mit dem »Symbol« gemeint war. Es ist nämlich ein Begriff, dessen Bedeutung je nach Autor unterschiedlich interpretiert wird und manchmal bei zwei verschiedenen Autoren etwas völlig Gegensätzliches besagt. Man bedenke, daß bei den formalen Logikern und bei den Mathematikern Symbole Ausdrücke ohne eigenständige Bedeutung sind, die einen bestimmten Platz mit genau umrissenen Aufgaben in einer vorgegebenen formalisierten Rechnung haben (wie das *a* und das *b* oder das *x* und das *y* der algebraischen Formeln), während andere Autoren darunter Erscheinungen voller zweideutiger Bedeutungen verstehen, wie die Bilder, die im Traum auftauchen, die sich auf einen Baum, auf ein Geschlechtsorgan, auf das Verlangen nach Wachstum usw. beziehen können. Wie soll man also eine Arbeit mit diesem Titel schreiben? Man müßte alle Bedeutungen von Symbol in der gesamten zeitgenössischen Kultur analysieren, sie so auflisten, daß Affinitäten und Unterschiede deutlich werden, man müßte feststellen, ob den Unterschieden nicht doch ein gemeinsames Konzept zugrundeliegt, das bei jedem Autor und bei jeder Theorie wiederkehrt, und ob die Unterschiede nicht doch zu einer Inkompatibilität der in Frage stehenden Theorien führen. Nun, ein solches Werk ist bis jetzt keinem zeitgenössischen Philosophen, Linguisten oder Psychoanalytiker auf eine überzeugende Weise geglückt. Wie soll dann ein junger Forscher, der sich die ersten Sporen verdient, Erfolg haben, wenn er, so frühreif er auch sein mag, erst sechs oder sieben Jahre Lektüre als Erwachsener hinter sich hat? Er könnte natürlich auch eine auf intelligente Weise einseitige Teiluntersuchung schreiben, aber dann wären wir wieder bei der Geschichte der italienischen Literatur von Contini. Oder er könnte eine höchst persönliche Theorie des Symbols entwerfen, indem er außer acht ließe, was andere Autoren zu diesem Thema gesagt haben: Aber wie fragwürdig diese Entscheidung wäre, werden wir unter II. 2. sehen. Mit dem betreffenden Studenten haben wir uns gemeinsam Gedanken gemacht. Man hätte eine Arbeit über das Symbol bei Freud und Jung schreiben und – unter Verzicht auf alle anderen Bedeutungen – die Symbolbedeutungen beider Autoren einander gegenüberstellen können. Aber es stellte sich heraus, daß der Student kein Deutsch konnte (auf das Problem der Sprachkenntnisse kommen wir unter II. 5. zurück). Man einigte sich dann auf das Thema *Der Begriff des Symbols bei Peirce, Freye und Jung*. Die Arbeit sollte die Unterschiede in der Verwendung des gleichen Begriffs bei verschiedenen Autoren untersuchen, einem Philosophen, einem Kritiker und einem Psychologen. Sie sollte zeigen, wie in vielen Abhandlungen, in denen diese Autoren herangezogen werden, dadurch Irrtümer entstehen, daß einem Autor eine Bedeutung des Wortes unterlegt wird, die von einem anderen stammt. Erst ganz zum Schluß sollte der Autor, in einer Art hypothetischer Schlußfolgerung, versuchen nachzuweisen, ob und welche Übereinstimmungen zwischen den drei gleichlautenden Begriffen stehen. Dabei könnte er dann auch auf andere Autoren verweisen, die er zwar kannte, mit denen er sich aber, wegen der ausdrücklichen Begrenzung des Themas, weder beschäftigen wollte noch sollte. Niemand würde ihm vorwerfen können, daß er den Autor K nicht berücksichtigt habe, weil die Arbeit eben nur über X, Y, Z ging, oder daß er den Autor J nur in einer Übersetzung zitiert habe, weil es sich letztlich nur um einen sekundären Hinweis gehandelt hätte und die Arbeit nur die Absicht hatte, die drei im Titel genannten Autoren ausführlich und im Original auszuwerten.

So also würde eine Übersichtsarbeit auf ein mittleres, für alle annehmbares Maß gebracht, ohne monographisch im strengen Sinn des Wortes zu werden. Im übrigen muß man sich klar darüber sein, daß der Ausdruck »monographisch« auch in einem weiteren Sinn verstanden werden kann als ihm hier beigemessen wird. Eine Monographie stellt die Behandlung eines einzigen Gegenstandes dar und steht so im Gegensatz zu einer »Geschichte von«, zum Handbuch, zu einer Enzyklopädie. Darum ist auch eine Arbeit wie *Das Thema der »verkehrten Welt« bei den mittelalterlichen Schriftstellern* monographisch. Dabei wird eine Vielzahl von Schriftstellern untersucht, aber nur unter dem Blickwinkel einer bestimmten Fragestellung (d.h. im Beispielsfall unter dem der angenommenen Hypothese, des Paradoxon oder der Fabel, daß die Vögel im Wasser schwimmen, die Fische in der Luft fliegen etc.). Diese Aufgabe gut erfüllen hieße eine sehr gute Monographie schreiben. Aber um sie gut zu erfüllen, muß man sich alle Schriftsteller vergegenwärtigen, die das Thema behandelt haben, speziell auch die unbedeutenden, an die sich keiner erinnert. Und darum wäre diese Arbeit monographisch und zugleich eine Übersichtbarkeit, und sie wäre sehr schwierig: Sie verlangt unendlich viel Lektüre. Wollte man sie wirklich schreiben, man müßte den zu untersuchenden Bereich noch weiter einschränken: *Das Thema der »verkehrten Welt« bei den karolingischen Schriftstellern.* Der Bereich wird enger, man weiß, was man untersuchen muß und was man auslassen darf.

Natürlich ist es aufregender, eine Übersichtsarbeit zu schreiben; denn es scheint langweilig, sich ein, zwei oder noch mehr Jahre immer mit demselben Autor zu beschäftigen. Aber, wohlgemerkt, auch eine streng monographische Arbeit bedeutet nicht, den Überblick aus den Augen zu verlieren. Eine Arbeit über die Erzählung von Fenoglio bedeutet, den ganzen Hintergrund des italienischen Realismus präsent zu haben. Auch Pavese oder Vittorini* zu lesen oder sich über jene amerikanischen Erzähler zu informieren, die Fenoglio las und übersetzte. Nur wenn man einen Autor in einem größeren Zusammenhang sieht, kann man ihm verstehen und interpretieren. Aber einen Überblick als Hintergrund benutzen und einen Überblick geben sind zwei Paar Stiefel. So wie es auch zwei Paar Stiefel sind, das Bildnis eines Edelmanns vor dem Hintergrund einer Landschaft mit Fluß zu malen oder Felder, Täler, Flüsse zu malen. Die Technik ist eine andere, es muß, photographisch gesprochen, mit einer anderen Brennweite gearbeitet werden. Wenn man von einem einzigen Autor ausgeht, darf der Hintergrund auch etwas unscharf, unvollständig und abgemalt sein.

Zum Schluß sei nochmal an den entscheidenden Grundsatz erinnert: *Je begrenzter das Gebiet, um so besser kann man arbeiten und auf um so sicherem Grund steht man.* Eine monographische Arbeit ist einer Übersichtsarbeit vorzuziehen. Eine solche Arbeit soll mehr einem wissenschaftlichen Aufsatz als einem Geschichtsbuch oder einer Enzyklopädie gleichen.

II.2. Geschichtliche oder theoretische Arbeit?

Diese Alternative kommt nur bei bestimmten Fächern in Frage. Denn für Fächer wie Geschichte der Mathematik, romanische Philologie oder Geschichte der deutschen Literatur kommt nur eine historische Arbeit in Frage. Und für Fächer wie Architektur, Reaktorphysik oder vergleichende Anatomie schreibt man normalerweise theoretische oder experimentelle Arbeiten. Aber es gibt andere Fächer wie die theoretische Philosophie, Soziologie, Kulturantropologie, Ästhetik, Rechtsphilosophie, Pädagogik oder Internationales Recht, bei denen man beide Typen von Arbeiten machen kann. Eine theoretische Arbeit nimmt man sich vor, um ein abstraktes Problem zu behandeln, mit dem sich vorher möglicherweise schon andere beschäftigt haben: Die Natur des menschlichen Willens, Der Begriff der Freiheit, Die Vorstellung von der sozialen Rolle, Die Existenz Gottes, Die Gesetze der Genetik. So aufgezählt, rufen die Themen sogleich ein Lächeln hervor, weil sie an eine Stoffbehandlung denken lassen, die Gramsci* »Kurze Bemerkungen über das Universum« nannte, und doch haben sich hervorragende Denker mit diesen Themen befaßt. Aber in den meisten Fällen haben sie es am Ende jahrzehntelangen Nachdenkens getan.

In der Hand eines Studenten mit einer notwendigerweise beschränkten wissenschaftlichen Erfahrung können solche Themen zu zwei unterschiedlichen Ergebnissen führen. Das erste – und es ist noch das weniger tragische – ergibt eine Arbeit, wie wir sie (im vorigen Kapitel) als Übersichtsarbeit bezeichnet haben. Der Autor behandelt z.B. den Begriff der sozialen Rolle, aber bei einer Reihe von Autoren. Und insoweit gelten die schon oben gemachten Bemerkungen. Das zweite Ergebnis ist beängstigender, weil sich der Kandidat einbildet, auf wenigen Seiten das Problem Gott oder das der Definition der Freiheit lösen zu können. Nach meiner Erfahrung haben Studenten, die ein solches Thema wählen, immer sehr kurze Arbeiten geschrieben, denen es an der nötigen Systematik fehlte und die mehr einem lyrischen Gedicht als einer wissenschaftlichen Arbeit glichen. Und wenn man einem solchen Kandidaten entgegenhält, daß seine Arbeit zu persönlich, zu allgemein, zu formlos ist, daß ihr die Überprüfung der historischen Angaben und Zitate fehlen, dann erwidert er gewöhnlich, man habe ihn nicht verstanden, seine Arbeit sei viel geistreicher als viele Abhandlungen, die nur banal Material zusammentragen.

Das mag richtig sein, aber wiederum lehrt die Erfahrung, daß eine solche Antwort gewöhnlich von Bewerbern kommt, die konfuse Vorstellungen haben, denen es an wissenschaftlicher Bescheidenheit und an der Fähigkeit, sich mitzuteilen, fehlt. Was man unter wissenschaftlicher Bescheidenheit zu verstehen hat (die keine Tugend der Schwachen, sondern im Gegenteil eine Tugend der Stolzen ist), darüber wird im Kapitel IV. 2. 4 zu handeln sein.

Es ist sicher nicht auszuschließen, daß der Kandidat ein Genie ist, das mit seinen zweiundzwanzig Jahren alles verstanden hat, und es sollte kein Zweifel daran bestehen, daß ich diese Annahme ohne auch nur einen Schatten von Ironie mache. Aber es steht nun einmal fest, daß, wenn diese Erde ein solches Genie hervorbringt, die Menschheit lange braucht, bis sie es merkt, und daß sein Werk eine ganze Reihe von Jahren gelesen und verdaut werden muß, ehe man seiner Größe gewahr wird. Wie kann man verlangen, daß eine Kommission, die nicht eine, sondern viele Arbeiten prüft, im ersten Anlauf der Größe dieses Alleinganges gewahr wird?

Aber gehen wir ruhig davon aus, daß dem Studenten bewußt ist, daß er ein wichtiges Problem verstanden hat: Weil von nichts nichts kommt, wird er seine Überlegungen unter dem Einfluß eines *anderen* Autors ausgearbeitet haben. Dann macht er am besten aus seiner theoretischen Arbeit eine historiographische, und das heißt, er behandelt nicht das Problem des Seins, den Begriff der Freiheit oder die Vorstellung des sozialen Handelns, sondern er arbeitet ein Thema wie *Das Problem des Seins beim frühen Heidegger, Der Begriff der Freiheit bei Kant* oder *die Vorstellung des sozialen Handelns bei Parsons* aus. Hat er originelle Ideen, so werden sie auch in der Auseinandersetzung mit den Ideen des behandelten Autors zutage treten: Man kann über Freiheit viel Neues sagen, indem man sich mit dem beschäftigt, was ein anderer über die Freiheit gesagt hat. Und wenn er unbedingt will, dann soll er das, was seine theoretische Arbeit werden sollte, zum Schlußkapitel seiner historiographischen Arbeit umfunktionieren. Geht er so vor, so werden alle überprüfen können, was er sagt, weil durch die Bezugnahme auf einen früheren Autor die von ihm entwickelten Vorstellungen zur öffentlichen Überprüfung gestellt werden. Es ist schwierig, sich im luftleeren Raum zu bewegen und eine Überlegung ab initio zu beginnen. Man muß einen Punkt finden, auf den man sich stützen kann, speziell bei so unbestimmten Problemen wie der Vorstellung vom Sein oder von der Freiheit. Auch wenn man ein Genie ist, und gerade wenn man ein Genie ist, vergibt man sich nichts, wenn man von einem anderen Autor ausgeht. Auch deshalb, weil Ausgehen von einem früheren Autor ja nicht bedeutet, ihn auf ein Podest zu stellen, ihn anzubeten, jedes seiner Worte zu unterschreiben; man kann im Gegenteil von einem Autor ausgehen, um dessen Irrtümer und Grenzen zu beweisen. Aber man hat einen Punkt, auf den man sich stützen kann. Im Mittelalter, als man einen zu großen Respekt vor der Autorität der Autoren aus früherer Zeit hatte, sagte man, daß die modernen, die aus damaliger Sicht »Zwerge« waren, zu »Zwergen auf den Schultern von Riesen« wurden, wenn sie sich auf die alten Autoren stützten, und darum weiter sehen konnten als ihre Vorgänger.

Alle diese Bemerkungen gelten nicht für angewandte und experimentelle Fächer. Wenn man eine Arbeit in Psychologie schreibt, liegt die Alternative nicht zwischen *Das Problem der Wahrnehmung bei Piaget* und *Das Problem der Wahrnehmung* (auch wenn ein Unvorsichtiger auf die Idee kommen könnte, sich ein so generelles und gefährliches Thema vorzunehmen). Die Alternative zur historischen Arbeit ist eher die experimentelle; *Die Farbwahrnehmung bei einer Gruppe behinderter Kinder*. Hier gelten andere Grundsätze, denn man hat das Recht, eine Frage auf experimentellem Weg anzugehen, sofern man eine Untersuchungsmethode hat und man unter vernünftigen Bedingungen für die Versuchsanordnung mit der nötigen Hilfe arbeiten kann. Aber ein guter experimenteller Forscher wird nicht mit der Prüfung der Reaktionen seiner Beobachtungspersonen beginnen, ehe er sich nicht durch Prüfung schon durchgeführter ähnlicher Untersuchungen zumindest auch einen Überblick verschafft hat, weil er sonst riskiert, den Regenschirm zu erfinden, etwas zu beweisen, was längst sorgfältig bewiesen ist, oder Methoden anzuwenden, die sich als fehlerhaft erwiesen haben (auch wenn Forschungsgegenstand die Überprüfung einer Methode sein kann, die noch keine zufriedenstellenden Ergebnisse erbracht hat). Darum kann eine experimentelle Arbeit nicht zu Hause gemacht werden, und die Methode kann nicht erst erfunden werden. Auch hier gilt, daß ein intelligenter Zwerg besser daran tut, auf die Schultern eines Riesen zu springen, mag dieser auch von bescheidener Größe sein, oder auf die eines anderen Zwerges. Später ist immer noch Zeit, ganz auf eigene Faust zu arbeiten.

II.3. Historische Themen oder zeitgenössische Themen?

Wer diese Frage stellt, scheint die alte *querelle des anciens et des modernes** wiederbeleben zu wollen. ... Und für viele

Disziplinen stellt sich das Problem überhaupt nicht (obwohl eine Arbeit über die Geschichte der lateinischen Literatur sowohl von Horaz als auch von den Horaz-Studien der letzten zwanzig Jahre handeln kann). Andererseits ist klar, daß es keine Alternative gibt, wenn jemand über die Geschichte der zeitgenössischen italienischen Literatur arbeiten will. Allerdings kommt es nicht selten vor, daß ein Student, wenn ihm der Professor für italienische Literatur rät, über einen Autor des Petrarkismus aus dem 16. Jahrhundert oder über einen Arkadier zu schreiben, lieber über Pavese, Bassani oder Sanguineti* arbeitet. Oftmals beruht diese Wahl auf echter Neigung, und man kann schwer etwas gegen sie vorbringen. In anderen Fällen wiederum beruht sie auf der falschen Überzeugung, der zeitgenössische Autor sei einfacher und unterhaltsamer.

Dazu ist ohne Umschweife zu sagen, daß *der zeitgenössische Autor immer der schwierigere ist*. Sicher wird gewöhnlich weniger Sekundärliteratur vorhanden sein, sicher sind alle Primärtexte zugänglich, sicher kann in der ersten Phase das Material mit einem Roman in der Hand bei einem Badeaufenthalt am Meer statt in einer Bibliothek erarbeitet werden. Aber entweder will man eine zusammengeschusterte Arbeit schreiben, in der nur wiederholt wird, was andere schon gesagt haben, und dann beschränkt sich die Untersuchung darauf (und wenn man will, kann man über einen Autor des Petrarkismus des 16. Jahrhunderts noch viel leichter eine zusammengeschusterte Arbeit schreiben); oder man will etwas Neues sagen, und dann stellt man fest, daß es zum nicht zeitgenössischen Autor wenigstens einen gesicherten Auslegungsrahmen gibt, auf dem man sticken kann, während die Meinungen über den modernen Autor diffus und geteilt sind, unsere Fähigkeiten zur kritischen Auseinandersetzung durch das Fehlen einer Perspektive in Frage gestellt und alles enorm schwierig wird. Zweifellos verlangt der antike Autor mehr Aufwand bei der Lektüre, gewissenhaftere bibliographische Bemühungen (aber die Titel sind weniger verstreut, und es gibt schon vollständige Literaturverzeichnisse). Aber wenn man eine solche Arbeit als die Gelegenheit auffaßt zu lernen, wie man eine Forschungsarbeit aufbaut, dann zwingt der nicht zeitgenössische Autor eher, die wissenschaftliche Methodik zu üben.

Wenn der Student sich später dann zur Auseinandersetzung mit Zeitgenössischem hingezogen fühlt, dann kann die Arbeit vielleicht die letzte Gelegenheit sein, sich mit der Literatur der Vergangenheit auseinanderzusetzen, um den eigenen Geschmack und das eigene Lesevermögen zu üben. Es wäre darum nicht schlecht, diese Gelegenheit beim Schopf zu ergreifen. Viele bedeutende zeitgenössische Schriftsteller, und sogar avantgardistische, haben ihre Abschlußarbeit nicht über Montale oder Pound geschrieben, sondern über Dante oder über Foscolo. Es gibt sicher keine feststehenden Regeln: Ein guter Forscher kann eine historische oder stilistische Analyse über einen zeitgenössischen Autor mit der gleichen Gründlichkeit und Präzision durchführen, mit der er sonst über einen antiken Autor arbeitet. Außerdem ist das Problem von Fachgebiet zu Fachgebiet unterschiedlich. In der Philosophie stellt vielleicht eine Arbeit über Husserl größere Probleme als eine solche über Descartes, und das Verhältnis von »Leichtigkeit« und »Lesbarkeit« kehrt sich um: Pascal liest sich leichter als Carnap.

Darum ist der einzige Rat, den ich wirklich guten Gewissens geben kann, der: *Man soll über einen zeitgenössischen Schriftsteller arbeiten, als sei er ein nichtzeitgenössischer und über einen nichtzeitgenössischen, als sei er ein zeitgenössischer.* So wird die Arbeit für den Studenten unterhaltsamer und anspruchsvoller.

II.4. Wieviel Zeit braucht man, um eine Abschlußarbeit zu schreiben?

Vereinfacht gesagt: Nicht mehr als drei Jahre und nicht weniger als sechs Monate. Nicht mehr als drei Jahre, weil die Tatsache, daß man in drei Jahren das Thema nicht in den Griff bekommen und das Material nicht zusammentragen konnte, nur dreierlei bedeuten kann:

1. Man hat ein falsches Thema gewählt, das die eigene Kraft übersteigt.
2. Man gehört zu denen, die nie zufrieden sind, die alles sagen wollen und die an einer solchen Arbeit zwanzig Jahre schreiben, während ein guter Wissenschaftler in der Lage sein muß, sich selbst Grenzen zu setzen (und seien sie auch bescheiden) und innerhalb dieser Grenzen etwas Definitives zustande zu bringen.
3. Man ist von der Dissertations-Neurose befallen, man hört auf, man fängt wieder an, man bringt kein Bein mehr auf die Erde, man ist völlig aufgelöst, man verwendet die Arbeit als Ausrede für mancherlei Versagen, man schließt sie nie mehr ab.

Nicht weniger als sechs Monate; denn auch wenn man nicht mehr schreiben will, als was einem guten Zeitschriftenaufsatz entspricht, für den ist es nicht mehr als 60 Schreibmaschinenseiten braucht, auch dann vergehen über dem Ausarbeiten des Arbeitsplans, über dem Zusammensuchen der Literatur, über dem Auswerten des Materials für die Kartei und über dem Fertigstellen des Textes sechs Monate wie im Flug. Gewiß kann ein erfahrener Wissenschaftler einen Aufsatz auch in kürzerer Zeit schreiben; aber er hat Jahre der Lektüre, von Exzerpten, von Notizen hinter sich, während der Student bei Null anfangen muß.

Wenn von sechs Monaten oder drei Jahren die Rede ist, dann ist dabei natürlich nicht an die Zeit für die Reinschrift gedacht, die vielleicht nur einen Monat oder 14 Tage in Anspruch nimmt, je nach der Methode, nach der gearbeitet wurde. Gedacht ist vielmehr an jenen Zeitraum, der von den ersten Überlegungen zur Arbeit bis zu ihrer endgültigen Ablieferung vergeht. Und darum kann es sein, daß ein Student in der Tat nur ein Jahr lang an der Arbeit sitzt, aber dabei auf Gedanken und auf eine Lektüre zurückgreifen kann, denen er sich in den zwei vergangenen Jahren vorher gewidmet hat, ohne vorauszusehen, worauf das Ganze hinausläuft.

Das Ideale wäre es meiner Ansicht nach, *die Abschlußarbeit* (und den Betreuer) *gegen Ende des zweiten Studienjahres zu wählen.* Zu diesem Zeitpunkt hat man sich schon mit den verschiedenen Fächern vertraut gemacht, man kennt sogar schon den Gegenstand, die Schwierigkeit, den Forschungsstand *der* Disziplinen, in denen man noch keine Prüfung abgelegt hat. Mit einer so frühzeitigen Wahl geht man kein Risiko ein, sie ist auch nicht unabänderlich. Man hat ein gutes Jahr, um festzustellen, daß die Idee falsch war, und um das Thema, den Betreuer oder gar das Fach zu wechseln. Wohlgemerkt: Auch wenn man ein Jahr über griechische Literatur gearbeitet hat, um dann festzustellen, daß man lieber eine Arbeit über zeitgenössische Geschichte schreibt, bedeutet das keineswegs verlorene Zeit. Man hat zumindest gelernt, wie man eine erste Literatursammlung macht, wie man einen Text für die Kartei auswertet, wie man eine Zusammenfassung aufbaut. Man denke an das, was unter I. 3. gesagt wurde: Eine solche Arbeit dient vor allem dazu zu lernen, wie man Gedanken ordnet, und zwar unabhängig vom Thema.

Wählt man also das Thema der Arbeit gegen Ende des zweiten Jahres, so hat man drei Sommer zum Forschen und, wenn man das kann, um Studienreisen zu machen. Man kann sein *Prüfungsprogramm auf die Arbeit ausrichten.* Sicher, wenn man eine Arbeit in Angewandter Psychologie schreibt, ist es schwierig, eine Prüfung in lateinischer Literatur darauf auszurichten. Aber bei vielen anderen Themen aus dem Bereich der Philosophie oder der Soziologie kann man mit dem Dozenten Texte vereinbaren (vielleicht sogar im Austausch gegen die vorgeschriebenen), die den Gegenstand dieser Prüfung in den Bereich der eigenen bevorzugten Interessen bringen. Wenn das ohne dialektische Verrenkungen und ohne kindische Tricks möglich ist, dann ist es einem vernünftigen Dozenten immer lieber, daß der Student eine »motivierte« Prüfung ablegt und nicht eine zufällige, erzwungene, die ohne große Lust vorbereitet wird und nur, um die vorgeschriebene Hürde zu überwinden.

Das Thema am Ende des zweiten Jahres zu wählen bedeutet, bis zum Oktober des vierten Jahres Zeit für die Abschlußprüfung zu haben, und somit den idealen Zeitraum von zwei Jahren.

Nichts verbietet, die Arbeit früher zu wählen. Und nichts verbietet, sie später zu wählen, wenn man in Kauf nimmt, die Regelstudienzeit überschritten zu haben. Aber alles spricht dagegen, sie zu spät zu wählen.

Auch deshalb, weil eine gute Arbeit im Rahmen des Möglichen Schritt für Schritt mit dem Betreuer besprochen werden muß. Und das nicht so sehr, um den Dozenten milde zu stimmen, sondern weil das Schreiben einer solchen Arbeit genauso ist wie das Schreiben eines Buches: man übt damit das Kommunizieren, das von der Existenz eines Publikums ausgeht. Und der Betreuer ist der einzige Vertreter eines sachverständigen Publikums, der dem Studenten während seiner eigenen Arbeit zur Verfügung steht. Eine Arbeit, die im letzten Moment geschrieben wird, zwingt den Betreuer zu einer hastigen Durchsicht der einzelnen Kapitel oder gar des fertigen Manuskriptes. Wenn der Betreuer dann die Arbeit im letzten Moment zu Gesicht bekommt und mit den Ergebnissen unzufrieden ist, wird er den Kandidaten in der Sitzung der Prüfungskommission angreifen, und das führt zu unerfreulichen Ergebnissen. Unerfreulich auch für den Referenten, der in der Kommission nie mit einer Arbeit erscheinen sollte, die ihm nicht gefällt: das ist auch für ihn eine Niederlage. Wenn er wirklich glaubt, der Kandidat könne seine Arbeit nicht in den Griff kriegen, so muß er ihm das vorher sagen und ihm empfehlen, eine andere Arbeit zu schreiben oder noch etwas zu warten. Wenn dann der Kandidat trotz dieser Ratschläge der Ansicht ist, daß entweder der Betreuer unrecht hat oder daß weiteres Zuwarten ihm schaden würde, dann setzt er sich auch den Zufällen und Risiken einer stürmischen Diskussion aus, aber er tut es wenigstens sehenden Auges.

Aus allen diesen Bemerkungen ergibt sich, daß eine Sechs-Monats-Arbeit zwar eine Art kleineres Übel, aber keineswegs das Optimum darstellt (sofern nicht der schon geschilderte Fall vorliegt, daß das in den letzten sechs Monaten gewählte Thema auf Erfahrungen der vorhergehenden Jahre aufbauen kann).

Dennoch sind Notfälle denkbar, in denen das Ganze in sechs Monaten über die Bühne gebracht werden muß. Und dann muß ein Thema gefunden werden, das in anständiger und ernsthafter Weise in diesem Zeitraum bearbeitet werden kann. Alle diese Überlegungen sollten nicht in einem allzu kommerziellen Sinn verstanden werden, so als verkauften wir »Sechsmonatsarbeiten« und »Sechsjahresarbeiten« – zu verschiedenen Preisen, und für jeden Kunden das Seine. Aber es gibt sicherlich auch gute Arbeiten von sechs Monaten.

Die Anforderungen an eine Sechsmonatsarbeit sind:

1. Das Thema muß begrenzt sein.
2. Das Thema muß nach Möglichkeit zeitgenössisch sein, damit man nicht Literatur zusammentragen muß, die bis auf die Griechen zurückreicht; oder es muß sich um ein Randproblem handeln, über das verhältnismäßig wenig geschrieben wurde.
3. Alles Material muß in erreichbarer Nähe vorhanden und leicht zugänglich sein.

Ein paar Beispiele. Wenn ich das Thema *Die Kirche Santa Maria del Castello in Alessandria* wähle, dann kann ich hoffen, alles Nötige zur Geschichte und zur Restaurierung in der Stadtbibliothek und im Stadtarchiv von Alessandria zu finden. Ich sage »kann hoffen«, weil ich von einer Annahme ausgehe und mich in der Lage eines Studenten versetze, der eine Sechsmonatsarbeit schreiben will. Aber bevor ich mit meinem Vorhaben anfange, sollte ich mich informieren, ob meine Annahme richtig ist. Außerdem sollte ich ein Student sein, der in der Provinz Alessandria* wohnt; wenn ich in Caltanissetta** wohne, war mein Vorhaben ganz schlecht. Jedoch gibt es ein »Aber«. Wenn bestimmte Dokumente zugänglich wären, aber wenn es sich um unveröffentlichte mittelalterliche Handschriften handelte, sollte ich etwas von Paläologie verstehen, d.h. in der Lage sein, Handschriften zu lesen und zu entschlüsseln. Und in diesem Moment wird das Thema, das so einfach schien, schwierig. Wenn ich dagegen feststelle, daß alles schon veröffentlicht ist, wenigstens ab dem 19. Jahrhundert, dann bewege ich mich auf sicherem Boden.

Ein anderes Beispiel. Raffaele La Capria* ist ein zeitgenössischer Schriftsteller, der nur drei Romane und einen Essayband geschrieben hat. Alle sind beim gleichen Verlag (Bompiani) erschienen. Stellen wir uns eine Arbeit vor mit dem Titel: *Die positive Beurteilung von Raffaele La Capria* durch die zeitgenössische italienische Kritik*. Weil jeder Verlag in den eigenen Archiven gewöhnlich die Presseausschnitte mit allen Besprechungen und mit den Artikeln, die über seine Autoren erschienen sind, hat, kann ich hoffen, mit einer Reihe von Besuchen beim Verlag in Mailand alle Texte, die mich interessieren, für meine Kartei ausgewertet zu haben. Zudem lebt der Autor noch, ich kann ihm schreiben oder ihn besuchen und mit ihm sprechen und dabei weitere biographische Hinweise und mit ziemlicher Sicherheit Photokopien von Texten, die mich interessieren, bekommen. Natürlich wird mich manch ein Aufsatz auf andere Autoren verweisen, mit denen La Capria verglichen wird oder zu denen er in Gegensatz gebracht wird. Das Feld erweitert sich dadurch ein wenig, aber doch auf eine überschaubare Weise. Und ich habe ja schließlich La Capria gewählt, weil ich einiges Interesse für die zeitgenössische italienische Literatur aufbringe – sonst war meine Entscheidung zynisch, kalt berechnend und leichtsinnig zugleich.

Eine weitere Sechsmonatsarbeit. *Die Bewertung des Zweiten Weltkriegs in den Geschichtsbüchern der letzten fünf Jahre für die 6. bis 8. Klasse*. Es wird nicht ganz einfach sein, alle im Gebrauch befindlichen Geschichtsbücher ausfindig zu machen; aber die Zahl der Verlage für Schulbücher ist schließlich nicht so groß. Hat man die nötigen Texte einmal bekommen oder photokopiert, dann weiß man, daß die Abhandlungen nur wenige Seiten in Anspruch nehmen und daß die vergleichende Arbeit in kurzer Zeit erledigt werden kann – und noch dazu gut. Natürlich kann man die Art und Weise, in der ein Buch den Zweiten Weltkrieg behandelt, nicht voll beurteilen, wenn man diese Abhandlung über den Zweiten Weltkrieg nicht zum Gesamtbild in Beziehung setzt, das dieses Buch für die Geschichte bietet; und darum muß man ein wenig in die Tiefe gehen. Man kann auch nicht anfangen, ohne sich ein halbes Dutzend anerkannter Geschichtsbücher zum Zweiten Weltkrieg als Grundlage angeeignet zu haben. Aber würde man diese Formen kritischer Überprüfung weglassen, dann könnte man die Arbeit nicht in sechs Monaten, sondern in einer Woche schreiben, und sie wäre dann keine Abschlußarbeit, sondern ein Zeitungsartikel, vielleicht ein scharfsinniger und brillanter, der aber über die Fähigkeit des Kandidaten zur Forschungsarbeit nichts besagt.

Will man schließlich eine Sechsmonatsarbeit schreiben und an ihr nur eine Stunde am Tag arbeiten, dann brauchen wir nicht weiter zu reden. Wir verweisen auf die Ratschläge in § I.2., man schreibt irgendeine Arbeit ab – und Schluß.

II.5. Muß man Fremdsprachen können?

Dieses Kapitel trifft für alle diejenigen nicht zu, die eine Arbeit über eine fremde Sprache oder fremdsprachige Literatur schreiben wollen. Denn es ist in höchstem Maß wünschenswert, daß sie die Sprache beherrschen, *über die* sie eine Arbeit schreiben. Es wäre sogar wünschenswert, daß man eine Arbeit über einen französischen Autor auf französisch schreibt. Das ist an vielen ausländischen Universitäten üblich, und es ist gut.

Aber wie ist das Problem bei einem, der eine Arbeit in Philosophie, in Soziologie, im Recht, in Politischen Wissenschaften, in Geschichte, in Naturwissenschaften schreiben soll? Auch wenn die Arbeit über italienische Geschichte handelt, oder über Dante oder die Renaissance, taucht immer die Notwendigkeit auf, ein fremdsprachiges Buch zu lesen, da ja bedeutende Dante- oder Renaissance-Forscher in Englisch oder in Deutsch geschrieben haben.

Gewöhnlich nutzt man in solchen Fällen die Gelegenheit der Arbeit, um in einer Sprache, die man nicht beherrscht, mit dem Lesen anzufangen. Angeregt vom Thema und mit etwas Mühe fängt man an, etwas zu verstehen. Oft lernt man so eine Sprache. Gewöhnlich kann man sie dann noch nicht sprechen, aber immerhin *lesen*. Besser als nichts.

Wenn zu einem gegebenen Thema *nur ein* Buch auf deutsch existiert, und man selbst kann kein Deutsch, dann kann das Problem auch dadurch gelöst werden, daß man jemand anderen bittet, die Kapitel, die man für die wichtigsten hält, für einen zu lesen. Man sollte dann anständig genug sein, sich nicht allzu sehr auf dieses Buch zu stützen, aber wenigstens kann man es guten Gewissens ins Literaturverzeichnis aufnehmen, weil man davon Kenntnis genommen hat.

Aber das sind alles sekundäre Probleme. Die Hauptsache ist: *Darf man eine Arbeit wählen, die die Kenntnis von Sprachen voraussetzt, die man gar nicht beherrscht oder die zu lernen man nicht bereit ist?* Manchmal allerdings wählt man eine Arbeit, ohne die damit verbundenen Risiken im voraus zu ahnen. Sehen wir uns daher an, was auf jeden Fall beachtet werden muß.

1. *Man kann keine Arbeit über einen fremdsprachigen Autor schreiben, wenn man seine Werke nicht im Original lesen kann.* Das dürfte sich bei Dichtern von selbst verstehen, aber viele glauben, daß diese Voraussetzung für eine Arbeit über Kant, über Freud oder über Adam Smith nicht gilt. Sie gilt aber aus zwei Gründen: Erstens sind nicht immer *alle* Werke dieses Autors übersetzt, und so kann manchmal auch die Nichtkenntnis eines weniger wichtigen Werkes das Verständnis seines Denkens oder seines geistigen Hintergrundes in Frage stellen; zum zweiten: Bei einem fremdsprachigen Autor ist der größte Teil der Sekundärliteratur gewöhnlich in der Sprache geschrieben, in der er selbst schreibt, und mag der Autor über-

setzt sein, seine Interpreten sind es nicht immer; schließlich werden Übersetzungen den Gedanken des Autors nicht immer gerecht – und eine Arbeit über ihn schreiben heißt doch gerade, sein wirkliches und ursprüngliches Denken dort wieder zur Geltung zu bringen, wo es durch Übersetzungen oder andere Formen der Weiterverbreitung verfälscht worden ist. Eine solche Arbeit schreiben bedeutet, über formelhafte Wendungen, wie sie in Schulbüchern auftauchen, hinauskommen, als da sind: »Foscolo* ist klassisch, und Leopardi** ist romantisch«, »Plato ist Idealist und Aristoteles Realist« oder »Pascal steht für Gefühl, und Descartes steht für Verstand«.

2. *Man kann keine Arbeit über ein Thema schreiben, zu dem die wichtigsten Werke in einer Sprache erschienen sind, die man nicht beherrscht.*

Ein Student, der bestens Deutsch kann, aber das Französische nicht beherrscht, könnte heute keine Arbeit über Nietzsche schreiben, obwohl doch dieser Autor in deutscher Sprache geschrieben hat. Und das deshalb, weil in den letzten zehn Jahren einige der besten Arbeiten, die Nietzsche neu bewerten, auf französisch geschrieben wurden. Das gleiche gilt für Freud: Es wäre schwierig, den Wiener Meister heute richtig zu lesen, ohne das zu berücksichtigen, was die amerikanischen Revisionisten oder die französischen Strukturalisten aus seinem Werk herausgelesen haben.

3. *Man kann keine Arbeit über einen Autor oder über ein Thema schreiben und nur Werke in den Sprachen lesen, die man beherrscht.* Wer sagt uns, daß das entscheidende Werk nicht in der einzigen Sprache geschrieben ist, die wir nicht kennen? Sicher, solcher Art Überlegungen können einen verrückt machen, und man muß deshalb klaren Kopf bewahren. Nach den Regeln des wissenschaftlichen Anstands ist es korrekt und zulässig dann, wenn über einen englischen Autor etwas auf japanisch geschrieben wurde, anzumerken, daß man von der Existenz der Arbeit unterrichtet ist, sie aber nicht gelesen hat. Diese »Freiheit des Nichtkennens« erfaßt normalerweise die nicht-westlichen und slawischen Sprachen, so

kommt es, daß es sehr ernst zu nehmende Arbeiten über Marx gibt, die einräumen, russisch verfaßte Werke nicht zur Kenntnis genommen zu haben. Aber ein ernsthafter Wissenschaftler kann in solchen Fällen immer wissen (und zeigen, daß er es weiß), was die wesentliche Aussage dieser Arbeiten ist, vorausgesetzt, daß er Zugang zu Rezensionen oder Zusammenfassungen hat. Die sowjetischen, bulgarischen, tschechoslowakischen, israelischen etc. wissenschaftlichen Zeitschriften geben in der Regel am Ende des Beitrags eine Zusammenfassung in Englisch oder Französisch. Und darum ist zwar, wenn man über einen französischen Autor arbeitet, nichts dagegen einzuwenden, daß man kein Russisch kann, aber wenigstens muß man Englisch lesen können, um das Hindernis zu umgehen.

Darum muß man, bevor man das Thema für eine Arbeit festlegt, so umsichtig sein, durch einen ersten Blick auf die vorhandene Literatur sicherzustellen, daß keine größeren sprachlichen Schwierigkeiten auftauchen.

In manchen Fällen kann man es im voraus ahnen. Unvorstellbar, eine Arbeit in griechischer Philologie schreiben zu wollen, ohne Deutsch zu können; denn es gibt eine Vielzahl wichtiger Untersuchungen auf deutsch zu diesem Gebiet.

Auf jeden Fall kann die Arbeit dazu dienen, sich erste grobe Kenntnisse vom Wortschatz aller westlichen Sprachen zu verschaffen; denn auch wenn man kein Russisch lesen kann, muß man doch in der Lage sein, die kyrillischen Buchstaben zu erkennen, und man muß verstehen können, ob ein zitiertes Buch von Kunst oder von Wissenschaft handelt. Kyrillisch lesen lernt man an einem Abend, und daß *Isskustvo* Kunst bedeutet und *Nauka* Wissenschaft, weiß man nach dem Vergleich einiger Titel. Man darf nur keine Angst haben und muß die Arbeit als einzigartige Gelegenheit ansehen, Dinge zu lernen, die für das ganze Leben von Nutzen sein werden.

All diese Überlegungen berücksichtigen nicht, daß man, wenn man sich schon mit fremdsprachiger Literatur beschäftigen muß, sich am besten aufraffen sollte, einige Zeit in dem fraglichen Land zu verbringen. Aber das sind teure Lösungen, und hier sollten Ratschläge auch für solche Studenten gegeben werden, die diese Möglichkeit nicht haben.

Stellen wir aber eine letzte, noch versöhnendere Hypothese auf und betrachten einen Studenten, der sich mit dem Problem der visuellen Erfassung im Bereich der Kunst beschäftigen will.

Dieser Student *kann keine Fremdsprachen und hat keine Zeit, sie zu lernen* (oder er steht vor einer psychologischen Barriere: Es gibt Menschen, die Schwedisch in einer Woche lernen und andere, die auch nach zehn Jahren noch nicht vernünftig französisch sprechen können). Außerdem muß er aus wirtschaftlichen Gründen eine Sechsmonatsarbeit schreiben. Dennoch interessiert er sich ernsthaft für sein Thema, er will die Universität abschließen, um zu arbeiten, aber später will er das gewählte Thema wieder aufgreifen und in aller Ruhe vertiefen. Wir müssen auch an ihn denken.

Dieser Student kann sich nun ein Thema wie *Die Probleme der visuellen Wahrnehmung und ihre Beziehung zu den darstellenden Künsten bei ausgewählten zeitgenössischen Autoren* vornehmen. Es wird nützlich sein, zunächst ein Bild von der psychologischen Problematik des Themas zu zeichnen, und darüber gibt es eine Reihe von Arbeiten, die ins Italienische übersetzt sind, von *Auge und Hirn* von Gregory bis zu den wichtigen Texten über die Gestaltungspsychologie und über den Transaktionalismus. Dann kann man die Thematik anhand dreier Autoren beleuchten, sagen wir Arnheim für den gestaltpsychologischen Ansatz, Gombrich für den semiologisch-informativen, Panofsky im Hinblick auf seine Abhandlungen aus ikonologischer Sicht. Bei diesen drei Autoren wird im Grunde von drei verschiedenen Standpunkten aus die Beziehung zwischen Natürlichkeit und »Kultürlichkeit« der Wahrnehmung von Bildern abgehandelt. Um diese drei Autoren vor einen zusammenhängenden Hintergrund zu stellen, gibt es einige Veröffentlichungen, die Verbindungen herstellen, z.B. die von Gillo Dorfles. Hat der Student einmal diese drei Perspektiven ausgearbeitet, so könnte er auch versuchen, die gefundenen Ergebnisse im Licht eines bestimmten Kunstwerks zu überprüfen, vielleicht, indem er eine inzwischen klassische Interpretation (z.B. die Art und Weise, wie Longhi Piero della Francesca zu verstehen sucht) wieder aufnimmt und sie mit den gefundenen »neueren« Ergebnissen in Beziehung setzt. Das Endergebnis ist nichts Originelles, es bleibt in der Mitte zwischen Übersichtsarbeit und monographischer Arbeit, aber es konnte allein mit Übersetzungen ins Italienische erarbeitet werden. Man wird den Studenten nicht dafür tadeln, daß er von und über Panofsky nicht alles gelesen hat, auch das, was es nur auf Deutsch oder Englisch gibt, weil es sich nicht um eine Arbeit über Panofsky handelt, sondern um eine Arbeit, bei der die Bezugnahme auf Panofsky nur unter einem bestimmten Aspekt und im Zusammenhang mit einigen Fragen erfolgt.

Wie schon in Paragraph II. 1. gesagt, ist diese Art von Arbeit nicht die empfehlenswerteste, weil sie womöglich unvollständig und zu allgemein gehalten ist. Es handelt sich hier, das sei nochmals klargestellt, um das Beispiel einer Sechsmonatsarbeit für einen Studenten, der sich ernsthaft darum bemüht, alles zu einem Thema zusammenzutragen, das ihm am Herzen liegt. Es ist eine Notlösung, aber man braucht sich ihrer wenigstens nicht zu schämen.

Kann man keine Fremdsprachen, und kann man die günstige Gelegenheit, eine Arbeit schreiben zu müssen, auch nicht dazu nutzen, mit ihrem Erlernen anzufangen, so ist die vernünftigste Lösung eine Arbeit über ein spezifisches Thema zur eigenen Sprache, bei dem man die Verwendung fremdsprachiger Literatur ganz vermeiden oder doch auf wenige bereits in die eigene Sprache übersetzte Texte beschränken kann. Wer z.B. eine Arbeit über *Modelle des historischen Romans im Prosawerk Garibaldis** schreiben möchte, brauchte natürlich einige Grundkenntnisse über die Entstehung des historischen Romans und über Walter Scott (und natürlich über die Auseinandersetzung, die in Italien im 19. Jahrhundert zu diesem Thema stattfand), könnte aber einige Nachschlagewerke in unserer Sprache finden und hätte die Möglichkeit, wenigstens die wichtigsten Werke von Scott in Übersetzung zu lesen, vor allem wenn er in der Bibliothek die Übersetzungen des 19. Jahrhunderts sucht. Und noch weniger Schwierigkeiten brächte das Thema *Der Einfluß von Guerrazzi* auf die Kultur des italienischen Risorgimento*. Natürlich soll man dabei nie zu optimistisch sein: Es wird der Mühe wert sein, die vorhandenen Bibliographien daraufhin zu überprüfen, ob und welche ausländische Autoren über dieses Thema geschrieben haben.

II.6. »Wissenschaftliche« oder »politische« Arbeit?

Nach der Studentenrevolte von 1968 hat sich die Meinung herausgebildet, man dürfe keine Arbeiten über kulturelle oder Literaturthemen schreiben, sondern nur Arbeiten, die unmittelbar politische und soziale Interessen zum Gegenstand haben. Wenn man davon ausgeht, dann ist der Titel des vorliegenden Abschnitts provozierend und irreführend, weil er den Eindruck erweckt, daß eine »politische« Arbeit nicht »wissenschaftlich« sei. Nun ist an der Universität oft von Wissenschaft, Wissenschaftlichkeit, wissenschaftlicher Forschung, von dem wissenschaftlichen Wert einer Arbeit die Rede, und dieser Ausdruck könnte zu ungewollten Mißverständnissen, zu Mystifikationen oder zu dem unzulässigen Verdacht führen, die Kultur werde einbalsamiert.

II.6.1. Was ist Wissenschaftlichkeit?

Für manche ist die Wissenschaft mit den Naturwissenschaften oder mit Forschungen auf quantitativer Grundlage gleichzusetzen. Eine Untersuchung ist nicht wissenschaftlich, wenn sie nicht mit Formeln und Diagrammen arbeitet. Ginge man davon aus, dann wäre eine Arbeit über die Moral bei Aristoteles nicht wissenschaftlich, aber ebensowenig wären es Untersuchungen über Klassenbewußtsein und Bauernaufstände im Zeitalter der Reformation. An der Universität mißt man dem

Begriff »wissenschaftlich« offensichtlich nicht diese Bedeutung bei. Versuchen wir also festzulegen, unter welchen Voraussetzungen eine Arbeit sich in einem weiten Sinn wissenschaftlich nennen darf.

Vorbild können durchaus die Naturwissenschaften sein, so wie sie sich seit Beginn der Neuzeit entwickelt haben. Eine Untersuchung ist wissenschaftlich, wenn sie die folgenden Anforderungen erfüllt:

1. Die Untersuchung behandelt *einen erkennbaren Gegenstand, der so genau umrissen ist, daß er auch für Dritte erkennbar ist.* Der Ausdruck Gegenstand ist nicht unbedingt im konkreten Sinn zu verstehen. Auch die Quadratwurzel ist ein Gegenstand, auch wenn kein Mensch sie je gesehen hat. Auch die Gesellschaftsschichten sind Forschungsgegenstände, auch wenn man einwenden könnte, daß man nur Einzelwesen oder einen statistischen Durchschnitt, nicht aber Klassen im eigentlichen Sinn kennt. Aber in einem solchen Sinn hätte auch die Klasse aller Primzahlen über 3725 keine konkrete Realität, mit der sich doch ein Mathematiker bestens beschäftigen könnte. Den Gegenstand bestimmen heißt also die Bedingungen festlegen, unter denen wir über ihn auf der Grundlage von Regeln sprechen können, die wir aufstellen oder die andere vor uns aufgestellt haben, wenn wir Regeln aufstellen, nach denen eine Primzahl, die größer ist als 3725, erkannt werden kann; falls wir einer solchen Zahl begegnen, dann haben wir die Regeln für das Erkennen unseres Gegenstandes festgelegt. Probleme ergeben sich natürlich, wenn wir zum Beispiel ein Fabelwesen als wissenschaftlichen Gegenstand behandeln müssen, das nach allgemeiner Meinung nicht existiert, wie beispielsweise der Zentaur. Dann haben wir drei Möglichkeiten.

Zunächst können wir uns entschließen, von den Zentauren so zu sprechen, wie sie in der klassischen Mythologie dargestellt werden. Damit wird unser Gegenstand allgemein erkennbar und individualisierbar, weil wir es mit Äußerungen (in Worten oder Bildern) zu tun haben, in denen von Zentauren die Rede ist. Und es handelt sich jetzt darum festzuhalten, welche Charakteristika ein Wesen der klassischen Mythologie haben muß, um als Zentaur erkannt zu werden.

Zweitens können wir uns entschließen, eine hypothetische Untersuchung darüber durchzuführen, welche Besonderheiten ein Lebewesen in einer möglichen Welt (die nicht mit der wirklichen übereinstimmt) *haben müßte*, um ein Zentaur zu sein. Dann müßten wir die Lebensbedingungen in dieser möglichen Welt beschreiben und dabei betonen, daß die ganze Untersuchung von dieser Hypothese ausgeht. Wenn wir dieser Ausgangsannahme strikt treu bleiben, dann können wir behaupten, von einem Gegenstand zu sprechen, der möglicher Gegenstand einer wissenschaftlichen Untersuchung sein kann.

Drittens können wir der Auffassung sein, genügend Beweise für die wirkliche Existenz von Zentauren zu haben. In diesem Fall müssen wir, um einen Gegenstand darzustellen, der der Diskussion zugänglich ist, Beweise vorlegen (Skelette, Knochenreste, Abdrücke auf Lavagestein, mit Hilfe von Infrarot aufgenommene Photographien in den griechischen Wäldern oder was auch sonst immer), damit auch die anderen uns zustimmen können, daß – mag unsere Hypothese falsch oder richtig sein – sie doch Grundlage für eine Erörterung sein kann.

Natürlich ist dieses Beispiel paradox, und ich glaube nicht, daß irgend jemand eine Arbeit über die Zentauren schreiben will, speziell unter der dritten der genannten Möglichkeiten, aber es kam mir darauf an zu zeigen, daß man sich unter bestimmten Voraussetzungen immer einen allgemein erkennbaren Gegenstand vorstellen kann. Und wenn das für die Zentauren möglich ist, dann geht es auch für Begriffe wie moralisches Verhalten, Wünsche, Werte oder die Idee des historischen Fortschritts.

2. Die Untersuchung muß über diesen Gegenstand *Dinge sagen, die noch nicht gesagt worden sind*, oder sie muß Dinge, die schon gesagt worden sind, aus einem neuen Blickwinkel sehen. Eine mathematisch richtige Ausarbeitung, die mit den überkommenen Methoden den Pythagoreischen Lehrsatz be-

weisen würde, wäre keine wissenschaftliche Arbeit, weil sie unserem Wissen nichts hinzufügen würde. Es wäre allenfalls eine populärwissenschaftliche Darstellung, wie ein Handbuch, in dem der Bau einer Hundehütte mit Hilfe von Holz, Nägeln, Hobel, Säge und Hammer erklärt wird.

Auch eine kompilatorische Arbeit kann, wie wir unter I.1. gezeigt haben, wissenschaftlich nützlich sein, weil der »Kompilator« Meinungen, die andere zum gleichen Thema schon geäußert haben, zusammengestellt und auf eine vernünftige Weise zueinander in Beziehung gesetzt hat. So ist auch eine Anleitung für den Bau einer Hundehütte keine wissenschaftliche Arbeit, aber ein Werk, das alle bekannten Methoden zum Bau einer Hundehütte vergleicht und kritisch würdigt, könnte vielleicht einen bescheidenen Anspruch von Wissenschaftlichkeit erheben.

Nur über eines muß man sich klar sein: daß ein kompilatorisches Werk nur dann überhaupt wissenschaftlichen Nutzen haben kann, wenn es auf diesem Gebiet nichts Vergleichbares gibt. Wenn es schon vergleichende Arbeiten über das Herstellen von Hundehütten gibt, ist es verlorene Zeit (oder ein Plagiat), eine weitere zu schreiben.

3. Die Untersuchung *muß für andere von Nutzen sein*. Von Nutzen ist eine Abhandlung, die eine neue Entdeckung über das Verhalten von Elementarteilchen beweisen soll. Von Nutzen ist eine Abhandlung, die darstellt, wie ein unveröffentlichter Brief von Leopardi entdeckt wurde, und die ihn ganz transkribiert.

Eine Arbeit ist wissenschaftlich, wenn sie (bei Beachtung der Regeln 1 und 2) dem etwas hinzufügt, was bisher schon in der wissenschaftlichen Öffentlichkeit bekannt war und wenn alle künftigen Arbeiten zum gleichen Thema ihre Ergebnisse, zumindest theoretisch, berücksichtigen müssen. Natürlich wird die wissenschaftliche Bedeutung davon bestimmt, wie unverzichtbar die neue Untersuchung ist. Es gibt Arbeiten, nach denen ein anderer Wissenschaftler *nichts* Gutes mehr sagen *kann*, wenn er sie nicht berücksichtigt. Und es gibt andere, bei denen die Wissensschaftler *gut daran täten*, sie zu berücksichtigen: aber auch wenn sie es nicht tun, geht die Welt nicht unter. Jüngst sind Briefe veröffentlicht worden, die James Joyce seiner Frau über heikle sexuelle Fragen schrieb. Wenn jemand nun morgen über die Entstehung der Person der Molly Bloom im *Ulysses* von Joyce arbeiten wollte, so würde ihm sicher eine Information über die Tatsache nützen, daß Joyce in seiner eigenen Privatsphäre seiner Frau eine lebhafte und entwickelte Sexualität wie die der Molly zuschrieb: es handelt sich also um einen nützlichen wissenschaftlichen Beitrag. Andererseits gibt es wunderbare Interpretationen des *Ulysses*, in denen die Person der Molly treffend dargestellt ist und die die genannte Untersuchung nicht berücksichtigt haben; es handelt sich also um einen nicht unerläßlichen Beitrag. Als dagegen *Stephen Hero*, die erste Version des Joyce'schen Romans *A Portrait of the Artist as a Young Man*, veröffentlicht wurde, war jedem gleich klar, daß dies berücksichtigt werden mußte, wenn man die Entwicklung des irischen Schriftstellers verstehen wollte. Es war ein wissenschaftlicher Beitrag, dessen Berücksichtigung unerläßlich ist.

Nun könnte jemand auch eines jener Dokumente zutage fördern, die mit Blick auf besonders pingelige deutschen Philologen oft ironisch als »Lieferzettel der Waschfrau« bezeichnet werden. Es handelt sich in der Tat um Schriftstücke von ganz untergeordneter Bedeutung, in denen ein Autor vielleicht die an einem Tag zu machenden Einkäufe notiert hat. Manchmal sind auch solche Informationen nützlich, weil sie ein menschliches Licht auf einen Künstler werfen, von dem alle glaubten, er habe ganz von der Welt isoliert gelebt, oder weil sie enthüllen, daß er in einer bestimmten Zeit ziemlich ärmlich gelebt hat. Manchmal aber fügen sie dem, was man schon weiß, rein gar nichts hinzu; es sind kleine biographische Kuriositäten, und sie haben keinerlei wissenschaftlichen Wert, obwohl es Leute gibt, die sich einen Ruf als unermüdliche Forscher erwerben, indem sie solche Belanglosigkeiten ans Licht bringen. Man sollte diejenigen, denen solche Forschung Freude macht, nicht entmutigen, aber man kann nicht von einem Fortschritt im menschlichen Wissen sprechen, und es wäre, wenn schon nicht vom wissenschaftlichen, so doch vom pädagogischen Standpunkt aus, viel nützlicher, ein kleines, gutes, populärwissenschaftliches Büchlein zu schreiben, das über das Leben jenes Autors berichtet und einen Überblick über seine Werke gibt.

4. Die Untersuchung muß *jene Angaben enthalten, die es ermöglichen nachzuprüfen, ob ihre Hypothesen falsch oder richtig sind*, sie muß also die Angaben enthalten, die es ermöglichen, die Auseinandersetzung in der wissenschaftlichen Öffentlichkeit fortzusetzen. Das ist eine ganz fundamentale Anforderung. Ich kann den Nachweis versuchen wollen, daß es im Peleponnes Zentauren gibt, aber dann muß ich vier bestimmte Anforderungen zuverlässig erfüllen: a) Ich muß Beweise vorlegen (wie schon gesagt, wenigstens einen Schwanzknochen); b) erklären, wie ich vorgegangen bin, um das Beweisstück zu finden; c) erklären, wie man vorgehen müßte, um weitere zu finden; d) nach Möglichkeit verdeutlichen, der Fund welchen Knochens (oder welchen anderen Beweisstückes) meine Hypothese platzen lassen würde.

So habe ich nicht nur Beweise für meine Hypothese vorgelegt, sondern ich habe es anderen auch ermöglicht weiterzuforschen und ihr zuzustimmen oder sie in Frage zu stellen.

Bei jedem anderen Gegenstand verfährt man genauso. Nehmen wir an, daß in einer außerparlamentarischen Gruppierung aus dem Jahr 1969 zwei Strömungen vorhanden waren, eine leninistische und eine trotzkistische, obwohl allgemein angenommen wird, daß sie ganz homogen war. Dann muß ich die Dokumente (Flugblätter, Versammlungsprotokolle, Artikel etc.) vorlegen, die beweisen, daß ich recht habe; ich muß angeben, wie und wo ich das Material gefunden habe, damit andere in dieser Richtung weitersuchen können; und ich muß sagen, nach welchen Kriterien ich das Beweismaterial den Mitgliedern dieser Gruppierung zugeordnet habe. Hat sich die Gruppierung z.B. 1970 aufgelöst, dann muß ich angeben, ob ich nur Veröffentlichungen ihrer Mitglieder zur Theoriediskussion bis zu diesem Zeitpunkt als Ausdruck der Gruppierung ansehe (aber dann muß ich erklären, nach welchen Kriterien ich bestimmte Personen zu den Mitgliedern der Gruppe rechne: Mitgliedsausweis, Teilnahme an Versammlungen, Annahmen der Polizei?); oder ob ich auch Texte von Ex-Mitgliedern der Gruppierung nach deren Auflösung hierzu rechne, in der Annahme, daß diese solche Ideen später geäußert, aber, vielleicht im geheimen, schon während der Zeit entwickelt haben, in der die Gruppierung aktiv war. Nur auf diese Weise gebe ich anderen die Möglichkeit, neue Nachforschungen anzustellen und beispielsweise zu zeigen, daß meine Ergebnisse falsch waren, weil eine x-beliebige Person nicht als Mitglied der Gruppierung angegeben werden konnte, was zwar von der Polizei getan wurde, von den anderen aber zumindest nach den vorliegenden Dokumenten nie anerkannt wurde. So habe ich dann eine Hypothese, Beweise und ein Verfahren, ihre Richtigkeit oder Unrichtigkeit festzustellen, vorgelegt.

Ich habe bewußt die unterschiedlichsten Themen ausgewählt, gerade um nachzuweisen, daß die Anforderungen an die Wissenschaftlichkeit auf jede Art von Untersuchung anwendbar sind.

Das Gesagte führt uns zur künstlichen Gegenüberstellung von »wissenschaftlichen« und »politischen« Arbeiten zurück. *Man kann eine politische Arbeit schreiben und dabei alle Regeln der Wissenschaftlichkeit beachten.* Man kann sich auch eine Arbeit vornehmen, die von Erfahrungen mit »alternativer« Information durch audiovisuelle Systeme in einer Gruppe von Arbeitern berichtet: Sie wird erst dann wissenschaftlich, wenn sie meine Erfahrung öffentlich und kontrollierbar dokumentiert. So könnte jeder sie wiederholen, sei es, um zu gleichen Ergebnissen zu kommen, sei es, um herauszufinden, daß meine Ergebnisse zufällig und keineswegs auf meinen Einfluß zurückzuführen waren, sondern auf Faktoren, die ich nicht berücksichtigt habe.

Das Schöne am wissenschaftlichen Vorgehen ist, daß es dafür sorgt, daß andere nie Zeit verlieren: Auch im Kielwasser einer wissenschaftlichen Hypothese zu arbeiten, um dann festzustellen, daß man sie widerlegen muß, bedeutet, etwas Nützliches dank der Anregung eines anderen getan zu haben. Wenn meine Arbeit jemanden zu anderen Erfahrungen der Gegeninformation bei Arbeitern veranlaßt hat, habe ich ebenfalls etwas Nützliches erreicht (auch wenn meine Annahmen naiv waren).

So gesehen besteht kein Gegensatz zwischen wissenschaftlichen und politischen Arbeiten. Man kann einerseits sagen, daß jede wissenschaftliche Arbeit, weil sie das Wissen anderer erweitert, immer positiven politischen Wert hat (negativen politischen Wert hat alles, was den Prozeß der Wissenserweiterung blockieren soll), auf der anderen Seite gilt aber sicher auch, daß jedes politische Unternehmen, das Aussicht auf Erfolg haben soll, eine seriöse wissenschaftliche Grundlage haben muß.

Und wie gesagt, man kann eine »wissenschaftliche« Arbeit auch ohne den Gebrauch von Logarithmen und Reagenzgläsern schreiben.

II.6.2. Historisch-theoretische Themen oder »lebendige« Erfahrungen?

An dieser Stelle stellt sich unsere Ausgangsfrage auf eine neue Weise: *Ist es nützlicher, eine Arbeit zu schreiben, die auf Belesenheit basiert, als eine, die mit praktischen Erfahrungen, mit direktem sozialem Engagement verbunden ist?* Mit anderen Worten: Ist es nützlicher, eine Arbeit zu schreiben, die über berühmte Autoren und von alten Texten handelt, oder eine, die mich zu einer direkten Auseinandersetzung mit der Gegenwart zwingt, sei es auf theoretischer Ebene (etwa: Der Begriff der Ausbeutung in der neokapitalistischen Ideologie), sei es praktisch (etwa: Untersuchungen über die Lebensbedingungen von Barackenbewohnern in der Peripherie Roms)?

An sich ist die Frage müßig. Jeder macht das, was er für richtig hält, und wenn ein Student vier Jahre mit dem Studium der romanischen Philologie verbracht hat, dann kann keiner verlangen, daß er sich mit Barackenbewohnern beschäftigen soll, so wie es absurd wäre, von jemand, der vier Jahre bei Danilo Dolci* verbracht hat, einen Akt »akademischer Demut« zu verlangen und ihn eine Arbeit über *Das französische Königshaus* schreiben zu lassen. Aber nehmen wir an, die Frage werde von einem Studenten gestellt, der in einer Krise steckt, der sich fragt, was ihm das Universitätsstudium und speziell die Abschlußarbeit nützt. Nehmen wir an, dieser Student habe ausgeprägte politische und soziale Interessen und fürchte, seine Berufung zu verraten, wenn er sich »Bücher«-Themen widmet.

Wenn nun dieser Student schon dabei ist, politisch-soziale Erfahrung zu sammeln und wenn sich die Möglichkeit absehen läßt, diese Erfahrung in einen Bericht münden zu lassen, dann tut er gut daran, sich zu überlegen, wie er seine Erfahrung wissenschaftlich nutzen kann.

Sind solche Erfahrungen aber nicht vorhanden, dann scheint mir die Frage nur eine zwar edle, aber naive Besorgnis auszudrücken. Es war schon davon die Rede, daß die Erfahrung mit der Forschung, die die Abschlußarbeit mit sich bringt, immer unserem künftigen Leben dient (ob wir nun einen praktischen Beruf ergreifen oder in die Politik gehen), und das nicht so sehr wegen des gewählten Themas als wegen des geistigen Trainings, zu dem sie zwingt, wegen der harten Schule, die sie darstellt, wegen der Fähigkeit, das Material zu ordnen, die sie verlangt.

Paradoxerweise ist es so, daß ein Student mit politischen Interessen diese keineswegs verrät, wenn er eine Arbeit über die Häufigkeit von Demonstrativpronomina bei einem botanischen Schriftsteller des 18. Jahrhunderts schreibt. Oder über die Theorie des *Impetus* in der Vor-Galiläischen Wissenschaft. Oder über die nicht-euklidischen Geometrien. Oder über die Anfänge des Kirchenrechts. Oder über die mystische Sekte der

Hesykasten. Oder über die mittelalterliche arabische Medizin. Oder über jeden Artikel des Strafgesetzbuches, der sich mit Störungen öffentlicher Versteigerungen befaßt.

Man kann politische Interessen pflegen, zum Beispiel gewerkschaftliche, auch dadurch, daß man eine gute historische Arbeit über die Arbeiterbewegungen im vorigen Jahrhundert schreibt. Man kann das heutige Verlangen nach alternativen Informationen bei den unteren Klassen verstehen, indem man den Stil, die Verbreitung, die Herstellungsmethoden der in der Renaissance beliebten Holzschnitte studiert.

Und um es polemisch auszudrücken: einem Studenten, der bisher nur im politischen und sozialen Bereich aktiv war, würde ich empfehlen, gerade eine solche Arbeit zu schreiben, statt des Berichts über die eigenen direkten Erfahrungen, weil die Abschlußarbeit ganz sicher seine letzte Gelegenheit sein wird, sich historische, technische oder theoretische Kenntnisse zu erwerben und zu lernen, wie man eine Dokumentation anlegt (und auch etwas ausführlicher über die theoretischen und historischen Voraussetzungen seiner eigenen politischen Arbeit nachzudenken).

Natürlich ist das nur meine persönliche Meinung. Gerade um auch dem gegenteiligen Standpunkt Rechnung zu tragen, versetze ich mich in die Situation von jemandem, der politisch aktiv tätig ist und die Abschlußarbeit auf diese seine Tätigkeit ausrichten und die eigenen Erfahrungen bei der politischen Arbeit in die Abschlußarbeit einbringen will.

Das ist möglich, und man kann dabei Ausgezeichnetes leisten. Aber man muß, gerade um der Seriosität eines solchen Unternehmens willen, ein paar Dinge mit aller Klarheit und Strenge sagen:

Es kommt vor, daß ein Student so an die 100 zusammengeflickte Seiten als »politische« Arbeit präsentiert, die Flugblätter, Diskussionsprotokolle, Tätigkeitsberichte, Statistiken wiedergeben, die vielleicht aus einer schon vorliegenden Arbeit ohne Quellenangabe übernommen wurden. Und es kommt gelegentlich vor, daß die Prüfungskommission aus Gründen der

Bequemlichkeit, der Demagogie oder mangels Sachkunde die Arbeit als gut bewertet. Es handelt sich aber um ein Machwerk, und nicht nur nach den Kriterien der Universität, sondern auch nach den Kriterien der Politik. Es gibt eine ernsthafte und eine unverantwortliche Art und Weise, Politik zu machen. Ein Politiker, der über einen Entwicklungsplan entscheidet, ohne sich über die zu lösenden sozialen Probleme ausreichend informiert zu haben, handelt zumindest unverantwortlich, wenn nicht sogar kriminell. Und er kann seinem eigenen politischen Lager einen sehr schlechten Dienst erweisen, wenn er eine Arbeit schreibt, die wissenschaftlichen Anforderungen nicht genügt.

Wir haben unter II.6.1. schon erwähnt, welche diese Anforderungen sind und wie wichtig sie auch für eine seriöse politische Tätigkeit sind. Ich habe einmal einen Studenten erlebt, der seine Prüfung über Probleme der Massenkommunikation ablegte und behauptete, er habe eine »Untersuchung« über die Fernsehgewohnheiten des Publikums bei den Arbeitern einer bestimmten Gegend angestellt. In Wahrheit hatte er, mit dem Kassettenrecorder in der Hand, etwa ein Dutzend Pendler während zweier Zugfahrten in der Eisenbahn befragt. Es ist klar, daß das, was bei der Wiedergabe der geäußerten Meinungen herauskam, nicht Untersuchung genannt werden konnte. Und nicht nur deshalb, weil die Voraussetzungen für eine Überprüfung fehlten, die zu jeder ernst zu nehmenden Untersuchung gehören, sondern auch weil man sich das, was herauskam, sehr gut ohne die angestellte Untersuchung vorstellen konnte. So kann man beispielsweise vom grünen Tisch aus voraussehen, daß von zwölf befragten Personen die Mehrheit Fußballspiele lieber in einer Direktübertragung sieht. Und darum ist es ein Witz, eine Pseudo-Untersuchung vorzulegen, die dieses Ergebnis belegt, und zugleich eine Selbsttäuschung des Studenten, der glaubt, »objektive« Daten erhoben zu haben, während er doch nur die eigene Meinung in etwa bestätigt hat.

Das Risiko der Oberflächlichkeit besteht natürlich besonders bei Arbeiten politischen Charakters, und zwar aus zwei Gründen:

a) da es für eine historische oder philologische Arbeit überkommene Untersuchungsmethoden gibt, denen sich der Forscher nicht entziehen kann, während die Methode für Arbeiten über neu auftretende soziale Phänomene erst entwickelt werden muß (weshalb häufig eine gute politische Arbeit schwieriger ist als eine »einfache« historische).

b) weil ein Gutteil der Methodenlehre in der Sozialforschung »nach amerikanischer Art« die quantitativen statistischen Methoden zum Götzen erhoben hat. Die Folge sind riesige Untersuchungen, die nichts zum Verständnis der Wirklichkeit beitragen, und das wiederum führt dazu, daß viele politisch interessierte junge Menschen dieser Art Soziologie mißtrauen, die allenfalls eine »Soziometrie« ist. Sie werfen dieser Soziologie vor, nur dem System zu dienen, dessen ideologischen Deckmantel sie abgibt. Als Reaktion auf diese Art Forschung neigen manche dazu, das Forschen überhaupt bleiben zu lassen und statt einer vernünftigen Arbeit eine Reihe von Flugblättern, von Aufrufen oder rein theoretischen Behauptungen vorzulegen.

Wie kann man dieser Gefahr entgehen? Auf vielerlei Weise: man sieht sich »ernsthafte« Arbeiten zu vergleichbaren Themen an; man stürzt sich nicht in eine Forschungsarbeit im sozialen Bereich, ohne wenigstens die Arbeit einer schon erfahrenen Gruppe verfolgt zu haben; man macht sich mit einigen Methoden für das Sammeln und für die Analyse von Daten vertraut; man erhebt nicht den Anspruch, daß man in wenigen Wochen Untersuchungen anstellen kann, die normalerweise langwierig und kostspielig sind. ... Aber da die Probleme von Fach zu Fach, von Thema zu Thema wechseln und auch von der Vorbildung des Studenten abhängig sind, lassen sich keine allgemeingültigen Ratschläge geben; ich beschränke mich darum auf ein Beispiel. Ich wähle ein [1977, beim ersten Erscheinen des Buches! Anm. des Übers.] »brandneues« Thema, für das keine Vorgänger-Untersuchungen existieren dürften, ein Thema von brennender Aktualität, von zweifellos politischen, ideologischen und praktischen Bezügen – das allerdings viele

Professoren der alten Schule als »rein journalistisch« bezeichnen würden: *Das Phänomen der Freien Rundfunksender.*

II.6.3. Wie man einen aktuellen Gegenstand zu einem wissenschaftlichen Thema macht

Wir wissen, daß in den Großstädten Dutzende und Aberdutzende solcher Stationen entstanden sind, daß es zwei, drei oder vier auch in Orten mit einer Einwohnerzahl um 100.000 gibt, daß überall neue entstehen. Daß sie politisch oder kommerziell ausgerichtet sind. Daß sie rechtliche Probleme aufwerfen, daß aber die Gesetzgebung unklar ist und sich laufend ändert, und zwischen dem Augenblick, in dem ich schreibe (bzw. meine Abschlußarbeit fertigstelle) und dem Augenblick, in dem das Buch erscheint (bzw. die Arbeit der Prüfungskommission vorliegt), wird sich die Lage verändert haben.

Ich muß darum vor allem den örtlichen und zeitlichen Bereich, auf den sich meine Arbeit erstreckt, genau abgrenzen. Es kann sich meinetwegen um *Die Freien Rundfunksender von 1975 bis 1976* handeln, aber die Untersuchung muß dann vollständig sein. Wenn ich mich entschließe, nur die Mailänder Stationen in Betracht zu ziehen, dann eben die Mailänder, aber *alle.* Wenn nicht, ist meine Untersuchung unvollständig, weil ich vielleicht den wegen seiner Programme, wegen seiner Einschaltquoten, wegen des kulturellen Hintergrunds seiner Mo-

	Radio Beta	Radio Gamma	Radio Delta	Radio Aurora	Radio Centro	Radio Pop	Radio Canale 100
Hauptberufliche Mitarbeiter	–	+	–	–	–	–	–
Überwiegend Musikprogramm	+	+	–	+	+	+	+
Werbung	+	+	–	–	+	+	+
ausdrückliche ideologische Ausrichtung	+	–	+	+	–	+	–

deratoren oder wegen seiner Lage (Peripherie, Vororte, Zentrum) wichtigsten Sender nicht berücksichtigt habe.

Wenn ich mich entschließe, über eine landesweite Auswahl von 30 Stationen zu arbeiten, so kann ich das getrost machen: Aber ich muß die Kriterien für die Auswahl festlegen. Wenn in Wirklichkeit über das Land verteilt fünf politische Sender auf drei kommerzielle (oder fünf linke auf einen extrem rechten) kommen, dann darf ich nicht eine Auswahl von 30 Stationen treffen, von denen 29 politisch sind und links (oder umgekehrt), weil in diesem Fall das Bild, das ich von dem ganzen Phänomen zeichne, durch meine Wünsche oder Befürchtungen bestimmt wird und nicht durch die wirkliche Lage. Ich könnte mich auch entschließen (und jetzt sind wir wieder bei der Arbeit über die Existenz von Zentauren in einer gedachten Welt), auf eine Untersuchung über die Sender, so wie sie sind, zu verzichten und statt dessen ein Projekt eines idealen Freien Senders vorschlagen. Aber in diesem Fall muß das Projekt einerseits in sich geschlossen und realistisch sein (es darf nicht das Vorhandensein von Einrichtungen voraussetzen, die es nicht gibt oder die einer kleineren privaten Gruppe nicht zugänglich sind), andererseits kann ich das Projekt über den »idealen« Sender nicht durchführen, ohne die Tenzenden der realen Entwicklung zu berücksichtigen. Und darum sind auch in einem solchen Fall Untersuchungen über die schon existierenden Sender unerläßlich.

Dann muß ich meine Anforderungen an die Definition von »Freien Sendern« offenlegen, und das bedeutet, den Gegenstand meiner Untersuchung für alle deutlich machen.

Verstehe ich unter einem »Freien Sender« nur einen linken Sender? Oder einen Sender, der von einer kleinen Gruppe am Rande der Legalität auf nationaler Ebene betrieben wird? Oder einen Sender, der von keinem Monopol abhängt, auch wenn es sich um ein weitverzweigtes Netz mit rein wirtschaftlichen Interessen handelt? Oder halte ich mich an territoriale Kriterien und betrachte als Freien Sender nur Sender wie San Marino oder Monte Carlo? Wie immer ich mich auch entscheide, ich muß meine Kriterien offenlegen und erläutern, warum ich bestimmte Phänomene aus dem Bereich meiner Untersuchungen ausschließe. Natürlich muß es sich um vernünftige Kriterien handeln, oder die Begriffe, die ich verwende, müssen unzweideutig definiert sein: Ich kann mich dafür entscheiden, daß für mich Freie Sender nur solche sind, die extrem linke Positionen vertreten, aber dann muß ich der Tatsache Rechnung tragen, daß man unter dem Begriff »Freie Sender« normalerweise auch andere Sender versteht, und ich darf meine Leser nicht täuschen, indem ich sie glauben mache, ich spräche auch von diesen oder diese existierten nicht. Ich muß in diesem Fall vielmehr klarstellen, daß ich die Anwendung des Begriffs »Freie Sender« auf die Sender, die ich nicht untersuchen will, ablehne (aber dies muß begründet werden), oder für die Sender, mit denen ich mich beschäftige, einen weniger allgemeinen Begriff finden.

Bin ich soweit, so muß ich die organisatorische, wirtschaftliche und rechtliche Struktur eines Freien Senders beschreiben. Wenn in einigen von ihnen professionelle Programmacher ganztags tätig sind und in anderen eine Mannschaft nach dem Rotationsprinzip Dienst tut, dann muß ich eine Organisationstypologie entwerfen. Ich muß prüfen, ob alle diese Typen gemeinsame Charakteristika haben, die dazu dienen können, ein abstraktes Modell eines Freien Senders zu beschreiben, oder ob der Ausdruck »Freier Sender« eine inhomogene Reihe ganz unterschiedlicher Erscheinungen erfaßt. Und plötzlich merkt man, daß die wissenschaftliche Genauigkeit dieser Analyse auch für praktische Zwecke nützlich ist, denn wenn ich einen Freien Sender gründen wollte, müßte ich wissen, welches die besten Voraussetzungen für sein Funktionieren wären.

Um eine brauchbare Typologie zu entwickeln, könnte ich beispielsweise eine Tabelle ausarbeiten, die alle möglichen Charakteristika in bezug auf die verschiedenen Sender, die ich untersuche, zusammenstellt und in der in der Senkrechten die Charakteristika eines bestimmten Senders und in der Waagrechten die Häufigkeit eines bestimmten charakteristischen

Merkmals erscheint. Mein Beispiel dient nur einer ersten Orientierung und ist in seinen Aussagen sehr beschränkt. Es betrachtet vier Parameter – die hauptberuflichen Mitarbeiter, das Verhältnis Musik – Wortbeiträge, die Werbung und die ideologische Ausrichtung – angewendet auf sieben imaginäre Sender.

Eine solche Tabelle würde mir beispielsweise sagen, daß Radio Pop ein Sender ist, der von einer nichtprofessionellen Gruppe betrieben wird, eine explizite ideologische Ausrichtung hat, bei dem der Anteil der Musik den der Wortbeiträge quantitativ übertrifft, der auch nicht auf Werbung verzichtet. Sie würde mir auch zeigen, daß das Vorhandensein von Werbung oder das Überwiegen der Musik über die Wortbeiträge nicht notwendigerweise im Widerspruch zu einer ideologischen Ausrichtung steht, da ja bei zwei Sendern diese Situationen gegeben ist, während nur bei einem einzigen eine ideologische Ausrichtung und ein Vorherrschen der Wortbeiträge vorliegt.

Andererseits gibt es *keinen* explizit ideologischen Sender, der keine Werbung bringt und bei dem das gesprochene Wort überwiegt. Und so weiter. Diese Tabelle ist rein hypothetisch und zieht wenige Parameter und wenige Sender in Betracht. Darum erlaubt sie es nicht, zuverlässige Schlüsse zu ziehen. Aber sie sollte auch nur eine Vorstellung vermitteln.

Wie aber erhält man diese Informationen? Es gibt drei Quellen: amtliche Unterlagen, Äußerungen der Beteiligten und Hörprotokolle.

Amtliche Daten. Dies sind immer die zuverlässigsten, aber für die Freien Sender gibt es ziemlich wenige. Gewöhnlich wird eine Registrierung bei der zuständigen Ordnungsbehörde erfolgt sein. Dann müßten bei einem Notar Unterlagen über den Gründungsakt oder etwas Ähnliches vorhanden sein, aber es ist nicht sicher, ob man sie einsehen darf. Wenn es einmal eine eingehendere Regelung gibt, wird man weitere Daten finden können, aber im Moment gibt es nicht mehr. Nicht zu vergessen ist auch, daß zu den offiziellen Daten der Name, die Sendefrequenz und die Sendezeit gehören. Eine Untersuchung, die wenigstens diese drei Elemente für alle Sender zusammenfassen würde, würde schon einen nützlichen Beitrag darstellen.

Äußerungen von Beteiligten. Dafür fragt man die Verantwortlichen des Senders. Was sie sagen, stellt ein »objektives Datum« dar, d.h. es gilt als objektive Aussage, unter der Voraussetzung, daß klar wird, daß es *sich um das handelt, was* sie *gesagt haben*, und unter der Voraussetzung, daß die Grundsätze für die Auswahl der Interviews einheitlich sind. Dabei kommt es darauf an, einen Fragebogen auszuarbeiten, so daß alle zu allen Fragen, die wir für wichtig halten, Auskunft geben und daß festgehalten wird, ob jemand die Beantwortung einer Frage ablehnt. Es ist nicht gesagt, daß der Fragebogen nur ganz kurz und auf das Wesentliche beschränkt sein müßte, im Sinne von Ja-Nein-Antworten. Wenn jeder Chef eines Senders eine Erklärung zum Programm abgibt, so kann ein nützliches Dokument entstehen. Wir müssen uns klar darüber sein, was in einem solchen Fall unter einem »objektiven Datum« zu verstehen ist. Wenn der »Direktor« erklärt: »Wir haben keine politische Ausrichtung und werden von niemandem finanziert«, so heißt das nicht, daß er die Wahrheit sagt: aber es ist ein objektives Datum, daß sich der Sender in der Öffentlichkeit so darstellt. Man kann höchstens diese Behauptung durch eine kritische Analyse des Inhalts der Sendungen dieses Senders widerlegen. Womit wir bei der dritten Informationsquelle angelangt sind.

Hörprotokolle. Bei diesem Aspekt der Arbeit kann der Student den Unterschied zwischen einer ernsthaften und einer dilettantischen Arbeit besonders deutlich machen. Die Tätigkeit eines Freien Senders kennenlernen heißt, ihn für einige Tage, sagen wir eine Woche, gehört haben, und zwar Stunde für Stunde, und dabei eine Art »Sende-Protokoll« ausgearbeitet haben, aus dem sich ergibt, was sie senden und wann, wie lange die einzelnen Rubriken sind, wieviel Musik und wieviel Wortbeiträge gesendet werden, wer an Diskussionen teilnimmt, ob überhaupt Diskussionen stattfinden und worüber und so weiter. In die Arbeit kann man nicht alles einbringen, was im Laufe einer Woche gesendet wurde, aber man kann die wichtigsten repräsentativen Beispiele anführen (Kommentare zu Liedern, schlagfertige Antworten, Sprüche in einer Diskussion, die Art, wie eine Meldung gebracht wird), aus denen sich ein künstlerisches, sprachliches und ideologisches Profil des in Frage stehenden Senders ergeben soll.

Es gibt Modelle von Hör- und Sehprotokollen bei Funk und Fernsehen, die einige Jahre lang von der ARCI in Bologna ausgearbeitet wurden, mit denen Hörer-Beauftragte sich daran machten, die Dauer der Nachrichten mit der Uhr zu messen, die Häufigkeit bestimmter Ausdrücke aufzuzeigen, und so weiter. Hat man einmal für verschiedene Sender solche Untersuchungen vorgenommen, so kann man sich ans Vergleichen machen, z.B. wie ein bestimmtes Lied, wie eine bestimmte aktuelle Meldung von zwei verschiedenen Sendern gebracht werden.

Man kann auch die Programme der staatlichen Sender mit denen der Freien Sender vergleichen: Verhältnis Musik – gesprochene Beiträge; Verhältnis Nachrichten – Unterhaltung; Verhältnis redaktionelles Programm – Werbung; Verhältnis ernste Musik – Unterhaltungsmusik; Verhältnis deutsche – ausländische Musik; Verhältnis »traditionelle« Unterhaltungsmusik – »junge« Unterhaltungsmusik und so weiter. Wie man sieht, kann man durch systematisches Hören, mit Aufnahmegerät und Bleistift zur Hand viele Schlüsse ziehen, die sich vielleicht aus den Interviews mit den Verantwortlichen nicht ergeben haben.

Manchmal ergibt eine einfache Gegenüberstellung der verschiedenen Auftraggeber von Werbung (Verhältnis zwischen Restaurants, Kinos, Verlagen etc.) Hinweise auf die Finanzierungsquellen eines bestimmten Senders, die sonst verborgen bleiben.

Einzige Voraussetzung ist, daß man sich nicht von bloßen Eindrücken leiten läßt oder abenteuerliche Schlüsse zieht nach dem Motto: »Wenn sie um 12 Uhr mittags Popmusik und Werbung für PanAm bringen, so bedeutet dies, daß sie ein amerikafreundlicher Sender sind«; denn man muß auch wissen, was sie um ein Uhr, um zwei Uhr, um drei Uhr, was sie am Montag, am Dienstag, am Mittwoch senden.

Sind es viele Sender, so habt ihr nur zwei Möglichkeiten: Entweder alle gleichzeitig hören, indem ihr Hörgruppen bildet mit so vielen Recordern, wie es Sender gibt (und das ist die zuverlässigste Methode, weil ihr die verschiedenen Sender in einer Woche vergleichen könnt), oder jeweils einen eine Woche lang. In diesem letzten Fall müßt ihr am Ball bleiben, damit ihr die Sender unmittelbar hintereinander anhören könnt, sonst lassen sich die abgehörten Zeiträume nicht mehr vergleichen. Das Ganze darf sich nicht über einen Zeitraum von einem halben oder einem ganzen Jahr erstrecken, weil in diesem Bereich schnelle und häufige Änderungen eintreten und es keinen Sinn hätte, die Programme von Radio Beta im Januar mit denen von Radio Aurora im August zu vergleichen, weil man nicht weiß, was in der Zwischenzeit vielleicht mit Radio Beta passiert ist.

Angenommen, diese ganze Arbeit sei gut erledigt, was bleibt zu tun? Eine Menge anderer Dinge. Ich zähle einige auf:

- Die Einschaltquote feststellen; darüber gibt es keine amtlichen Angaben, und man kann sich auf die Angaben der Verantwortlichen nicht verlassen. Die einzige Alternative ist eine Umfrage auf der Basis zufälliger Telephonanrufe (»Welchen Sender hören Sie gerade?«). Dies ist die Methode der RAI, aber sie verlangt eine besondere, einigermaßen kostspielige Organisation. Besser verzichtet man auf diese Art von Untersuchung ganz, statt persönliche Eindrücke wie »Die Mehrzahl hört Radio Delta« zu registrieren, nur weil fünf unserer Freunde behaupten, dies zu tun. Das Problem der Einschaltquoten zeigt, wie man wissenschaftlich auch über ein so zeitgebundenes und aktuelles Phänomen arbeiten kann, aber auch, wie schwierig es ist: besser schreibt man eine Arbeit über Römische Geschichte, es ist einfacher.
- Auseinandersetzungen in der Presse über die verschiedenen Sender und die eventuellen Stellungnahmen zu ihnen registrieren.

- Die einschlägigen Gesetze sammeln und zusammenfassend kommentieren und erklären, wie die verschiedenen Sender sie umgehen oder sich an sie halten und welche Probleme sich ergeben.
- Die Stellung der verschiedenen Parteien in der Frage dokumentieren.
- Versuchen, vergleichende Tabellen über die Preise für Werbung zu erstellen. Möglicherweise sagen die Verantwortlichen der Sender euch diese Preise nicht, oder sie sagen die Unwahrheit, aber wenn in Radio Delta für das Restaurant Ai Pini geworben wird, könntet ihr die euch interessierenden Angaben vom Inhaber des Restaurants Ai Pini erhalten.
- Am Beispiel eines wichtigen Ereignisses (die Parlamentswahlen im Juni 1976 wären ein besonders gut geeigneter Gegenstand gewesen) aufzeigen, wie es in zwei, drei oder mehr Sendern behandelt wird.
- Den sprachlichen Stil der verschiedenen Sender analysieren (Nachahmung der Sprecher der RAI, Nachahmung der amerikanischen Disc-Jokeys, Gebrauch der Terminologie von politischen Gruppen, mundartliche Ausdrücke etc.).
- Analysieren, in welcher Weise Sendungen der RAI, was ihren Inhalt und ihren Sprachgebrauch anbelangt, von den Sendungen der Freien Sender beeinfluß sind.
- Systematisch die Meinungen von Juristen, Politikern etc. über die Freien Sender sammeln. Drei Meinungen geben einen Zeitungsaufsatz, hundert eine Untersuchung.
- Zusammentragen der zum Thema existierenden Literatur, von den Büchern und Aufsätzen über vergleichbare Untersuchungen in anderen Ländern bis zu den Artikeln im abgelegensten italienischen Provinzblatt oder in einer kleinen Zeitschrift, um eine möglichst umfassende Dokumentation über die Frage zusammenzutragen.

Natürlich müßt ihr nicht *jede* dieser Untersuchungen anstellen. *Eine einzige* von ihnen, gut und vollständig gemacht, stellt schon ein Thema für eine Abschlußarbeit dar. Es ist auch nicht gesagt, daß dies die einzigen Untersuchungen sind, die man machen kann. Ich habe nur einige Beispiele aufgezählt, um zu zeigen, wie man auch über ein so wenig »gelehrtes« Thema, zu dem es keine Sekundärliteratur gibt, eine wissenschaftliche Arbeit schreiben kann, die anderen nützt, die in eine breitere Untersuchung eingebaut werden kann, die unentbehrlich ist für jemanden, der das Thema vertiefen will und die nicht auf bloßen Eindrücken, zufälligen Beobachtungen, abenteuerlichen Schlüssen beruht.

Darum zum Schluß: Wissenschaftliche Arbeit oder politische Arbeit? Die Fragestellung ist falsch. Es ist gleichermaßen wissenschaftlich, eine Arbeit über die Ideenlehre bei Plato zu schreiben wie über die Politik von Lotta Continua von 1974 bis 1976. Wenn ihr jemand seid, der ernsthaft wissenschaftlich arbeiten will, denkt genau nach, bevor ihr euer Thema wählt, denn das zweite ist zweifellos schwieriger als das erste und verlangt eine größere wissenschaftliche Reife. Und sei es nur, weil es keine Bibliotheken gibt, auf die ihr euch stützen könnt; eher müßt ihr eine Bibliothek einrichten.

Man kann also auf wissenschaftliche Weise eine Arbeit anfertigen, die andere, was das Thema anbelangt, als rein »journalistisch« qualifizieren würden. Und man kann auf eine rein journalistische Weise eine Arbeit schreiben, die, vom Titel her, alles hätte, um wissenschaftlich auszusehen.

II.7. Wie man verhindert, daß man vom Betreuer ausgenutzt wird

Manchmal wählt der Student ein Thema auf Grund seiner eigenen Interessen. Manchmal dagegen erhält er von dem Professor, zu dem er mit der Bitte um eine Arbeit geht, einen Themenvorschlag.

Wenn Professoren Themen vorschlagen, können sie dies unter zwei Gesichtspunkten tun: sie können ein Thema nennen, mit dem sie bestens vertraut sind und bei dem sie den Schüler leicht betreuen können, oder aber ein Thema, von dem sie nicht soviel verstehen und über das sie mehr wissen möchten.

Wohlgemerkt, entgegen dem ersten Eindruck ist der zweite Weg der anständigere und der großzügigere. Der Dozent ist davon überzeugt, daß beim Betreuen dieser Arbeit sein eigener Horizont erweitert wird; denn er muß sich mit etwas Neuem beschäftigen, wenn er das Thema beurteilen und dem Studenten bei der Arbeit helfen will. Gewöhnlich wählt ein Dozent diesen zweiten Weg, wenn er zum Kandidaten Vertrauen hat. Und gewöhnlich sagt er ihm, daß das Thema auch für ihn neu ist und daß er daran interessiert ist, es zu vertiefen. Es gibt sogar Dozenten, die sich weigern, Arbeiten auf einem Gebiet zu vergeben, das schon zu sehr beackert ist, wenn auch die jetzigen Zustände an der Massenuniversität dazu geführt haben, daß die strengen Anforderungen abgemildert wurden und die Einstellung der Dozenten großzügiger ist.

Es gibt allerdings Sonderfälle, in denen ein Dozent eine breit angelegte Untersuchung durchführt, für die er eine Unzahl von Daten braucht, und er entschließt sich, die Kandidaten als Teilnehmer eines Arbeitsteams einzusetzen. Er lenkt, mit anderen Worten, die Abschlußarbeiten für eine bestimmte Zahl von Jahren in eine gewisse Richtung. Ist er ein Wirtschaftswissenschaftler, der sich für die Lage der Industrie in einem bestimmten Zeitraum interessiert, wird er Arbeiten über bestimmte Sektoren vergeben mit dem Ziel, ein vollständiges Bild der Frage zu erreichen. Es ist nicht nur legitim, Arbeiten nach diesem Kriterium zu vergeben, sondern es ist auch wissenschaftlich nützlich. Die Abschlußarbeit trägt zu einer breiteren Untersuchung bei, die im allgemeinen Interesse durchgeführt wird, was auch vom didaktischen Standpunkt aus nützlich ist, weil der Kandidat sich Ratschläge eines Dozenten zunutze machen kann, der über das Problem bestens informiert ist, und er kann als Grundlagen- und Vergleichsmaterial jene Arbeiten verwenden, die von anderen Studenten über verwandte oder angrenzende Themen erarbeitet wurden. Wenn der Kandidat dann gute Arbeit leistet, kann er auf eine zumindest teilweise

Veröffentlichung seiner Ergebnisse hoffen, vielleicht im Rahmen eines Gemeinschaftswerkes.

Es gibt allerdings einige mögliche Nachteile:

1. Der Dozent ist ganz von seinem Thema besessen und setzt den Kandidaten unter Druck, obwohl dieser keinerlei Interesse in dieser Richtung zeigt. Der Student wird so zu einem Wasserträger, der lustlos Material zusammenträgt, das dann andere auswerten. Da seine Arbeit sicherlich bescheiden ausfällt, kann es geschehen, daß der Dozent beim Ausarbeiten der endgültigen Untersuchung zwar einiges davon verwendet, aber den Studenten trotzdem nicht zitiert, auch weil sich ihm keine bestimmte Idee zuordnen läßt.

2. Der Dozent ist unanständig, läßt die Studenten arbeiten, läßt sie ihren Abschluß machen und verwendet dann skrupellos ihre Arbeit, als sei es die seine. Manchmal handelt es sich um eine *fast* gutgläubige Unanständigkeit: Der Dozent hat die Arbeit mit großem Interesse verfolgt, er hat viele Ideen eingebracht, und nach einer gewissen Zeit kann er die von ihm stammenden Gedanken nicht mehr von denen des Studenten unterscheiden. So wie wir nach einer leidenschaftlichen Diskussion in einer Gruppe über einen bestimmten Gegenstand uns nicht mehr erinnern können, welche Ideen wir am Anfang hatten und welche wir uns auf Grund der Anregungen anderer zu eigen gemacht haben.

Wie kann man diese Nachteile vermeiden? Wenn der Student an einen bestimmten Dozenten herantritt, wird er schon von seinen Freunden etwas über ihn gehört haben, er kennt frühere Absolventen und wird sich schon Gedanken zu seiner Korrektheit gemacht haben. Er wird Publikationen von ihm gelesen und festgestellt haben, ob er die eigenen Mitarbeiter oft zitiert oder nicht. Im übrigen spielen unwägbare Faktoren wie Respekt und Vertrauen eine entscheidende Rolle.

Auch weil man nicht in eine neurotische Haltung unter umgekehrten Vorzeichen verfallen und sich für plagiiert halten darf, wann immer jemand von Dingen spricht, die ähnlich in der eigenen Arbeit vorkommen. Wenn ihr – angenommen –

eine Arbeit über die Beziehungen zwischen Darwinismus und Lamarckismus geschrieben habt, dann werdet ihr beim Studium der Sekundärliteratur bemerkt haben, wieviele zu diesem Thema schon geschrieben haben und wieviele Ideen allen, die sich damit beschäftigen, gemeinsam sind. Und darum dürft ihr euch nicht als betrogene Genies betrachten, wenn einige Zeit später der Dozent, einer seiner Assistenten oder ein Kommilitone sich mit dem gleichen Thema beschäftigen sollten.

Unter Diebstahl wissenschaftlicher Arbeit versteht man eher die Verwendung von durch Experimente gewonnenen Ergebnissen, die ohne gerade diese Experimente nicht gewonnen werden konnten; die Aneignung der Transkription von seltenen Handschriften, die vor eurer Arbeit nie veröffentlicht worden waren; die Benutzung statistischer Daten, die vor euch niemand gesammelt hatte – und von Diebstahl kann man erst sprechen, wenn die Quelle nicht zitiert wird (denn wenn die Arbeit einmal veröffentlicht ist, hat jeder das Recht, sie zu zitieren); der Gebrauch von Übersetzungen, die ihr angefertigt habt, wenn diese Texte bisher nie oder anders übersetzt worden waren.

Auf jeden Fall solltet ihr, ohne dabei krankhaft mißtrauisch zu werden, überlegen, ob ihr euch durch die Annahme eines Themas in ein Gemeinschaftsprojekt einreiht oder nicht und ob es der Mühe wert ist.

III. Die Materialsuche

III.1. Die Zugänglichkeit der Quellen

III.1.1. Was sind Quellen einer wissenschaftlichen Arbeit?

Eine Abschlußarbeit beschäftigt sich mit einem *Gegenstand* und bedient sich dabei bestimmter *Hilfsmittel.* Häufig ist der Gegenstand bei der Untersuchung ein Buch, und Hilfsmittel sind andere Bücher. Das ist der Fall bei einer Arbeit über, nehmen wir einmal an, *Das wirtschaftliche Denken von Adam Smith,* bei der die Bücher von Adam Smith den Gegenstand bilden, während Hilfsmittel Bücher über Adam Smith sind. Wir sprechen nun davon, daß in diesem Fall die Schriften von Adam Smith *Primärquellen* bilden, während die Bücher über Adam Smith *Sekundärquellen* oder *Sekundärliteratur* genannt werden. Wäre das Thema *Die Quellen des wirtschaftlichen Denkens von Adam Smith,* dann wären Primärquellen jene Bücher oder Schriften, aus denen Adam Smith seine Anregungen entnommen hat. Die Quellen, von denen ein Autor ausgeht, können zwar auch in historischen Ereignissen bestehen (etwa in bestimmten Auseinandersetzungen, die sich seinerzeit um bestimmte historische Vorkommnisse entwickelten), aber diese Ereignisse sind doch immer in der Form von schriftlich Fixiertem, also anderen Texten, zugänglich.

In anderen Fällen aber wird eine Erscheinung in der Wirklichkeit zum Gegenstand einer Untersuchung: Das ist etwa der Fall bei einer Arbeit über die derzeitigen inneritalienischen Wanderungsbewegungen, über das Verhalten einer Gruppe von behinderten Kindern, über die Meinung der Zuschauer in bezug auf eine Fernsehsendung, die gerade läuft. In diesem Fall gibt es noch keine geschriebenen Quellen, sondern die Texte, die ihr in eure Arbeit aufnehmt, müssen die Quellen werden: Dabei wird es sich um Statistiken, um die Niederschrift von Interviews, manchmal um Photographien oder sogar um audiovisuelle Aufzeichnungen handeln. Bezüglich der Sekundärliteratur dagegen ist der Unterschied zum vorher behandelten Fall nicht sehr groß. Wenn es sich nicht um Bücher oder Zeitschriftenaufsätze handelt, dann um Zeitungsartikel oder Dokumente der verschiedensten Art.

Die Unterscheidung zwischen Primär- und Sekundärliteratur muß man immer gegenwärtig haben, weil in der Sekundärliteratur oft Teile der Quellen enthalten sind, die aber – wie wir im folgenden Paragraphen sehen werden – *Quellen aus zweiter Hand* darstellen. Eine zu schnell und nicht ordnungsgemäß durchgeführte Untersuchung kann außerdem leicht dazu führen, daß man Quellen und Sekundärliteratur verwechselt. Wenn ich als Thema *Das wirtschaftliche Denken von Adam Smith* gewählt habe, aber im Verlauf der Arbeit merke, daß ich vorwiegend damit beschäftigt bin, mich mit den Interpretationen eines bestimmten Autors auseinanderzusetzen und daß ich die unmittelbare Lektüre von Smith vernachlässige, dann habe ich zwei Möglichkeiten: Entweder ich kehre zur Qulle zurück, oder ich entschließe mich dazu, das Thema zu ändern und über *Die Interpretation von Smith im englischen zeitgenössischen liberalen Denken* zu schreiben. Das erspart mir keineswegs zu wissen, was Smith gesagt hat, aber es ist klar, daß ich mich jetzt nicht so sehr mit dem auseinandersetze, was er gesagt hat, als mit dem, was andere in Auseinandersetzung mit ihm gesagt haben. Es versteht sich, daß ich, wenn ich mich auf eine vertiefte Weise mit seinen Interpreten auseinandersetzen will, ihre Ansichten zu den Originaltexten in Beziehung setzen muß.

Es ist allerdings auch der Fall vorstellbar, daß mich der meinem Untersuchungsgegenstand ursprünglich zugrundeliegende Gedanke nur am Rande interessiert. Nehmen wir an, daß ich eine Arbeit über das Zen-Denken in der japanischen

Tradition anfange. Es versteht sich, daß ich japanisch lesen können muß und mich nicht auf die wenigen westlichen Übersetzungen verlassen darf, die mir zur Verfügung stehen. Nehmen wir aber an, daß beim Studium der Sekundärliteratur mein Interesse sich der Frage zuwendet, welchen Gebrauch eine bestimmte literarische und künstlerische Richtung der amerikanischen Avantgarde in den fünfziger Jahren von Zen gemacht hat. Dann bin ich nicht mehr daran interessiert, mit absoluter theologischer und philosophischer Genauigkeit den Sinn des Zen-Gedankens zu erfahren, sondern ich will wissen, wie Ideen östlichen Ursprungs zum Bestandteil einer westlichen künstlerischen Ideologie werden. Das Thema der Arbeit wird darum lauten: *Der Einfluß des Zen-Gedanken in der »San Francisco Renaissance« der fünfziger Jahre*, und meine Quellen sind Texte von Kerouac, Ginsberg, Ferlinghetti und so weiter. Das sind Quellen, über die ich arbeiten muß, während mir, was Zen anbelangt, ein paar zuverlässig informierende Handbücher und ein paar gute Übersetzungen reichen. Vorausgesetzt natürlich, ich will nicht den Nachweis führen, daß die Kalifornier das Original-Zen mißverstanden haben; in diesem Fall wäre eine Auseinandersetzung mit den original japanischen Texten unerläßlich. Beschränke ich mich aber auf die Annahme, daß sie sich auf eine ganz freie Weise von Übersetzungen aus dem Japanischen inspirieren ließen, dann gilt mein Interesse der Frage, was sie aus dem Zen gemacht haben und nicht der, was das Zen ursprünglich war.

Alles das zeigt euch, daß es wichtig ist, den wirklichen Gegenstand der Arbeit festzulegen, weil ihr euch von Anfang an dem Problem der Zugänglichkeit der Quellen stellen müßt.

In Paragraph III. 2.4. findet ihr ein Beispiel dafür, wie man fast mit leeren Händen anfangen kann und in einer kleinen Bibliothek die Quellen findet, die man braucht. Aber dabei handelt es sich um einen Extremfall. Normalerweise entscheidet man sich für ein Thema, wenn man weiß, daß man Zugang zu den Quellen hat, und man muß wissen, (1) wo man sie findet, (2) ob sie leicht zugänglich sind, (3) ob ich in der Lage bin, mit ihnen umzugehen.

Unvorsichtigerweise könnte ich ja eine Arbeit über gewisse Manuskripte von Joyce übernehmen, ohne zu wissen, daß sie in der Universität Buffalo liegen, oder obwohl ich weiß, daß ich nie in meinem Leben die Möglichkeit haben werde, nach Buffalo zu kommen. Ich übernehme vielleicht voller Begeisterung eine Arbeit über einen Bestand an Dokumenten, die sich im Besitz einer Familie in der näheren Umgebung befinden, und dann muß ich feststellen, daß die Familie eifersüchtig über diese Dokumente wacht und sie nur von schon berühmten Forschern einsehen läßt. Ich könnte eine Arbeit über bestimmte mittelalterliche Manuskripte, die zugänglich sind, übernehmen, ohne daran zu denken, daß ich nie einen Kurs besucht habe, in dem ich das Lesen alter Handschriften gelernt habe.

Aber auch wenn man keine so ausgefallenen Beispiele sucht: Ich könnte mich zu einer Arbeit über einen Autor entschließen, ohne zu wissen, daß es heute von ihm nur ganz wenige Originaltexte gibt und daß ich wie ein Verrückter von Bibliothek zu Bibliothek und von Land zu Land reisen muß. Oder davon ausgehen, daß ich leicht alle seine Werke auf Mikrofilm bekommen kann, ohne zu bedenken, daß in meinem Universitätsinstitut kein Lesegerät vorhanden ist oder daß ich an Bindehautentzündung leide und keine so anstrengende Arbeit vertrage.

Es hat keinen Sinn, daß ich, filmbegeistert wie ich bin, um eine Arbeit über ein weniger wichtiges Werk eines Regisseurs aus den zwanziger Jahren bitte, um dann festzustellen, daß es von diesem Werk nur eine einzige Kopie gibt, die in den Filmarchiven in Washington liegt.

Hat man das Problem der Quellen gelöst, so stellen sich die gleichen Fragen für die Sekundärliteratur. Ich könnte eine Arbeit über einen weniger bekannten Autor des 18. Jahrhunderts wählen, weil rein zufällig in der Bibliothek meiner Stadt die Erstausgabe seines Werkes vorhanden ist – um dann festzustellen, daß ich viel Geld ausgeben müßte, um an die wesentliche Sekundärliteratur über diesen Autor heranzukommen.

Diesem Problem entgeht man nicht dadurch, daß man sich entschließt, nur mit dem zu arbeiten, was einem zur Verfügung steht, denn von der Sekundärliteratur muß man, wenn nicht alles, so doch alles, was von Bedeutung ist, lesen, und die Quellen muß man *unmittelbar* auswerten (vgl. den folgenden Paragraphen).

Man sollte besser eine Arbeit wählen, die den Anforderungen von Kapitel II entspricht, statt sich in ein unverzeihlich leichtsinniges Unternehmen zu stürzen.

Zur Information hier einige Arbeiten, an deren Diskussion ich in letzter Zeit teilgenommen habe, bei denen die Quellen sehr genau bestimmt waren, auf einen überschaubaren Bereich beschränkt und unzweifelhaft den Kandidaten zugänglich, die auch mit ihnen umgehen konnten. Die erste Arbeit behandelte *Die gemäßigt-klerikale Periode in der Gemeindeverwaltung von Modena (1885–1910)*.

Der Kandidat (oder der Dozent) hatte den Untersuchungsbereich sehr genau eingegrenzt. Der Kandidat stammte aus Modena und konnte darum am Ort arbeiten. Die verwendete Literatur teilte sich in allgemeine Literatur und solche über Modena. Ich nehme an, daß man, was den zweiten Teil der Literatur anbelangt, in den städtischen Bibliotheken arbeiten konnte. Was den ersten Teil anbelangt, wird einiger Aufwand andernorts nötig gewesen sein. Was die Quellen betrifft, so waren sie in *Archivmaterial* und *Zeitungsmaterial* unterteilt. Der Kandidat hatte sich alles angesehen und war alle Zeitungen der Zeit durchgegangen.

Die zweite Arbeit behandelte *Die Schulpolitik des PCI* von der Zeit der Mitte-Linksregierung bis zur Studentenrevolte.* Auch hier seht ihr, daß das Thema genau und, ich würde meinen, klug abgegrenzt wurde; für die Zeit nach 68 wäre die Untersuchung verworren und kompliziert geworden. Quellen waren die offizielle Presse des PCI, die Unterlagen des Parlaments, die Parteiarchive und die übrige Presse. Ich kann mir vorstellen, daß, so genau die Untersuchung auch war, von der übrigen Presse vieles der Aufmerksamkeit entgangen sein wird, aber dabei handelte es sich zweifellos um Sekundärquellen, aus denen Meinungen und kritische Äußerungen entnommen werden konnten. Im übrigen genügten die offiziellen Erklärungen, um die Schulpolitik des PCI zu beschreiben. Wohlgemerkt, die Sache wäre ganz anders gewesen, wenn die Arbeit die Schulpolitik der DC* zum Gegenstand gehabt hätte, d.h. einer Regierungspartei. Denn dann hätten auf der einen Seite die offiziellen Verlautbarungen gestanden und auf der anderen das (ihnen möglicherweise widersprechende) tatsächliche Handeln der Regierung: die Untersuchung hätte dramatische Ausmaße angenommen. Zu bedenken ist auch, daß bei einer Untersuchung über das Jahr 68 hinaus zu den nicht offiziellen Meinungsquellen auch alle Veröffentlichungen der außerparlamentarischen Gruppen zu rechnen gewesen wären, die sich um diese Zeit stark zu vermehren begannen. Es wäre wiederum eine dornige Untersuchung geworden. Schließlich kann ich mir vorstellen, daß der Student die Möglichkeit hatte, in Rom zu arbeiten oder sich das nötige Material photokopiert schicken zu lassen.

Die dritte Arbeit hatte mittelalterliche Geschichte zum Gegenstand, und sie war in den Augen des Nichtfachmanns sehr viel schwieriger. Es ging um das Schicksal der Besitzungen und des Vermögens der Abtei San Zeno in Verona im Spätmittelalter. Der Kern der Arbeit bestand in der Transkription einiger Blätter des Registers der Abtei San Zeno aus dem 13. Jahrhundert, die bisher noch nie übertragen worden waren. Der Kandidat mußte natürlich Kenntnisse in Paläographie haben, d.h. er mußte wissen, wie man alte Handschriften liest und nach welchen Grundsätzen man sie überträgt. Beherrschte er diese Technik aber einmal, so ging es nur mehr darum, die Übertragung sorgfältig auszuführen und ihr Ergebnis zu kommentieren. Dennoch hatte die Arbeit im Anhang ein Literaturverzeichnis von dreißig Titeln, was zeigt, daß das spezielle Problem auf der Grundlage vorhandener Literatur historisch eingeordnet werden mußte. Ich nehme an, daß der Kandidat aus Verona stammte und eine Arbeit gewählt hatte, die er, ohne zu reisen, anfertigen konnte.

Die vierte Arbeit behandelte das Thema *Erfahrungen mit dem Theater im Trentin.* Der Kandidat, der in jener Gegend wohnte, wußte, daß nur eine beschränkte Zahl von Aufführungen stattgefunden hatte, und machte sich daran, sie mit Hilfe von Zeitungsjahrgängen, Gemeindearchiven, statistischen Erhebungen über die Beteiligung des Publikums zu rekonstruieren. Nicht sehr verschieden war der Fall der fünften Arbeit *Aspekte der Kulturpolitik in Budrio* unter besonderer Berücksichtigung der Aktivitäten der Gemeindebibliothek*. Es handelt sich um zwei Arbeiten, deren Quellen sehr überschaubar und die dennoch nützlich sind, weil sie statistisch-soziologische Unterlagen zutage fördern, die auch von späteren Forschern genutzt werden können.

Eine sechste Arbeit schließlich ist ein Beispiel für eine Untersuchung, für die einiges an Zeit und an Mitteln zur Verfügung stand und die gleichzeitig zeigt, daß man auch einen Gegenstand, der auf den ersten Blick nicht mehr als eine anständige Materialsammlung zuläßt, auf einem guten wissenschaftlichen Niveau abhandeln kann. Der Titel war *Die Problematik des Schauspielers im Werk von Adolphe Appia***. Es handelt sich um einen sehr bekannten Autor, über den es von Theaterhistorikern und -theoretikern eine Vielzahl von Untersuchungen gibt und über den es, wie es den Anschein hat, nichts Neues zu sagen gibt.

Aber der Kandidat hatte mühsame, viel Geduld verlangende Forschungen in den Schweizer Archiven angestellt, sich in vielen Bibliotheken umgesehen, er hatte keinen Ort ausgelassen, an dem Appia tätig war, und es war ihm gelungen, eine Bibliographie der Schriften Appias (darunter auch weniger bedeutende Artikel, die noch nie jemand gelesen hatte) und der Veröffentlichungen über Appia zu erarbeiten, die es ihm ermöglichten, den Gegenstand in einer Breite und Genauigkeit so abzuhandeln, daß, nach den Äußerungen des Referenten, die Arbeit das Thema erschöpfend behandelte. Der Verfasser war also über eine bloße Zusammenstellung des Materials hinausgegangen und hatte bis dahin unbekannte Quellen ans Tageslicht gebracht.

III.1.2. Quellen erster und zweiter Hand

Arbeitet man über Bücher, so ist eine Originalausgabe oder eine kritische Ausgabe des in Frage stehenden Werkes eine Quelle erster Hand.

Eine *Übersetzung ist keine Quelle:* sie ist eine Prothese wie das künstliche Gebiß oder die Brille, ein Hilfsmittel, um in beschränktem Umfang etwas zu erreichen, was einem sonst nicht zugänglich wäre.

Eine *Anthologie ist keine Quelle:* sie ist ein Sammelsurium von Quellenstückchen, kann für den Versuch einer ersten Annäherung nützlich sein. Aber eine *Abschlußarbeit* über einen Autor schreiben heißt sich zu bemühen, daß man etwas sieht, was andere noch nicht gesehen haben, und eine Anthologie zeigt mir nur, was andere gesehen haben.

Zusammenfassungen durch andere Autoren, auch wenn sie noch so ausführliche Zitate enthalten, sind keine Quelle: sie sind allenfalls Quellen zweiter Hand.

Quellen können auf unterschiedliche Weise aus zweiter Hand sein. Wenn ich eine Arbeit über die Parlamentsreden von Palmiro Togliatti* schreiben will, dann sind die in der *Unita*** veröffentlichten Reden Quellen zweiter Hand. Niemand garantiert mir, daß der Redakteur keine Kürzungen vorgenommen oder Irrtümer begangen hat. Quellen erster Hand sind dagegen die Parlamentsprotokolle. Wenn es mir aber gelänge, Togliattis Manuskript zu finden, so wäre das eine Quelle allererster Hand. Wenn ich die Unabhängigkeitserklärung der Vereinigten Staaten untersuchen will, dann ist die Originalurkunde das einzige Dokument erster Hand. Aber auch eine gute Fotokopie kann ich noch als aus erster Hand betrachten. Und auch eine kritische Ausgabe eines Historikers von unbestrittenem Ruf kann ich als aus erster Hand betrachten (»unbestritten«

heißt, daß er in der vorhandenen Sekundärliteratur nie in Frage gestellt wurde). Damit wird deutlich, daß die Kriterien, nach denen ich die Frage »erster« oder »zweiter Hand« beurteile, von der Ausrichtung der Arbeit abhängen. Wenn die Arbeit sich mit den vorhandenen kritischen Ausgaben auseinandersetzen will, dann muß ich auf die Originale zurückgreifen. Wenn die Arbeit sich mit dem politischen Inhalt der Unabhängigkeitserklärung auseinandersetzen will, dann reicht eine gute kritische Ausgabe völlig aus.

Will ich eine Arbeit über die *Erzählerischen Strukturen in »I Promessi Sposi«** schreiben, so müßte jede beliebige Ausgabe der Werke von Manzoni ausreichen. Will ich dagegen sprachliche Probleme behandeln (etwa: Manzoni zwischen Mailand und Florenz), dann muß ich gute kritische Ausgaben der verschiedenen Fassungen des Werkes von Manzoni zur Verfügung haben.

Wir können also zusammenfassend sagen, daß *in dem durch den Gegenstand der Arbeit gezogenen Rahmen* die Quellen immer *aus erster Hand* sein müssen. Das einzige, was ich nicht tun darf, ist, meinen Autor durch das Zitat eines anderen Autors zu zitieren. Theoretisch dürfte man in einer ernsthaften wissenschaftlichen Arbeit *nie* nach einem anderen Zitat zitieren, auch wenn es sich nicht um den Autor handelt, mit dem man sich direkt beschäftigt. Es gibt jedoch vernünftige Ausnahmen, speziell für eine Abschlußarbeit.

Wenn ihr zum Beispiel das Thema *Das Problem der Transzendentalität des Schönen in der »Summa Theologiae« des Thomas von Aquin* wählt, dann ist eure Primärquelle die Summa des Aquinaten, und wir können davon ausgehen, daß die im Augenblick im Handel befindliche Ausgabe, sagen wir die von Marietti, euch genügt, es sei denn, ihr habt den Verdacht, daß sie das Original verfälsche, dann müßt ihr auf andere Ausgaben zurückgreifen (aber in diesem Fall wird die Arbeit zu einer philologischen statt zu einer ästetisch-philosophischen). Ihr werdet dann feststellen, daß das Problem der Transzendentialität des Schönen von Thomas von Aquin auch im Kommentar zur »*De Divinis Nominibus*« des Pseudo-Dionysius angesprochen wird: Und trotz des eingeschränkten Themas eurer Arbeit müßt ihr auch diesen Kommentar unmittelbar ansehen. Dann werdet ihr entdecken, daß Thomas von Aquin mit diesem Thema eine lange vorherige theologische Tradition aufgenommen hat und daß es ein ganzes Gelehrtenleben in Anspruch nehmen würde, alle Originalquellen aufzufinden. Ihr werdet aber weiter feststellen, daß es diese Arbeit schon gibt und daß Dom Henry Pouillon sie unternommen hat, der in seiner breit angelegten Untersuchung lange Auszüge von all den Autoren zitiert, die den Pseudo-Dionysius kommentiert haben, und dabei Beziehungen, Ableitungen, Widersprüche aufzeigt. Ihr könnt in eurer Arbeit das von Pouillon gesammelte Material immer dann verwenden, wenn ihr auf Alexander von Hales oder auf Hilduino Bezug nehmen wollt. Wenn ihr merkt, daß der Text von Alexander von Hales für euren Gedankengang zentrale Bedeutung gewinnt, dann solltet ihr versuchen, ihn in der Ausgabe von Quaracchi direkt zu lesen, aber wenn es um die Verweisung auf irgendein kurzes Zitat geht, dann genügt der Hinweis, daß die Quelle über Pouillon erschlossen wurde. Niemand wird euch Leichtfertigkeit vorwerfen, denn Pouillon ist ein ernstzunehmender Forscher und der Text, den ihr von ihm übernehmt, ist nicht direkt Gegenstand eurer Arbeit.

Was ihr aber auf keinen Fall tun dürft, das ist, aus einer Quelle zweiter Hand zu zitieren und so zu tun, als hättet ihr das Original gesehen. Das ist nicht nur eine Frage des beruflichen Anstands: stellt euch vor, jemand kommt und fragt euch, wie es euch gelungen ist, das und das Manuskript einzusehen, von dem man weiß, daß es 1944 zerstört wurde!

Allerdings dürft ihr auch nicht der Erster-Hand-Neurose verfallen. Die Tatsache, daß Napoleon am 5. Mai 1821 gestorben ist, weiß man normalerweise aus zweiter Hand (aus Geschichtsbüchern, die wieder auf anderen Geschichtsbüchern beruhen). Wollte jemand gerade das Todesdatum von Napoleon näher untersuchen, so müßte er nach Dokumenten aus der

Zeit forschen. Aber wenn ihr über den Einfluß des Todes von Napoleon auf die Psyche der jungen europäischen Liberalen schreibt, könnt ihr euch auf irgendein Geschichtsbuch verlassen und das Datum als richtig unterstellen. Wenn man auf Quellen zweiter Hand zurückgreift (und dies auch zugibt), so empfiehlt es sich immer, mehr als eine Quelle zu prüfen und festzustellen, ob ein bestimmtes Zitat oder die Berufung auf eine bestimmte Tatsache oder Meinung von verschiedenen Autoren bestätigt werden. Ist das nicht der Fall, so muß man mißtrauisch werden: entweder man vermeidet die Verweisung, oder man überprüft selbst anhand des Originals.

Da wir oben schon ein Beispiel zum ästhetischen Denken von Thomas von Aquin gebracht haben, kann ich bei dieser Gelegenheit darauf hinweisen, daß einige zeitgenössische Texte dieses Problem behandeln und dabei von der Annahme ausgehen, Thomas von Aquin habe gesagt *»pulchrum est id quod visum placet«*. Ich selbst habe meine Doktorarbeit über dieses Thema geschrieben, und als ich in den Originaltexten suchte, habe ich festgestellt, daß Thomas von Aquin *das nie gesagt hatte*. Er hatte gesagt *»pulchra dicuntur quae visa placent«*, und ich will jetzt nicht näher erläutern, warum diese beiden Formulierungen bei der Auslegung zu ganz unterschiedlichen Schlüssen führen können. Was war passiert? Die erste Formulierung war vor vielen Jahren von dem Philosophen Maritain gebraucht worden, der glaubte, den Gedanken des Thomas von Aquin auf zuverlässige Weise zusammenzufassen, und von da an sind andere Interpreten von dieser (aus zweiter Hand stammenden) Formulierung bedenkenlos ausgegangen, ohne sich die Mühe zu machen, zur Quelle erster Hand zurückzugehen.

Das gleiche Problem stellt sich bei bibliographischen Angaben. Jemand beschließt, weil er die Arbeit schnell fertigstellen muß, ins Literaturverzeichnis auch Werke aufzunehmen, die er nicht gelesen hat, oder sie in den Fußnoten (und noch schlimmer im Text) zu erwähnen und verläßt sich dabei auf Angaben, die er andernorts gefunden hat. Schreibt er etwa eine Arbeit über Barock, so könnte es ihm passieren, daß er den Aufsatz von Luciano Anceschi »Bacone tra Rinascimento e Barocco« in *Da Bacone a Kant* (Bologna, Mulino, 1972) gelesen hat. Er zitiert ihn und fügt, weil man einen guten Eindruck machen will und Hinweise auf einen weiteren Text gefunden hat, hinzu: »Zu weiteren scharfsinnigen und anregenden Überlegungen zum gleichen Gegenstand vgl. vom gleichen Autor L'estetica di Bacone in *L'estetica dell'empirismo inglese,* Bologna, Alfa 1959«. Er steht ziemlich dumm da, wenn ihn jemand darauf hinweist, daß es sich um den gleichen Aufsatz handelt, der nach 13 Jahren nochmals veröffentlicht worden war und der das erste Mal in einer Universitätsreihe in beschränkter Auflage erschienen war.

Alles, was über Quellen erster Hand gesagt wurde, gilt auch, wenn Gegenstand eurer Arbeit nicht eine Reihe von Texten, sondern ein noch anhaltender Vorgang in der Wirklichkeit ist. Wenn ich über die Reaktionen der Bauern in der Romagna auf die Tagesschau schreiben möchte, dann ist eine Quelle erster Hand eine Befragung, die ich *an Ort und Stelle* durchgeführt habe und bei der nach sachgerechten Regeln eine repräsentative und genügend große Auswahl befragt wurde. Oder allenfalls eine gerade veröffentlichte entsprechende Untersuchung aus zuverlässiger Quelle. Würde ich mich dagegen darauf beschränken, Angaben einer zehn Jahre alten Untersuchung zu zitieren, so wäre ein solches Vorgehen natürlich nicht korrekt, allein schon deshalb, weil sich von damals bis heute sowohl die Bauern als auch die Fernsehsendungen verändert haben. Anders wäre es, wenn ich eine Arbeit über *Untersuchungen über die Beziehungen zwischen Publikum und Fernsehen in den sechziger Jahren* schriebe.

III.2. Die Literatursuche

III.2.1. Wie man eine Bibliothek benützt

Wie geht man bei einer ersten Literatursuche in der Bibliothek vor? Hat man schon eine zuverlässige Literaturzusammenstellung, so geht man natürlich zum Autorenkatalog und schaut nach, was in der Bibliothek zur Verfügung steht. Dann geht man in eine andere Bibliothek und so weiter. Aber dieses Vorgehen verlangt eine schon vorliegende Bibliographie (und setzt voraus, daß man eine Reihe von Bibliotheken besuchen kann, womöglich die eine in Rom und die andere in London). Das ist offensichtlich bei meinen Lesern nicht der Fall. Und, nebenbei gesagt, auch nicht bei Leuten, die hauptberuflich in der Forschung tätig sind. Es kann vorkommen, daß der Forscher in eine Bibliothek geht und ein Buch sucht, von dessen Existenz er weiß, aber oft geht er in die Bibliothek nicht *mit* einer Bibliographie, sondern *um* eine Bibliographie *zu erstellen*.

Sich eine Bibliographie zu erstellen heißt das zu suchen, von dessen Vorhandensein man noch nichts weiß. Ein guter Forscher ist, wer in eine Bibliothek ohne die mindeste Vorstellung über ein bestimmtes Thema hinein- und mit einigem Wissen herausgeht.

Der Katalog. Um zu finden, was wir noch nicht kennen, bietet uns die Bibliothek eine Reihe von Hilfen an. Die erste ist natürlich der *Schlagwortkatalog*. Der alphabetisch geordnete Autorenkatalog hilft denen, die schon wissen, was sie wollen. Für den, der es noch nicht weiß, gibt es den Schlagwortkatalog. Und durch ihn verrät mir eine gute Bibliothek alles, was, beispielsweise, über den Fall des Weströmischen Reiches in ihren Räumen zu finden ist.

Aber den Schlagwortkatalog muß man zu benützen wissen. Es gibt natürlich kein Stichwort »Fall des Römischen Reiches« unter F (sofern es sich nicht um eine Bibliothek mit einer sehr verfeinerten Katalogisierung handelt). Man muß unter »Römisches Reich« suchen, dann unter »Rom« und dann unter »Geschichte, römische«. Und wenn wir schon mit gewissen Vorkenntnissen, einfachem Schulwissen, anfangen, dann werden wir schlau genaug sein, unter »Romulus Augustulus« oder »Augustulus (Romulus)«, »Orestes«, »Odoaker«, »Barbaren«,

»Römisch-Barbarische (Reiche)« zu suchen. Damit sind die Probleme aber noch nicht gelöst. Denn in vielen Bibliotheken gibt es zwei Autoren- und zwei Schlagwortkataloge, nämlich einen alten, der mit einem bestimmten Zeitpunkt aufhört, und einen neuen, der vielleicht gerade aufs laufende gebracht wird und eines Tages auch den alten enthalten wird; aber im Moment tut er das nicht. Und es ist nicht so, daß der Fall des Römischen Reiches nur im alten Katalog enthalten wäre, weil er schon lange zurückliegt; es kann durchaus sein, daß ein Buch zu diesem Thema erst vor zwei Jahren erschienen und nur im neuen Katalog enthalten ist. In manchen Bibliotheken gibt es getrennte Kataloge für besondere Sammlungen. In anderen kann es passieren, daß Schlagwortkatalog und Autorenkatalog zusammengefaßt sind. In anderen wiederum gibt es verschiedene Kataloge für Bücher und Zeitschriften (unterteilt in Sachkatalog und Autorenkatalog). Mit einem Wort, man muß sich genau ansehen, wie die Bibliothek aufgebaut ist, in der man arbeitet, und entsprechend vorgehen. Man kann durchaus auch auf eine Bibliothek stoßen, die die Bücher im Erdgeschoß und Zeitschriften im ersten Stock hat.

Man braucht auch Gespür: Wenn der alte Katalog sehr alt ist und ich das (italienische) Stichwort »Retorica« suche, dann wird es zweckmäßig sein, auch einen Blick auf »Rettorica« zu werfen, weil vielleicht ein sorgfältiger Katalogbearbeiter alle jenen alten Titel, die noch das Wort mit doppeltem t schreiben, nicht unter Retorica aufgenommen hat.

Zu beachten ist ferner, daß der Autorenkatalog immer zuverlässiger ist als der Schlagwortkatalog; denn seine Aufstellung hängt nicht von subjektiven Entscheidungen des Bibliothekars ab, wie das beim Schlagwortkatalog der Fall ist. Besitzt die Bibliothek ein Buch von Rossi Giuseppe, dann muß ich, da hilft gar nichts, Rossi Giuseppe im Autorenkatalog finden. Hat aber Rossi Giuseppe einen Aufsatz geschrieben über »Die Rolle des Odoaker beim Untergang des Weströmischen Reiches und der Errichtung der römisch-barbarischen Reiche«, dann könnte der Bibliothekar ihn unter den Stichwörtern »römische (Geschichte)« oder auch »Odoaker« registriert haben, während ihr unter »Weströmisches Reich« nachschaut.

Aber es kann auch sein, daß mir der Katalog nicht die Informationen gibt, die ich suche. Dann muß ich noch weiter vorn anfangen. In jeder Bibliothek gibt es eine Abteilung oder einen Raum, Lesesaal genannt, in dem Enzyklopädien, allgemeine Geschichtswerke, bibliographische Nachschlagewerke zu finden sind. Wenn ich etwas über das weströmische Reich suche, dann schaue ich nach, was ich zur römischen Geschichte finde, erstelle mir eine Bibliographie auf dieser Basis und gelange von hier aus zur Auswertung des Autorenkatalogs.

Die bibliographischen Nachschlagewerke. Sie sind die zuverlässigsten Hilfsmittel für den, der schon klare Vorstellungen von seinem Thema hat. Für bestimmte Fächer gibt es berühmte Handbücher, die alle notwendigen bibliographischen Angaben enthalten. Für andere gibt es Veröffentlichungen, die laufend auf dem neuesten Stand gehalten werden oder sogar Zeitschriften, die sich nur der Bibliographie dieses Faches widmen. Für wieder andere gibt es Zeitschriften, von denen man weiß, daß sie im Anhang zu jeder Nummer Informationen über neueste Veröffentlichungen bringen. Das Auswerten von bibliographischen Werken – sie müssen allerdings auf dem *neuesten Stand* sein – ist eine unerläßliche Ergänzung der Arbeit am Katalog. Eine Bibliothek kann ja mit älteren Werken sehr gut ausgestattet sein und keine neueren haben. Oder sie kann euch Geschichtswerke oder Handbücher zu dem euch interessierenden Gegenstand bieten, die etwa aus dem Jahr 1960 stammen, in denen ihr wertvolle bibliographische Angaben findet, aus denen sich aber nicht ergibt, ob im Jahr 1975 noch etwas Interessantes erschienen ist (und die Bibliothek besitzt vielleicht diese neuesten Werke, hat sie aber unter dem Schlagwort eingeordnet, an das ihr nicht gedacht habt). Ein bibliographisches Nachschlagewerk auf dem neuesten Stand informiert gerade auch über die jüngst erschienenen Beiträge.

Der bequemste Weg, um bibliographische Nachschlagewerke zu finden, ist zunächst, den Betreuer der Arbeit um Auskunft zu bitten. In zweiter Linie kann man sich an den Bibliothekar oder die zuständigen Angestellten der Auskunftsabteilung der Bibliothek wenden, die euch wahrscheinlich den Raum oder das Regal angeben können, wo man die Nachschlagewerke findet. Mehr an Ratschlägen kann man an dieser Stelle nicht geben, weil die Verhältnisse, wie schon gesagt, von Fach zu Fach zu verschieden sind.

Der Bibliothekar. Wenn man seine Schüchternheit überwindet, dann kann oft der Bibliothekar zuverlässige Hinweise geben, die viel Zeit sparen. Ihr müßt dabei überlegen, daß (von überlasteten oder übernervösen Bibliotheksdirektoren abgesehen), der Direktor einer Bibliothek, speziell einer kleinen, sich freut, wenn er zwei Dinge beweisen kann: die Qualität seines Gedächtnisses und seiner Bildung und die Ausstattung seiner Bibliothek. Je weiter abseits eine Bibliothek liegt, je weniger sie in Anspruch genommen wird, um so mehr plagt ihn die Vorstellung, daß sie unterschätzt werden könnte. Wer den Bibliothekar um Hilfe bittet, macht ihn glücklich.

Wenn ihr auf der einen Seite sehr auf die Hilfe des Bibliothekars rechnen könnt, dürft ihr ihm auf der anderen Seite auch nicht blind vertrauen. Hört euch seine Ratschläge an, aber sucht dann von euch aus auch noch anderes. Der Bibliothekar versteht nicht von allem etwas und weiß außerdem nicht, welche besondere Ausrichtung ihr eurer Arbeit geben wollt. Vielleicht hält er ein Werk für grundlegend, das euch nur wenig nützt, und zieht ein anderes nicht in Betracht, das euch umgekehrt gerade besonders viel nützt. Dies auch deswegen, weil es keine vorhinein feststehende Rangfolge der nützlichen und wichtigen Werke gibt. Für den Erfolg eurer Untersuchung kann sich ein Gedanke als entscheidend erweisen, der sich sozusagen versehentlich auf einer Seite eines ansonsten nicht brauchbaren (und von den meisten als nicht einschlägig angesehenen) Buches fand, und diese Seite müßt ihr entdecken mit eurem Gespür (und mit etwas Glück), ohne daß jemand sie euch auf einem silbernen Tablett serviert.

Bücher und Zeitschriften in anderen Bibliotheken, Computer-Kataloge und Fernleihe. Viele Bibliotheken veröffentlichen laufend Verzeichnisse ihrer Neuanschaffungen: Ferner können in manchen Bibliotheken und für manche Bereiche Kataloge zu der Frage konsultiert werden, was in anderen in- und ausländischen Bibliotheken vorhanden ist. Wegen des zunehmenden Einsatzes der Datenverarbeitung ist die Entwicklung hier im Fluß, und es empfiehlt sich, sich bei der Bibliothek zu erkundigen. Für das *Auffinden* am Ort nicht vorhandener Bücher gibt es regionale Zentralkataloge, die eine kleinere oder größere Region erfassen können. Eigene Bestandsverzeichnisse gibt es z.T. für Periodica und Serien. Ferner gibt es noch Verzeichnisse überregionaler Schwerpunktbibliotheken.

Hat man das Buch ausfindig gemacht, so kann man es in der Regel im Wege der nationalen oder internationalen *Fernleihe* bestellen. Das kostet Zeit, aber wenn man an ein Buch anders nicht herankommt, lohnt sich der Versuch. Nicht alle Bibliotheken leihen alle Bücher aus. Laßt euch auch insoweit vom Doktorvater und von der Bibliothek beraten. Denkt auch daran: es gibt mehr Möglichkeiten, als man meint, sie werden nur nicht genutzt. Und manchmal kann man auch das eigene Universitätsinstitut dazu bringen, ein Buch, das man anders nicht bekommt, zu kaufen, wenn eure Arbeit für den Doktorvater von Interesse ist.

III.2.2. Wie man die Bibliographie anpackt: die Kartei

Um sich eine Ausgangsbibliographie zu schaffen, muß man natürlich in viele Bücher Einsicht nehmen. Und in vielen Bibliotheken gibt man nur ein oder zwei Bücher auf einmal heraus, und man hat es nicht gern, wenn man schon bald zurückkommt, um sie gegen neue auszutauschen, und das alles führt dazu, daß man zwischen den einzelnen Büchern eine Menge Zeit verliert.

Darum darf man beim Arbeiten in der Bibliothek am Anfang nicht versuchen, alle Bücher zu lesen, die man findet, sondern man muß sehen, sich eine Ausgangsbibliographie zu schaffen. Eine erste vorläufige Durchsicht der Kataloge ermöglicht es euch so, bei euren Ausleihewünschen schon von einer fertigen Liste auszugehen. Aber es kann sein, daß die Liste, die ihr euch aus dem Katalog erarbeitet, wenig aussagekräftig ist und daß ihr nicht wißt, welches Buch ihr als erstes verlangen sollt. Darum muß die Durchsicht des Katalogs mit einer ersten Durchsicht der Nachschlagewerke Hand in Hand gehen. Wenn ihr einen Beitrag zu eurem Thema findet und er eine gut brauchbare Bibliographie enthält, dann könnt ihr ihn schnell überfliegen (und später auf ihn zurückkommen), dann aber wendet ihr euch der Bibliographie zu und schreibt sie *ganz* ab. Und während ihr das macht, werdet ihr euch mit dem, was ihr beim Überfliegen des Beitrags mitbekommen habt, und mit den Hinweisen, die die Bibliographie begleiten, wenn sie vernünftig gemacht ist, ein Bild davon machen können, welche der aufgeführten Literatur der Autor als grundlegend ansieht, und die könnt ihr zum Anfang verlangen. Habt ihr zudem nicht nur ein Nachschlagewerk, sondern mehrere gesehen, dann könnt ihr sie untereinander vergleichen und feststellen, welche Werke von allen Autoren aufgeführt werden. So habt ihr eine erste Rangfolge festgelegt. Im weiteren Verlauf der Arbeit wird sich vielleicht herausstellen, daß diese Rangfolge für euch nicht paßt, aber für den Augenblick ist sie euer Ausgangspunkt.

Wenn es, so werdet ihr einwenden, zehn Nachschlagewerke gibt, dann ist es doch ziemlich zeitaufwendig, von jedem die Bibliographie zu übernehmen: Bisweilen kann man auf diese Weise tatsächlich Hunderte von Büchern zusammenbringen, auch wenn die wechselseitige Kontrolle es ermöglicht, Doppelregistrierungen auszuschließen (wenn ihr die erste Fassung der Bibliographie in alphabetischer Reihenfolge erstellt, lassen sich die weiteren Zugänge leichter überprüfen). Aber in jeder ernstzunehmenden Bibliothek gibt es heute Photokopiergeräte, und die Kopie kostet nicht allzuviel. Eine Spezialbibliographie in einem Nachschlagewerk umfaßt, von Ausnahmen abgesehen, wenige Seiten. Mit geringem Aufwand könnt ihr euch eine Reihe von Bibliographien photokopieren, die ihr dann zu Hause in Ruhe auswertet. Erst wenn eure Bibliographie fertiggestellt ist, geht ihr in die Bibliothek zurück, um festzustellen, was wirklich greifbar ist. In diesem Stadium erweist es sich als nützlich, für jedes Buch eine Karteikarte angelegt zu haben, weil ihr auf die entsprechende Karteikarte Bibliothekssiglen und Signatur schreiben könnt (eine Karteikarte kann auch viele Sigla und Standorte enthalten, und das bedeutet, daß das Buch in mehreren Exemplaren und an mehreren Orten zugänglich ist; aber es bleiben Karten ohne Signatur übrig, und hier liegt das Problem, euer Problem, genauer gesagt das Problem eurer Arbeit).

Beim Anfertigen der Bibliographie könnte man auch geneigt sein, die gefundenen Titel in ein Heftchen einzutragen. Später müßte ich dann im Autorenkatalog prüfen, ob die gefundenen Titel an Ort und Stelle vorhanden sind, und ich müßte neben den Titel schließlich den Standort schreiben. Habe ich mir viele Titel notiert (und man kommt bei der ersten Durchsicht zu einem Thema leicht auf hundert – auch wenn sich später herausstellt, daß viele nicht einschlägig sind), finde ich sie von einem bestimmten Punkt an nicht mehr.

Deswegen verwendet man am besten einen kleinen *Karteikasten.* Sobald ich auf ein Buch stoße, bekommt es eine eigene Karteikarte. Sobald ich weiß, daß das Buch in einer bestimmten Bibliothek vorhanden ist, notiere ich seinen Standort. Solche kleinen Karteikästen kosten wenig und sind im Schreibwarengeschäft zu kaufen. Oder man kann sie selbst herstellen. Hundert oder zweihundert Karteikarten beanspruchen wenig Platz, und man kann sie jedesmal, wenn man in die Bibliothek geht, mitnehmen. Auf die Dauer bekommt ihr so ein klares Bild von dem, was ihr finden solltet, und von dem, was ihr gefunden habt. Alles wäre zudem in alphabetischer Reihenfolge und leicht zu finden. Ihr könnt den Text auf den Karteikarten z.B. so einteilen, daß rechts oben der Standort in der Bibliothek steht, links oben ein Zeichen, an dem man erkennt, ob das Buch von allgemeinem Interesse ist, ob es für ein bestimmtes Kapitel auszuwerten ist etc.

Fehlt euch für die Anlage einer Kartei die Geduld, dann könnt ihr natürlich auf das erwähnte Heftchen zurückgreifen. Aber die Nachteile liegen auf der Hand. Ihr fangt auf der ersten Seite mit den Autoren mit dem Anfangsbuchstaben A an, auf der zweiten folgen die mit Anfangsbuchstaben B – und schon bald habt ihr die erste Seite voll und wißt nicht, wo ihr einen Aufsatz von Azzimonti Frederico oder Abbati Gian Saverio unterbringen sollt. Da ist es besser, ihr nehmt ein Telefonregister. Zwar habt ihr dann nicht Abbati vor Azzimonti, aber alle zwei finden sich auf jenen vier Seiten, die dem A reserviert sind. Aber der Karteikasten ist besser, er ist auch später noch hilfreich (man muß ihn nur ergänzen), und man kann ihn jemandem leihen, der über ein ähnliches Thema arbeiten will.

In Kapitel IV wird von anderen Kartei-Arten die Rede sein, von der *Lektüre-Kartei*, der *Ideen-Kartei*, *der Zitat-Kartei* (und wir werden auch sehen, in welchen Fällen eine solche genauere Unterteilung der Karteikarten nötig ist). An dieser Stelle ist der Hinweis wichtig, daß die Kartei der Bibliographie nicht mit der Lektüre-Kartei verwechselt werden darf, und darum nehmen wir zunächst etwas über letztere vorweg.

Die *Lektüre-Kartei* besteht aus Karteikarten, möglichst im Großformat, die diejenige Literatur zum Gegenstand haben, die ihr tatsächlich gelesen habt: auf diesen Karten haltet ihr Zusammenfassungen, Urteile, Zitate fest, kurz alles, was es euch erlaubt, das Buch im Augenblick der endgültigen Niederschrift der Arbeit auszuwerten (es steht euch dann vielleicht nicht mehr zur Verfügung), und das, was ihr für die Anfertigung eurer *endgültigen Bibliographie* braucht. Diese Kartei müßt ihr nicht immer mit euch herumschleppen, und manchmal wird sie auch nicht aus Karteikarten, sondern aus großen

Blättern bestehen (wenn man auch mit Karteikarten am besten arbeiten kann).

Die *Bibliographie-Kartei* ist davon zu unterscheiden. Sie muß Literatur enthalten, *die ihr suchen müßt*, nicht nur die, die ihr gefunden und gelesen habt. Man kann eine bibliographische Kartei von zehntausend Titeln und eine Lektüre-Kartei von zehn Titeln haben – auch wenn das darauf hindeutet, daß die Arbeit mit allzuviel Schwung begonnen und zu wenig Eifer beendet wurde. Die bibliographische Kartei nehmt ihr jedesmal mit, wenn ihr in die Bibliothek geht. Ihre Karten enthalten nur die wichtigsten Angaben über das jeweilige Buch und die Standorte in den Bibliotheken, die ihr ermittelt habt. Allenfalls könnt ihr auf den Karten noch Anmerkungen anbringen wie: »nach Autor X besonders wichtig« oder »muß unbedingt gefunden werden« oder auch »der und der sagt, daß das Buch gar nichts bringt« oder schließlich: »Anzuschaffen«. Mehr nicht. Eine (Gesamt-)Karte der Lektüre-Karte kann aus mehreren Einzelblättern bestehen (ein Buch kann die Grundlage für mehrere Karten mit Notizen geben), eine bibliographische Karte ist eine und nur eine.

Je besser eine bibliographische Karte gemacht ist, desto besser kann sie für spätere Untersuchungen aufbewahrt und ergänzt werden, kann sie verliehen (oder sogar verkauft) werden; es lohnt sich also,sie gut zu machen und leserlich zu schreiben. Es ist nicht ratsam, einen Titel, womöglich einen falschen, bis zur Unleserlichkeit verkürzt hinzukritzeln. *Oft kann die bibliographische Ausgangskartei die Grundlage für die endgültige Bibliographie bilden* (nachdem ihr die gefundenen, gelesenen und in die Lektüre-Kartei übernommene Literatur entsprechend gekennzeichnet habt).

Darum erscheint es mir zweckmäßig, an dieser Stelle die Regeln für eine richtige Titelaufnahme einzuschieben, d.h. die Grundsätze für *bibliographische Angaben*. Diese Regeln gelten für:

1. *Die bibliographische Karteikarte*
2. *Die Lektüre-Kartei*

3. *Zitieren von Literatur in Fußnoten*
4. *Die Abfassung der endgültigen Bibliographie*

Weil diese Regeln für verschiedene Phasen der Arbeit von Bedeutung sind, werden wir in den entsprechenden Kapiteln auf sie zurückkommen. *Aber sie werden hier ein für allemal festgelegt.* Es handelt sich um sehr wichtige Regeln, und ihr müßt die Geduld aufbringen, euch mit ihnen vertraut zu machen. Ihr werdet feststellen, daß es Regeln sind, die vor allem einem bestimmten *Zweck* dienen, denn sie geben euch oder euren Lesern die Möglichkeit, das Buch zu identifizieren, von dem ihr sprecht. Aber es sind auch, so könnte man sagen, Vorschriften für die *Etikette der Gelehrten:* ihre Beachtung zeigt, daß man mit den Regeln des Fachs vertraut ist, ihre Verletzung verrät den wissenschaftlichen Emporkömmling und wirft manchmal einen Schatten auf eine sonst gut gemachte Arbeit. Und es ist nicht so, daß diese Grundsätze keinen Inhalt und nur eine formelle Begriffshuberei zum Gegenstand hätten. Es gilt im Sport, beim Briefmarkensammeln, beim Billardspielen, im politischen Leben: Wenn einer »Schlüssel«-Begriffe nicht richtig gebraucht, wird er mit Argwohn betrachtet, wie einer, der von auswärts kommt, keiner »von den Unsrigen« ist. Man muß sich an die Regeln der Gesellschaft halten, in die man eintreten will, man muß mit den Wölfen heulen. [Italienisch: »Chi non piscia in compagnia o è un ladro o è una spia.«] Auch weil man Regeln, die man verletzen oder gegen die man sich wenden will, erst *kennen* muß: Man muß nachweisen, daß sie sinnlos sind oder etwas unterdrücken sollen. Um zu behaupten, daß der Titel eines (bestimmten) Buches nicht unterstrichen werden muß, muß man zuerst wissen, daß man Büchertitel *unterstricht* und *warum.*

III.2.3. Das bibliographische Zitat

Bücher. Hier gleich ein Beispiel für eine falsche Zitierweise:

```
Wilson, I. "Philosphy and religion", Oxford, 1961.
```

Die Zitierweise ist aus den folgenden Gründen falsch:

1. Der Vorname des Autors wird nur mit seinem Anfangsbuchstaben angegeben. Der Anfangsbuchstabe genügt nicht, ich will nämlich von einer Person immer Vor- und Nachnamen wissen. Außerdem kann es vielleicht zwei Autoren mit dem gleichen Nachnamen und dem gleichen Anfangsbuchstaben des Vornamens geben. Wenn ich etwa sehe, daß Autor des Buches *Clavis universalis* ein gewisser P. Rossi ist, dann weiß ich nicht, ob es der Philosoph Paolo Rossi von der Universität Florenz oder der Philosoph Pietro Rossi von der Universität Turin ist. Wer ist J. Cohen? Der französische Kritiker und Ästhetiker Jean Cohen oder der englische Philosoph Jonathan Cohen?

2. Wie auch immer man den Titel eines Buches angibt, man setzt ihn nie in Anführungszeichen; denn es ist [in Italien, Anm. d. Übers.] ziemlich allgemein üblich, den Titel von Zeitschriften oder von Zeitschriftenaufsätzen in Anführungszeichen zu setzen. Ferner wäre es besser gewesen, im genannten Titel »Religion« mit großem R zu schreiben, weil in angelsächsischen Titeln Namen, Adjektive und Verben groß geschrieben werden, dagegen nicht Artikel, Partikel, Präpositionen (auch diese allerdings dann, wenn sie das letzte Wort des Titels bilden: *The Logical Use of If*).

3. Es ist ungut mitzuteilen, *wo* ein Buch veröffentlicht worden ist, nicht aber *von wem*[1]. Angenommen, ihr stoßt auf ein Buch, das euch wichtig erscheint, das ihr kaufen wollt und bei dem angegeben wird: »Mailand, 1975«. Bei welchem Verlag ist es erschienen? Mondadori, Rizzoli, Rusconi, Bompiani, Feltrinelli, Vallardi? Wie kann der Buchhändler euch helfen? Und wenn es heißt »Paris, 1976«, wohin wendet ihr euch? Man kann sich allein auf die Angabe der Städte beschränken, wenn es sich um alte Bücher handelt (»Amsterdam, 1678«), die man nur in Bibliotheken oder in einer kleinen Zahl von Anti-

[1] Die Angabe des Verlegers ist in der deutschsprachigen Literatur nicht allgemein üblich, sie kommt aber zunehmend vor. Man halte sich an die Gebräuche des Faches, vgl. Vorwort. Anm. d. Übers.

quariaten findet. Wenn in einem Buch »Cambridge« steht, um welches Cambridge handelt es sich? Um das in England? Um das in den Vereinigten Staaten? Es gibt viele wichtige Autoren, die bei Büchern nur die Stadt angeben. Sofern es sich nicht um Stichwörter in Nachschlagewerken handelt (wo strikt auf Kürze geachtet wird, um Platz zu sparen), weiß man, daß der Autor eingebildet ist und sich nicht um seine Leser kümmert.

4. Auf jeden Fall ist in unserer Literaturangabe »Oxford« falsch. Dieses Buch ist *nicht* in Oxford erschienen. Es ist, wie aus dem Titelblatt zu ersehen ist, bei der Oxford University Press erschienen, aber dieser Verlag hat seinen Sitz in London (und in New York und Toronto). Zudem ist es in Glasgow gedruckt worden, aber man gibt den *Verlagsort, nicht den Druckort* an (außer bei alten Büchern, bei denen diese Orte zusammenfallen, weil eine Person Drucker, Verleger und Buchhändler zugleich war). Ich habe in einer Abschlußarbeit ein Buch mit der Angabe »Bompiani, Farigliano« zitiert gefunden, weil dieses Buch zufällig in Farigliano gedruckt worden war (wie sich aus dem Druckvermerk ergab). Wer solche Sachen macht, vermittelt den Eindruck, er habe noch nie ein Buch gesehen. Um sicher zu gehen, verlaßt euch nie auf die Angaben nur auf dem Titelblatt, sondern prüft auch die auf der folgenden Seite, wo das Copyright steht. Dort findet ihr den wirklichen Verlagsort und das Jahr und die Zahl der Auflage.

Beschränkt man sich auf das Titelblatt, so können einem verhängnisvolle Irrtümer unterlaufen: Man gibt bei Büchern, die von der Yale University Press, der Cornell University Press oder der Harvard University Press herausgegeben werden, Yale, Cornell oder Harvard als Verlagsorte an. Dabei handelt es sich bei ihnen nicht um Orte, sondern um die *Namen* der berühmten Privatuniversitäten. Die zugehörigen Orte sind New Haven, Cambridge (Massachusetts) und Ithaka. Es ist, als ob ein Ausländer auf ein Buch der Università Cattolica stoßen und angeben würde, daß es in dem sympathischen Badestädtchen an der Adria erschienen ist. Ein letzter Hinweis: Es ist guter Brauch, den Verlagsort in der *Originalsprache* anzugeben: darum Roma und nicht Rom, Padova und nicht Padua.

Mit dem Erscheinungsjahr ist es rein zufällig gutgegangen. Nicht immer ist das auf dem Titelblatt angegebene Jahr das wirkliche Erscheinungsjahr. Es kann das Jahr der letzten Auflage sein. Nur auf der Seite mit dem *Copyright* ist das Jahr der ersten Auflage zu finden (und womöglich stellt ihr fest, daß die erste Auflage in einem anderen Verlag erschienen ist). Der Unterschied ist manchmal sehr wichtig. Nehmen wir an, ihr stoßt auf ein Zitat wie das folgende:

Searle, J., Speech Acts, Cambridge, 1974

Von anderen Ungenauigkeiten abgesehen, stellt man bei einem Blick auf das Copyright fest, daß die erste Auflage aus dem Jahr 1969 stammt. Nun kann es bei eurer Arbeit gerade darum gehen, ob Searle von den *speech acts* vor oder nach anderen Autoren gesprochen hat, und darum ist das Datum der ersten Auflage unerläßlich. Bei sorgfältiger Lektüre des Vorworts des Buches entdeckt man ferner, daß seine wesentliche Aussage im Jahre 1959 (also 10 Jahre früher) als Doktorarbeit vorgelegt wurde und daß in der Zwischenzeit verschiedene Teile des Buches in verschiedenen philosophischen Zeitschriften erschienen sind. Niemand könnte je folgendermaßen zitieren:

Manzoni, Alessandro, I Promessi sposi, Molfetta, 1976 [vergleichbar etwa: Schiller, Friedrich, Wallenstein, Reclam, Stuttgart, 1978, Anm. d. Übers.]

nur weil er gerade mit einer Ausgabe arbeitet, die vor kurzem in Molfetta erschienen ist. Für Searle gilt das gleiche wie für Manzoni:

Ihr dürft keine falschen Angaben über ihre Werke verbreiten, auf gar keinen Fall. Und falls ihr beim Studium von Manzoni, Searle oder Wilson mit einer späteren, durchgesehenen und vermehrten Auflage gearbeitet habt, müßt ihr sowohl das Datum der ersten Auflage angeben als auch das der soundsovielten, aus der ihr zitiert.

Nachdem wir jetzt gesehen haben, wie man ein Buch *nicht* zitieren darf, hier fünf Vorschläge, wie man die zwei genannten Bücher korrekt zitiert. Es versteht sich, daß es dafür auch andere Regeln gibt und daß jede ihre Berechtigung hat, sofern sie erlaubt: a) Bücher von Aufsätzen oder von Kapiteln aus anderen Büchern zu unterscheiden; b) den Namen des Autors wie den Titel zweifelsfrei festzustellen; c) den Verlagsort, den Verleger, die Auflage festzustellen; d) das Format des Buches oder auch seinen Umfang festzustellen [diese Angaben sind in Deutschland wenig üblich, Anm. d. Übers.]. Deswegen sind alle fünf hier gegebenen Beispiele in Ordnung, wenn wir auch, wie noch zu zeigen sein wird, aus verschiedenen Gründen das erste vorziehen.

1. Searle, John R., <u>Speech Acts – An Essay in the Philosophy of Language,</u> 1. Aufl., Cambridge, Cambridge University Press, 1969 (5. Aufl., 1974), S. VIII-204.

   Wilson, John, <u>Philosophy and Religion – the Logic of Religious Belief,</u> London, Oxford University Press, 1961, S. VIII-120.

2. Searle, John R., <u>Speech Acts</u> (Cambridge: Cambridge, 1969).

   Wilson, John, <u>Philosophy and Religion</u> (London: Oxford, 1961).

3. Searle, John R., S p e e c h A c t s , Cambridge, Cambridge University Press, 1. Aufl., 1969 (5. Aufl. 1974), S. VIII-204.

   Wilson, John, P h i l o s o p h y a n d R e l i g i o n , London, Oxford University Press, 1961, S. VIII-120.

4. Searle, John R., Speech Acts. London: Cambridge University Press, 1969.

Wilson, John, Philosophy and Religion. London: Oxford University Press, 1961.

5. SEARLE, John R.
1969 <u>Speech Acts – An Essay in the Philosophy of Language,</u> Cambridge, Cambridge University Press (5. Aufl. 1974), S. VIII-204.

WILSON, John
1961 <u>Philosophy and Religion – The Logic of Religious Belief,</u> London, Oxford University Press, S. VIII-120.

Natürlich ist auch eine Kombination dieser Vorschläge denkbar: In Beispiel 1 könnte der Name des Autors mit Großbuchstaben geschrieben sein wie in Nr. 5; in Beispiel 4 könnte auch der Untertitel angegeben sein wie im ersten und im fünften Beispiel. Und es gibt auch, wie noch zu zeigen sein wird, noch umfassendere Lösungen, die auch den Titel einer eventuellen Reihe, in der das Buch erscheint, angeben.

Hier sehen wir uns jedenfalls diese fünf Beispiele, die alle in Ordnung sind, näher an. Fürs erste lassen wir Beispiel 5 außer Betracht. Es handelt sich dabei um den Fall einer ganz speziellen Bibliographie (Zitierweise nach Autor und Jahr), von dem später, sowohl im Zusammenhang mit den Anmerkungen als auch mit der endgültigen Bibliographie noch die Rede sein wird. Das zweite Beispiel ist typisch amerikanisch und ist zudem mehr bei Fußnoten als bei der Schlußbibliographie gebräuchlich. Das dritte ist typisch deutsch, wird heute nur noch selten verwendet und bietet aus meiner Sicht keinerlei Vorteile. Das vierte wird in den USA sehr viel gebraucht, mir gefällt es gar nicht, weil es nicht erlaubt, den Titel des Werkes sofort zu erkennen. System Nr. 1 sagt uns sofort alles, was wir brauchen, und es sagt uns zweifelsfrei, daß es sich um ein Buch handelt und wieviel Seiten dieses Buch hat.

Zeitschriften. Wie praktisch dieses letztgenannte Zitiersystem ist, merken wir sofort, wenn wir einen Zeitschriftenaufsatz zitieren wollen und dafür drei verschiedene Möglichkeiten in Erwägung ziehen:

Anceschi, Luciano, "Orizzonte della poesia", Il Verri 1 (NF), Februar 1962: 6–21.

Anceschi, Luciano, "Orizzonte della poesia", Il Verri 1 (NF), S. 6–21.

Anceschi, Luciano, Orizzonte della poesia, in "Il Verri", Februar 1962, S. 6–21.

Es gäbe auch noch andere Möglichkeiten, aber wenden wir uns gleich der ersten und der dritten zu. Bei der ersten wird der Aufsatz in Anführungszeichen gesetzt und die Zeitschrift kursiv. Bei der dritten der Aufsatz kursiv und die Zeitschrift in Anführungszeichen. Warum ist die *erste vorzuziehen;* Weil man bei ihr auf den ersten Blick erkennen kann, daß »Orizzonte della poesia« kein Buch, sondern ein kurzer Text ist. Die Zeitschriftenartikel kommen auf diese Art und Weise in die gleiche Kategorie wie – darauf wird noch einzugehen sein – einzelne Kapitel von Büchern oder Kongreßberichten.

Das zweite Beispiel ist offensichtlich nur eine Variante der ersten; es verzichtet nur auf die Angabe des Veröffentlichungsmonats. Aber das erste Beispiel informiert mich über das Erscheinungsdatum des Aufsatzes, das tut das zweite nicht, und darum fehlt ihm etwas. Besser wäre es gewesen, wenigstens *Il Verri* 1, 1962 zu schreiben. Der Hinweis NF, d.h. »Neue Folge«, wird euch aufgefallen sein. Es ist sehr wichtig, weil es von *Il Verri* auch eine erste Folge gab, die ebenfalls die Nummer 1 hatte, und zwar im Jahre 1956. Muß man aus dieser Nummer zitieren (die ja nicht gut als »Alte Folge« bezeichnet werden kann), wäre es am besten, folgendermaßen vorzugehen:

Gorlier, Claudio, "L'Apocalisse di Dylan Thomas", Il Verri I, 1, Herbst 1956, S. 39–46

Da ist also nicht nur die Nummer, sondern auch das Jahr angegeben. Dementsprechend könnte auch das andere Zitat neu gefaßt werden:

Anceschi, Luciano, "Orizzonte della poesia", Il Verri, VII, 1, 1962, S. 6–21

sofern nicht bei der neuen Folge die Jahrgangsangabe überhaupt fehlt. Zu beachten ist, daß gewisse Zeitschriften ihre Hefte des laufenden Jahres fortlaufend numerieren (oder auch nach Bänden numerieren: in einem Jahr können auch mehrere Bände erscheinen). Es wäre also eigentlich nicht nötig, die Nummer des Heftes anzugeben, Jahrgang und Seite würden genügen. Beispiel:

Guglielmi, Guido, "Tecnica e letteratura", Lingua e stile, 1966, S. 323–340

Suche ich die Zeitschrift in der Bibliothek, so stelle ich fest, daß sich die Seite 323 im dritten Heft des ersten Bandes befindet. Aber ich sehe nicht recht ein, warum ich meine Leser dieser Mühe unterwerfen soll (auch wenn einige Autoren es tun), wo man doch viel einfacher hätte schreiben können:

Guglielmi, Guido, "Tecnica e letteratura", Lingua e stile, I, 1, 1966[2]

und damit ist der Aufsatz, auch ohne Seitenangabe, viel leichter auffindbar. Man muß außerdem daran denken, daß mich nicht die Seitenangabe, sondern die Nummer des Heftes interessiert, wenn ich beim Verlag ein schon früher erschienenes Heft bestellen will. Die Angabe der Anfangs- und Schlußseite ermöglicht es mir allerdings festzustellen, ob es sich um einen

[2] Für deutschsprachige Zeitschriften empfiehlt sich die Angabe der Seitenzahl zumindest zusätzlich, da Zeitschriften meist zu Jahrgängen gebunden werden und dann die Heftnummer oft nicht mehr oder nur sehr schwer feststellbar ist. Anm. d. Übers.

langen oder kurzen Aufsatz handelt, und sie stellen darum jedenfalls empfehlenswerte Angaben dar.

Verschiedene Autoren und »Herausgeber«.

Jetzt wenden wir uns Beiträgen in umfangreicheren Werken zu, seien es Sammlungen von Abhandlungen eines Autors oder Miscellanea. Hier ein einfaches Beispiel:

```
Morpurgo-Tagliabue, Guido, "Aristotelismo e Barocco"
                    in Retorica e Barocco, Atti del
                    III Congresso Internazionale di
                    Studi Umanistici, Venezia, 15-18
                    giugno 1954, herausgegeben von
                    Enrico Castelli, Roma, Bocca, S.
                    119-196
```

Was sagt mir eine derartige Angabe? Alles, was ich brauche, und das heißt:

a) Es handelt sich um einen Text, der Bestandteil einer Sammlung verschiedener Texte ist, derjenige von Morpurgo-Tagliabue stellt also kein Buch dar, wenn sich auch aus der Anzahl der Seiten (77) ergibt, daß es eine ziemlich umfangreiche Untersuchung ist.
b) Der Sammelband trägt den Namen *Retorica e Barocco* und vereinigt Texte verschiedener Autoren.
c) Der Sammelband stellt einen Kongreß- oder Tagungsbericht dar. Das ist deshalb wichtig, weil er vielleicht in manchen Bibliographien in einem besonderen Abschnitt »Tagungs- und Kongreßberichte« aufgeführt ist.
d) Daß Enrico Castelli der Herausgeber ist. Das ist eine sehr wichtige Angabe, nicht nur, weil ich in manchen Bibliotheken die Sammlung möglicherweise unter »Castelli, Enrico« finde, sondern auch, weil in vielen Ländern die Beiträge der verschiedenen Autoren nicht unter »Verschiedene Autoren« [so in Italien, Anm. d. Übers.], sondern unter dem Namen des Herausgebers geführt werden. Deswegen würde

dieser Band in einer italienischen Bibliographie wie folgt erscheinen:

AA.VV. Retorica e Barocco, Bocca, 1955, S. 256ff, 20 Bildtafeln

in einer amerikanischen Bibliographie dagegen wie folgt:

Castelli, Enrico (Ed.). Retorica e Barocco etc.

wobei Ed. »Herausgeber«, »herausgegeben von« bedeutet (Eds., wenn es sich um mehrere Herausgeber handelt). Jemand könnte nun die amerikanische Zitierweise nachmachen und dieses Buch wie folgt zitieren:

Castelli, Enrico (Hrsg.) Retorica e Barocco etc.

Man muß diese Dinge wissen, um ein Buch im Katalog einer Bibliothek oder in einer anderen Bibliographie zu finden.

Wie wir in Abschnitt III.2.4 gelegentlich eines konkreten Versuches, Material zu finden, sehen werden, steht das erste Zitat, das ich von diesem Artikel finde, in der *Storia della letteratura Italiana* (Geschichte der italienischen Literatur) von Garzanti, und von dem Aufsatz von Morpurgo-Tagliabue wird folgendermaßen die Rede sein:

> Zu beachten ... der Sammelband *Retorica e Barocco*, Verhandlungen des III. Internationalen Kongreß für Humanistische Studien, Mailand 1955, besonders die wichtige Abhandlung von G. Morpurgo-Tagliabue, Aristotelismo e Barocco.

Das ist eine ganz schlechte bibliographische Angabe, weil sie a) den Vornamen des Autors nicht angibt; b) den Eindruck erweckt, der Kongreß habe in Mailand stattgefunden oder der Verlag habe einen Sitz in Mailand (und beides trifft nicht zu); c) den Verlag nicht angibt; d) nicht angibt, wieviel Seiten der fragliche Aufsatz hat; e) nicht angibt, wer den Sammelband herausgibt, auch wenn der Ausdruck Sammelband darauf hindeutet, daß Arbeiten verschiedener Autoren in ihm vereinigt sind.

Wehe, wenn wir die Angabe so auf unsere bibliographische Karteikarte übernehmen. Wir müssen die Karte so schreiben, daß Platz für die jetzt noch fehlenden Angaben bleibt. Wir notieren also das Buch wie folgt:

> Morpurgo-Tagliabue G ...
> "Aristotelismo e Barocco" in Retorica e Barocco
> – Verhandlungen des III. Kongresses für Humanistische Studien, ..., Hrsg ... Mailand ... , 1955,
> S. ff.

So können in die Lücken die noch fehlenden Angaben eingesetzt werden, wenn wir sie in einer anderen Bibliographie, im Bibliothekskatalog oder im Buch selbst gefunden haben.

Viele Autoren und kein Herausgeber. Nehmen wir jetzt an, wir wollen einen Aufsatz aufnehmen, der in einem Buch erschienen ist, an dem vier verschiedene Autoren mitgewirkt haben, von denen keiner als Herausgeber genannt wird. Ich habe beispielsweise ein deutsches Buch vor mir mit vier Abhandlungen von T. A. van Dijk, Jens Ihwe, Janos S. Petöfi, Hannes Rieser. Der Einfachheit halber gibt man in einem solchen Fall nur den Namen des ersten Autors und zusätzlich »et al.«, das bedeutet et alii (und andere), an.

> Dijk, T. A. van et al. Zur Bestimmung narrativer Strukturen etc.

Nun zu einem komplizierteren Beispiel. Es handelt sich um einen langen Aufsatz, der im dritten Teil des zwölften Bandes eines Sammelwerkes erschienen ist, in dem jeder Band einen anderen Titel als das ganze Werk hat:

> Hymes, Dell
> "Anthropologie and Sociology", in Sebeok, Thomas A., Herausg., Current Trends in Linguistics, Band XII, Linguistics and Adjacent Arts and Sciences, T. 3, The Hague, Monton, 1974, S. 1445–1475.

So wird der Artikel von Dell Hymes zitiert. Muß ich dagegen das ganze Werk zitieren, dann interessiert den Leser nicht mehr, in *welchem* Band sich Dell Hymes findet, sondern aus *wieviel* Bänden das gesamte Werk besteht:

Sebeok, Thomas A., Herausg.
Current Trends in Linguistics, Den Haag, Mouton, 1967–1976, 12 Bde.

Muß man eine Abhandlung zitieren, die in einem Sammelband mit Abhandlungen desselben Autors enthalten ist, so geht man wie bei »verschiedenen Autoren« vor, nur daß man den Namen des Autors vor dem Buch wegläßt.

Rossi-Laudi, Ferruccio,
"Ideologia come progettazione sociale", in Il linguaggio come lavoro e come mercato, Milano, Bompiani, 1968, S. 193–224.

Die Beispiele zeigen, daß der Titel eines Kapitels gewöhnlich als *in* einem bestimmten Buch zitiert wird, während der Zeitschriftenartikel nicht als *in* der Zeitschrift zitiert wird, sondern der Name der Zeitschrift unmittelbar auf den Titel des Aufsatzes folgt.

Reihen. Eine noch perfektere Zitierweise gibt auch noch an, in welcher Reihe ein Buch erscheint. Es handelt sich um eine Angabe, die nach meiner Ansicht nicht unbedingt erforderlich ist, wenn man Autor, Titel, Verlag und Erscheinungsjahr nennt. Aber in bestimmten Fächern kann die Reihe eine Garantie für Qualität oder ein Indiz für eine bestimmte wissenschaftliche Tendenz sein. Die Reihe wird in Anführungszeichen nach dem Titel des Buches und mit der laufenden Nummer des Bandes angegeben:

Rossi-Laudi, Ferruccio, Il linguaggio come lavoro e come mercato, "Nuovi Saggi Italiani 2", Milano, Bompiani, 1968, S. 242.

Anonyma, Pseudonyma etc.. Es kann vorkommen, daß der Autor anonym bleibt, daß ein Pseudonym verwendet wird oder daß Beiträge in Enzyklopädien nur mit einer Abkürzung gezeichnet sind.

Im ersten Fall genügt es, an Stelle des Autorennamens den Ausdruck Anonimus zu setzen [auch o.V., ohne Verfasser, ist üblich, Anm. d. Übers.]. Im zweiten Fall genügt es, dem Pseudonym in Klammern den wirklichen Namen folgen zu lassen (wenn man ihn inzwischen kennt), vielleicht mit einem Fragezeichen versehen, wenn es sich nur um eine Annahme, wenn auch eine einigermaßen gesicherte, handelt. Handelt es sich um einen von der historischen Tradition anerkannten Autor, dessen Identität aber in der neueren Literatur in Frage gestellt wird, so bezeichnet man ihn als »Pseudo«. Beispiel:

Longino (Pseudo), <u>Del Sublime</u>

Im dritten Fall sieht man, wenn beispielsweise der Artikel »Secentismo« in der Enciclopedia Treccani mit »M.Pr.« gezeichnet ist, am Anfang des Bandes bei der Liste der Abkürzungen nach, stellt fest, daß es sich um Mario Praz handelt und schreibt:

M(ario) Pr(az), "Secentismo", <u>Enciclopedia Italiana XXXI</u>.

Jetzt (auch) in. Es gibt sodann Arbeiten, die in der Zwischenzeit in einem Band mit Abhandlungen desselben Autors oder in einem gebräuchlichen Sammelband zu finden sind, die aber zunächst in Zeitschriften erschienen sind. Handelt es sich für das Thema der Arbeit um eine Abhandlung, die am Rande liegt, so genügt es, die am leichtesten zugängliche Quelle zu zitieren. Handelt es sich dagegen um eine Abhandlung, die für eure Arbeit von besonderer Bedeutung ist, dann sind die Daten der ersten Veröffentlichung aus Gründen der historischen Genauigkeit wichtig. Nichts verbietet den Gebrauch der am leichtesten zugänglichen Ausgabe, aber wenn das Sammelwerk oder die Aufsatzsammlung gut gemacht sind, dann muß sich in ihnen die Fundstelle für die erste Veröffentlichung der fraglichen Arbeit finden. Von diesen Angaben ausgehend kann man dann bibliographische Hinweise der folgenden Art erstellen:

Katz, Jerrold J. u. Fodor, Jerry A.
"The Structure of a Semantic Theorie", Language, 39, 1963, S. 170–210 (jetzt in Fodor, Jerry A. und Katz, Jerrold J., Hg. The Structure of Language, Englewood Cliffs, Prentice-Hall, 1964, S. 479–518).

Arbeitet man nach dem speziellen bibliographischen System Autor – Jahr (von ihm wird unter V.4.3 die Rede sein), so gibt man als Erkennungsjahr unter dem Namen des Autors das der ersten Publikation an:

Katz, Jerrold J. u. Fodor, Jerry A.
1963, "The Structure of a Semantic Theorie", Language 39 (jetzt in Fodor J. A. and Katz, J. J., Hg., The Structure of a Language, Englewood Cliffs, Prentice-Hall, 1964, 479–518).

Zitate aus Zeitungen. Zitate aus Tages- oder Wochenzeitungen folgen den gleichen Regeln wie Zitate aus Zeitschriften. Nur ist es günstiger, nach dem Datum und nicht nach der Nummer zu zitieren, weil man dann das Zitat leichter findet. Zitiert man einen Artikel nur am Rande, so ist es nicht unbedingt nötig, auch die Seite anzugeben (was allerdings immer nützlich ist), und keinesfalls braucht man bei Tageszeitungen die Spalte anzugeben. Schreibt man aber eine Arbeit speziell über die Presse, so wird man diese Angaben kaum weglassen dürfen. Beispiel:

Nascimbeni, Giulio,
"Come l'Italiano santo e navigatore è diventato bipolare", Corriere della Sera, 25. 6. 1976, S. 1, Sp. 9

Bei Zeitungen, die nicht landesweit oder international verbreitet sind (solche sind etwa *The Times*, *Le Monde*, *Corriere della Sera*, *Frankfurter Allgemeine Zeitung*), empfiehlt es sich, auch die Stadt anzugeben. Zum Beispiel *Il Gazzetino* (Venezia), 7.7.1976.

Zitate aus amtlichen Dokumenten oder aus Standardwerken. Für amtliche Dokumente gibt es Abkürzungen und Kennzeichnungen, die von Fach zu Fach verschieden sind, ebenso gibt es einheitliche Abkürzungen für Arbeiten über alte Handschriften. Insoweit können wir nur auf die Spezialliteratur verweisen, an die man sich halten muß. Es sei nur daran erinnert, daß in bestimmten Fächern bestimmte Abkürzungen so gebräuchlich sind, daß man sie nicht weiter erklären muß. Für eine Arbeit über amerikanische Parlamentsakten empfiehlt ein amerikanisches Handbuch folgende Zitierweise:

S. Res. 218, 83d Cong., 2d Sess. 100 Cong.Rec. 2972 (1954)

Was Fachleute lesen als: »Senate Resolution number 218 adopted at the second session of the Eighty-Third Congress, 1954, and recorded in volume 100 of the *Congressional Record*, beginning on page 2972«.

Ebenso weiß in einer Untersuchung zur mittelalterlichen Philosophie jedermann sofort, worauf ihr euch bezieht, wenn ihr die Angabe macht, daß ein Text in P. L. 175, 948 (oder auch PL CLXXV, col. 948) zu finden ist: nämlich auf der Spalte 948 des einhundertfünfundsiebzigsten Bandes der *Patrologia Latina* von Migne, eine klassische Sammlung von lateinischen Texten des christlichen Mittelalters. Wenn ihr euch aber eine Bibliographie auf Karteikarten ganz neu anlegt, dann ist es gut, beim ersten Mal den vollständigen Fundstellennachweis anzugeben, auch weil es sich empfehlen würde, im Literaturverzeichnis das Werk ausführlich zu zitieren:

Patrologiae Cursus Completus, Series Latina, herausg. von J. P. Migne, Paris, Garnier, 1844–1866, 222 Bde. (+ Supplementum, Turnhout, Brepols, 1972).

Zitate aus Werken der Weltliteratur. Für das Zitieren von Werken der Weltliteratur gibt es ziemlich allgemeingültige Regeln. Zitiert wird nach Titel – Buch – Kapitel oder Teil – Paragraph oder Gesang – Vers. Es gibt Werke, die inzwischen nach den Grundsätzen ihrer Entstehungszeit eingeteilt werden. Soweit moderne Herausgeber andere Unterteilungen verwenden, behalten sie im allgemeinen die überkommenen Bezeichnungen bei. Will man zum Beispiel aus der *Metaphysik* des Aristoteles das Prinzip des Nicht-Widerspruches zitieren, so sieht das Zitat so aus:

```
Met.IV, 3, 1005 b 18
```

Ein Abschnitt aus den *Collected Papers* von Charles S. Peirce wird normalerweise so zitiert: CP, 2. 127. Ein Bibelvers dagegen so: 1 Sam. 14: 6 – 9.

Bei klassischen Komödien und Tragödien (aber auch bei modernen) gibt man im Zitat den Akt in römischen Zahlen, die Szene und gegebenenfalls auch die Zeile oder die Zeilen in arabischen Zahlen an:

```
Widerspenstigen.IV, 2:50–51.
```

Im angelsächsischen Sprachraum sagt man lieber:

```
Shrew, IV, ii, 50–51.
```

Natürlich setzt das voraus, daß der Leser eurer Arbeit weiß, daß *»Widerspenstigen« Der Widerspenstigen Zähmung* von Shakespeare heißen soll. Geht eure Arbeit über das Elisabethanische Theater, so ist alles klar. Wenn der Hinweis aber als elegante und gelehrte Nebenbemerkung in einer psychologischen Arbeit steht, dann wäre ein genaueres Zitat zu empfehlen.

Praktikabilität und Verständlichkeit sollten bei der Zitierweise an erster Stelle stehen. Wenn ich einen Vers von Dante mit II. 27,40 zitiere, dann kann man vernünftigerweise annehmen, daß vom vierzigsten Vers des siebenundzwanzigsten Gesangs des zweiten Teils der Göttlichen Komödie die Rede ist. Der Dantefachmann aber schreibt lieber Purg. XXVII, 40, und es ist gut, sich an die Gebräuche des Fachs zu halten – die ein zweites, aber durchaus nicht weniger wichtiges Kriterium darstellen.

Vor Fällen, die zu Mißverständnissen führen könnten, muß man auf der Hut sein. Die »Penseés« von Pascal werden unterschiedlich zitiert, je nachdem, ob man sich auf die Brunschvicg-Ausgabe oder eine andere bezieht, weil beide unterschiedlich angeordnet sind. Das aber sind Dinge, die man bei der Beschäftigung mit der Sekundärliteratur zu seinem Thema lernt.

Zitierung von unveröffentlichten Werken oder privaten Unterlagen – Doktorarbeiten, Manuskripte und ähnliches werden als solche gekennzeichnet. Zwei Beispiele:

```
La Porta, Andrea,   Aspetti di una teoria della
                    esecuzione nel linguaggio natura-
                    le,
                    Diss. Bologna, 1975-76
Valesio, Paolo,     Novantigua: Rhetorics as a Contem-
                    porary Linguistic Theory, maschi-
                    nenschriftlich, im Druck (zitiert
                    mit freundlicher Genehmigung des
                    Autors).
```

Privatbriefe und persönliche Mitteilungen können in gleicher Weise zitiert werden. Sind sie für unsere Arbeit von sekundärer Bedeutung, so werden sie nur in einer Anmerkung zitiert, kommt es aber wirklich auf sie an, dann erscheinen sie auch im Literaturverzeichnis:

```
Smith, John, Persönlicher Brief an den Verfasser
             vom 5. 1. 76
```

Unter V.3. wird nochmals hervorzuheben sein, daß es gutem Brauch entspricht, den, der uns geschrieben hat, um Erlaubnis zu fragen und, wenn es sich um eine mündliche Mitteilung gehandelt hat, ihm auch noch unsere schriftliche Wiedergabe zur Billigung vorzulegen.

Originale und Übersetzungen. Streng genommen müßte ein Buch immer in der Originalsprache herangezogen und zitiert werden. Aber in der Wirklichkeit sieht es ganz anders aus. Das kommt vor allem daher, daß es Sprachen gibt, ohne deren Kenntnis man nach allgemeiner Meinung gut auskommen kann (wie das Bulgarische), und andere, zu deren Kenntnis man nicht in jedem Fall verpflichtet ist (daß man etwas Französisch und Englisch kann, wird erwartet, das ist allerdings eine Illusion, etwas weniger bei Deutsch, man rechnet, daß ein Italiener Spanisch und Portugiesisch versteht, auch wenn er es nicht gelernt hat – und daß man normalerweise Russisch oder Schwedisch nicht versteht). Zum zweiten kann bestimmte Literatur sehr gut in einer Übersetzung gelesen werden. Schreibt man eine Arbeit über Molière, dann wäre es freilich eine schlechte Sache, diesen Autor nicht in der Originalsprache gelesen zu haben, aber bei einer Arbeit über die Geschichte der Renaissance in Italien wäre es nicht weiter schlimm, wenn ihr die *Storia d' Italia* von Denis Mack Smith in der italienischen Übersetzung aus dem Verlag Laterza gelesen hättet. Und es kann auch ganz in Ordnung sein, die Übersetzung zu zitieren.

Aber eure bibliographische Angabe könnte auch noch für andere von Interesse sein, die sich das Original beschaffen möchten, und darum wäre es gut, eine zweifache Angabe zu machen. Dasselbe gilt, wenn ihr das Buch auf Englisch gelesen habt. Dann ist es gut, das englische Zitat zu bringen, aber warum nicht anderen Lesern helfen, die wissen möchten, ob es eine italienische Übersetzung gibt und wo sie erschienen ist? Und darum ist auf jeden Fall folgende Zitatform die bessere:

Mack Smith, Denis, Italy. A Modern History, Ann Arbor, The University of Michigan Press, 1959 (It. Übers. von Alberto Acquaronde, Storia d'Italia

– Dal 1851 al 1958, Bari, Laterza, 1959).

Gibt es Ausnahmen? Einige. Wenn ihr eure Arbeit nicht im Fach Alt-Griechisch schreibt und ihr (vielleicht in einer Auseinandersetzung über juristische Fragen) die *Republik* von Plato zitieren möchtet, dann genügt das Zitat in der eigenen Sprache, allerdings mit Angabe der Übersetzung und der Ausgabe, die ihr verwendet habt.

Ebenso könnt ihr in einer Arbeit über Kultur-Anthropologie das Buch

* Lotman, Ju.M. e Uspenskij, B.A., Tipologia della cultura, [Typologie der Kultur], Milano, Bompiani, 1975

guten Gewissens nur in der italienischen Übersetzung zitieren, und zwar aus zwei guten Gründen: Der Leser wird kaum brennend daran interessiert sein, im russischen Original nachzusehen, und zum zweiten existiert überhaupt kein Buch als Original, weil es sich um eine Zusammenstellung von Abhandlungen eines italienischen Herausgebers handelt, die in verschiedenen Zeitschriften erschienen sind. Man könnte höchstens nach dem Titel angeben: herausgegeben von Remo Faccani und Marzio Marzaduri. Ginge eure Arbeit allerdings über die gegenwärtige Lage der Semiotikforschung, müßtet ihr etwas genauer sein. Ich gehe davon aus, daß ihr nicht Russisch lesen könnt (und daß eure Arbeit nicht die sowjetische Semiotik zum Gegenstand hat); es könnte nun sein, daß ihr euch nicht auf diese Sammlung ganz allgemein, sondern daß ihr euch mit dem, sagen wir, siebten Beitrag auseinandersetzt. Es wäre dann interessant zu wissen, wann und wo er erstmals erschienen ist. Das sind alle jene Angaben, die der Herausgeber in einer Fußnote zum Titel des Beitrags gemacht hat. Darum wird er folgendermaßen zitiert:

Lotman, Juri M., "O ponjatii geograficeskogo prostranstva v russkich srednevekovych tekstach", Trudy po znakovym sistemam II, 1965, S. 210-216 (It. Übers. von Remo Faccani, "Il concetto di spazio geografico nei testi medievali russi", in Lotmann, Ju.M. e Uspenskij, B. A., Tipologia della cultura, herausg. von Remo Faccani und Marzio Marzaduri, Milano, Bompiani, 1975).

Damit tut ihr nicht so, als hättet ihr den Originaltext gelesen – ihr gebt ja eure italienische Quelle an – aber ihr gebt dem Leser doch alle Informationen, die er vielleicht brauchen kann.

Bei Publikationen in wenig bekannten Sprachen, für die es keine Übersetzung gibt, auf deren Existenz man aber hinweisen möchte, gibt man nach dem Titel in Klammern dessen Übersetzung in die eigene Sprache an.

Sehen wir uns zum Schluß einen auf den ersten Blick komplizierten Fall an, dessen »perfekte« Lösung zunächst in ihrer pingeligen Genauigkeit zu weit zu gehen scheint. Und wir sehen auch, wie Lösungen, auf den Einzelfall zugeschnitten, »dosiert« werden können.

David Efron ist ein argentinischer Jude, der 1941 in Amerika, auf Englisch, eine Untersuchung über die Gestik der Juden und Italiener in New York unter dem Titel *Gesture and Environment* veröffentlicht. Erst 1970 erscheint in Argentinien eine spanische Übersetzung, allerdings unter dem geänderten Titel *Gesto, raza y cultura*. 1972 erscheint in Holland eine englische Neuausgabe mit dem (der spanischen Fassung entsprechenden) Titel *Gesture, Race and Culture*. Diese Ausgabe ist die Grundlage der italienischen Übersetzung *Gesto, razza e cultura* von 1974. Wie zitiert man dieses Buch?

Sehen wir uns zunächst zwei Extremfälle an. Der erste betrifft den Fall einer Arbeit *über* David Efron: In diesem Fall hat die Bibliographie sicher eine Abteilung mit den Werken des Autors, und alle genannten Ausgaben werden in zeitlicher Rei-

Zum Abschluß dieser vielen Angaben über die Gebräuche beim Literaturverzeichnis wollen wir alle Punkte nochmals rekapitulieren, die ein gutes Zitat aus der Literatur angeben sollte. Wir haben unterstrichen (im Druck erscheint es kursiv), was unterstrichen werden muß und in Anführungszeichen gesetzt, was in Anführungszeichen gehört. Es steht ein Komma, wo ein Komma stehen muß, eine Klammer, wo eine Klammer stehen muß.
Mit einem Stern sind absolut notwendige Angaben gekennzeichnet, die nie weggelassen werden dürfen. Die anderen Angaben sind nicht zwingend und hängen von der Arbeit ab.

BÜCHER

* 1. Name, Vorname des Verfassers (oder der Verfasser, oder des Herausgebers, u.U. mit Angabe von Pseudonymen oder falschen Zuschreibungen).
* 2. Titel und Untertitel des Werkes.
3. ("Reihe").
* 4. Auflage (wenn es mehrere gibt).
* 5. Verlagsort: ist er im Buch nicht angegeben, so schreibt man: o.O. (ohne Ortsangabe).
* 6. Verleger: fehlt die Angabe im Buch, weglassen.
* 7. Erscheinungsjahr: fehlt die Angabe im Buch, so schreibt man o.J. (ohne Jahresangabe).
8. Eventuelle Angaben über die neueste Auflage, auf die man sich bezogen hat.
9. Seitenzahl und gegebenenfalls Zahl der Bände, die das Werk bilden.

Schaubild 1: Zusammenfassung der Regeln für bibliographische Angaben

10. (Übersetzung: War der Titel in einer fremden Sprache, und gibt es eine Übersetzung in die eigene, so gibt man den Namen des Übersetzers, den Titel in der eigenen Sprache, Verlagsort, Verlag, Erscheinungsjahr, eventuell Seitenzahl an).

AUFSÄTZE IN ZEITSCHRIFTEN

* 1.Name und Vorname des Verfassers,
* 2."Titel des Aufsatzes oder des Kapitels",
* 3.<u>Titel der Zeitschrift</u>
* 4.Band und Nummer des Heftes (gegebenenfalls die Angabe n.F. (neue Folge),
  5.Monat und Jahr,
  6.Angabe der Seiten, auf denen der Aufsatz steht,

KAPITEL AUS BÜCHERN, KONGRESSBERICHTEN, ABHANDLUNGEN IN SAMMELWERKEN

* 1.Name und Vorname des Verfassers,
* 2."Titel des Kapitels oder der Abhandlung",
* 3.in
* 4.ggf. Name des Herausgebers des Sammelwerks oder v.A. (verschiedene Autoren),
* 5.<u>Titel des Sammelwerks</u>
  6.(Eventuell Name des Herausgebers, wenn zuvor v.A. geschrieben wurde),
* 7.ggf. Nummer des Bandes des Sammelwerks, in der sich die zitierte Abhandlung befindet,
* 8.Ort, Verlag, Erscheinungsjahr, Seitenzahl wie bei Büchern von nur einem Autor.

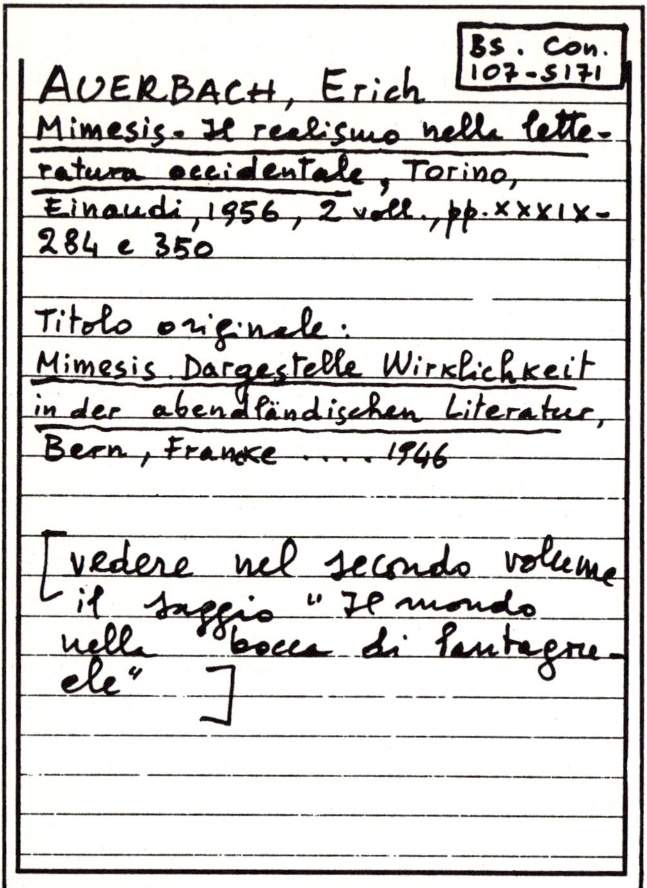

Schaubild 2: Beispiel für eine bibliographische Karte

Anm. d. Übers.:
Es handelt sich um das Beispiel aus der Originalfassung des Buches

henfolge wie andere Literatur auch aufgeführt, und bei jeder Erwähnung wird klargestellt, daß es sich um eine neue Ausgabe im Verhältnis zur vorigen handelt. Man geht davon aus, daß der Kandidat sie alle in der Hand gehabt hat, weil er ja feststellen mußte, ob Änderungen oder Kürzungen vorgenommen wurden.

Das zweite Beispiel betrifft eine wirtschaftswissenschaftliche, politologische oder soziologische Arbeit, die Auswanderungsprobleme zum Gegenstand hat und in der Efron nur zitiert wird, weil sich bei ihm einige nützliche Informationen zu Randproblemen finden: In diesem Fall kann man auch nur die italienische Ausgabe zitieren.

Hier nun aber ein Fall zwischen diesen beiden Extremen; das Zitat selbst ist weniger wichtig, aber es ist wichtig zu wissen, daß die Abhandlung im Jahr 1941 und nicht erst vor einigen Jahren erschienen ist. Die beste Lösung wäre dann:

Efron, David, <u>Gesture and Environment</u>, New York, King's Crown Press, 1941 (it. Übers. von Michelangelo Spada, <u>Gesto, razza e cultura</u>, Milano, Bompiani, 1974).

Es kann auch vorkommen, daß die italienische Ausgabe im Copyright wohl angibt, daß die erste Auflage aus dem Jahr 1941 und von den Leuten von King's Crown stammt, aber nicht den Titel der Originalausgabe vermerkt und dafür ausführlich auf die holländische Ausgabe von 1972 Bezug nimmt. Das ist eine schwere Unterlassungssünde (und ich darf es sagen, weil ich die Reihe herausgebe, in der das Buch von Efron erschienen ist), weil jemand die Ausgabe von 1941 als *Gesture, Race and Culture* zitieren könnte. Darum muß man bibliographische Angaben immer anhand von mehr als einer Quelle überprüfen. Ein Kandidat mit etwas mehr Erfahrung im wissenschaftlichen Geschäft, der auch über das Schicksal Efrons und die Phasen seiner Wiederentdeckung durch die Wissenschaft informieren will, hätte genügend Angaben, um eine folgendermaßen gestaltete Karte zu erstellen:

Efron, David, Gesture and Environment, New York, King's Crown Press, 1941 (2. Aufl. Gesture, Race and Culture, Den Haag, Mouton, 1972; Ital. Übers. von Michelangelo Spada, Gesto, razza e cultura, Milano, Bompiani, 1974).

Zusammenfassend ersieht man daraus, daß die Vollständigkeit der zu machenden Angaben von der Art der Arbeit und von der Bedeutung abhängt, die dem Buch im Rahmen der ganzen Arbeit zukommt (ob es eine Primärquelle ist, zur Sekundärliteratur gehört oder ein anderes Hilfsmittel ist etc. etc.).

Mit Hilfe dieser Angaben könntet ihr jetzt auch die endgültige Bibliographie eurer Arbeit erstellen. Aber auf diese kommen wir im VI. Kapitel zu sprechen. So wie ihr auch in Abschnitt V.4.2. und V.4.3. im Zusammenhang mit zwei verschiedenen bibliographischen Verweisungssystemen und den Beziehungen zwischen Anmerkungen und Bibliographie zwei Seiten Bibliographie als Beispiel findet (Schaubild 16 und 17). *Schaut euch also diese Seiten als abschließende Zusammenfassung des Gesagten an.* Hier kam es darauf an, zu zeigen, wie ein gutes bibliographisches Zitat aussieht, um die bibliographischen Karteikarten anlegen zu können. Die gemachten Angaben reichen bei weitem aus, um eine ordnungsgemäße Kartei anzulegen.

In Schaubild 2 zeige ich ein Beispiel für eine bibliographische Karte: Wie man sieht, bin ich im Laufe meiner Literatursuche zuerst auf die italienische Übersetzung gestoßen. Dann habe ich das Buch in der Bibliothek gefunden und oben das Bibliothekssigel und die Signatur notiert. Schließlich habe ich den Band gefunden und von der Seite mit dem Copyright den ursprünglichen Verleger und den Titel übernommen. An dieser Stelle gab es keine Hinweise auf das Erscheinungsjahr, aber ich habe einen auf dem Einband gefunden, ihn notiert und mir spätere genauere Prüfung vorbehalten. Schließlich habe ich noch angegeben, warum das Buch berücksichtigt werden muß.

III.2.4. Die Bibliothek von Alessandria: Ein Experiment*

Gegen die hier gegebenen Ratschläge könnte jemand einwenden, sie seien für einen Wissenschaftler mit Spezialkenntnissen (in seinem Fach) geeignet, ein junger Student ohne besondere Vorbereitung, der seine Dissertation angehe, werde aber auf viele Schwierigkeiten stoßen:

- er hat keine gut ausgestattete Bibliothek zur Verfügung, weil er vielleicht in einer kleinen Provinzstadt wohnt;
- er hat nur ganz vage Vorstellungen von dem, was er sucht, er weiß nicht einmal, wo er im Schlagwortkatalog anfangen soll, weil er vom Professor nicht genügend eingewiesen worden ist;
- er kann nicht verschiedene Bibliotheken nacheinander aufsuchen (weil er kein Geld hat, keine Zeit, weil er krank ist etc.).

Gehen wir darum von einem Extremfall aus:
Stellen wir uns einen Berufstätigen, der studiert, vor, der in den ganzen vier Jahren nur sehr selten an der Universität war. Er hatte gelegentliche Kontakte mit nur einem einzigen Professor, sagen wir mit dem für Ästhetik oder für Geschichte der Italienischen Literatur. Er hat sich mit Verspätung an das Schreiben seiner Abschlußarbeit gemacht, und es bleibt ihm dafür nur das letzte akademische Jahr. Im September ist es ihm endlich gelungen, mit dem Professor oder einem seiner Assistenten zu sprechen, aber es war Examenszeit, und das Gespräch war äußerst kurz. Der Professor hat zu ihm gesagt: »Warum schreiben Sie keine Arbeit über den Begriff der Metapher bei den Theoretikern des italienischen Barock?«[3] Daraufhin fuhr der Student an seinen kleinen Heimatort zurück, ein kleines Dorf mit tausend Einwohnern, ohne Gemeindebibliothek. Die nächste größere Stadt (neunzigtausend Einwohner) ist eine halbe Stunde entfernt. Dort gibt es eine Bibliothek, die vormittags und nachmittags geöffnet hat. Jetzt geht es für den Studen-

[3] Im weiteren Text werden die Theoretiker des italienischen Barock in Anlehnung an die italienische Bezeichnung »trattatisti« Traktatisten genannt.

ten darum, an den zwei Nachmittagen, die er von der Arbeit frei bekommt, in die Bibliothek zu gehen und herauszubekommen, ob man sich mit dem, was man dort findet, eine erste Vorstellung von der Abschlußarbeit machen kann oder ob man vielleicht die ganze Arbeit ohne weitere Hilfsmittel schreiben kann. Teure Bücher kann er sich nicht kaufen, Mikroverfilmungen von anderswoher nicht kommen lassen. Er kann höchstens zwei- oder dreimal zwischen Januar und April in die Universitätsstadt (mit ihren besser ausgestatteten Bibliotheken) fahren. Aber für den Augenblick muß er an Ort und Stelle zurechtkommen. Wenn es sich wirklich als notwendig erweist, das eine oder andere neu erschienene Buch zu kaufen, dann die billigste Ausgabe.

Dies ist unsere angenommene Ausgangslage. Ich habe nun versucht, mich in die Lage dieses Studenten zu versetzen und schreibe deshalb diese Zeilen in einem kleinen Dorf im oberen Monferrato, dreiundzwanzig Kilometer von Alessandria (90 000 Einwohner, Stadtbibliothek, verbunden mit Pinakothek und Museum) entfernt. Die nächste Universität ist Genua (eine Stunde Fahrzeit), aber in anderthalb Stunden ist man in Turin oder Pavia. In drei Stunden in Bologna. Die Lage ist also schon besonders günstig, aber lassen wir die Universitätsstädte außer Betracht. Wir arbeiten nur in Alessandria.

Zum zweiten habe ich ein Thema gesucht, über das ich bisher noch nie speziell gearbeitet habe und das mich einigermaßen unvorbereitet findet. Wie es eben beim Begriff der Metapher in der Traktatistik des italienischen Barock der Fall ist. Offensichtlich bin ich vom Thema nicht ganz unbeleckt, denn ich habe mich schon mit Ästhetik und Rhetorik beschäftigt; so weiß ich zum Beispiel, daß im Verlauf der letzten Jahrzehnte in Italien Bücher über den Barock von Giovanni Getto, Luciano Anceschi, Ezio Raimondi erschienen sind. Ich weiß von der Existenz eines Traktates aus dem 17. Jahrhundert, *Il cannocchiale aristotelico* [Das aristotelische Fernrohr] von Emanuele Tesauro, in der diese Begriffe ausführlich behandelt werden. Aber soviel müßte unser Student mindestens wissen; denn am

Ende des dritten Jahres hat er schon Prüfungen abgelegt, und wenn er mit dem besagten Professor Kontakt hatte, dann wird er auch von sich aus einiges gelesen haben, in dem diese Fragen zumindest angesprochen werden. Um aber das Experiment unter noch schwierigeren Voraussetzungen durchzuführen, tue ich so, als wüßte ich auch das nicht, was ich bereits weiß. Ich beschränke mich auf mein Schulwissen vom Gymnasium: ich weiß, daß der Barock etwas mit Kunst und Literatur des 17. Jahrhunderts zu tun hat, daß die Metapher eine rhetorische Figur ist. Mehr nicht.

Ich beschließe, den ersten einführenden Nachforschungen drei Nachmittage zu widmen, von drei bis sechs Uhr. Damit stehen mir neun Stunden zur Verfügung. In neun Stunden kann man keine Bücher lesen, aber man kann sich einen ersten Überblick über die Literatur verschaffen. Alles, was ich auf den unmittelbar folgenden Seiten berichte, ist in neun Stunden passiert. Damit will ich nicht sagen, daß mir die Arbeit vollständig und rundum zufriedenstellend gelungen ist, sondern ein Beispiel dafür geben, wie man anfängt, um von hier aus weitere Entscheidungen treffen zu können.

Wenn ich in die Bibliothek gehe, habe ich, nach dem, was unter III.2.1. gesagt wurde, drei Wege:

1. Ich kann beim Schlagwortkatalog anfangen: Ich suche unter den folgenden Stichwörtern: »Italienische (Literatur)«, »Literatur (italienische)«, »Ästhetik«, »Seicento«, »Barock«, »Metapher«, »Rhetorik«, »Traktatisten«, »Poetik(en)«[4].

Die Bibliothek hat zwei Kataloge, einen alten und einen auf dem neuesten Stand, beide nach Stichworten und nach Autoren

4 Unter »Seicento«, »Barock« oder »Ästhetik« zu suchen, liegt ziemlich auf der Hand. Der Gedanke, unter »Poetik« nachzusehen, setzt schon etwas mehr voraus. Um mich zu rechtfertigen: Man kann nicht davon ausgehen, daß der Student zu diesem Thema ganz ohne Hintergrund kommt. Er hätte es nicht einmal formulieren können; darum muß er, sei es durch den Professor, sei es durch einen Freund, sei es durch vorhergehende Lektüre, auf den Geschmack gebracht worden sein. Darum wird er von den »Poetiken des Barock« oder den Poetiken (oder Kunst-Programmen) allgemein gehört haben. Wir gehen also davon aus, daß der Student diese Angabe hat.

unterteilt. Sie sind noch nicht zusammengeführt, also muß ich in beiden suchen. Nun könnte ich eine unvorsichtige Überlegung anstellen: Wenn ich ein Buch aus dem 19. Jahrhundert suche, wird es sicher im alten Katalog stehen. Irrtum. Wenn die Bibliothek das Buch vor einem Jahr antiquarisch gekauft hat, steht es im neuen Katalog. Ich kann nur sicher sein, daß ein gesuchtes Buch, das in den letzten zehn Jahren erschienen ist, nirgends anders stehen kann als im neuen Katalog.

2. Ich kann im Lesesaal der Bibliothek nach Enzyklopädien und Literaturgeschichten suchen. In den Literaturgeschichten (oder Geschichten der Ästhetik) muß ich den Abschnitt über das Seicento oder den Barock suchen. In den Enzyklopädien kann ich suchen unter: Seicento, Barock, Metapher, Poetik, Ästhetik etc. etc., wie im Sachkatalog.

3. Ich kann mich mit meinen Fragen an den Bibliothekar wenden. Diese Möglichkeit verwerfe ich von vornherein, einerseits, weil sie die einfachste ist, andererseits, weil ich für dieses Verfahren nicht die geeignete Auskunftsperson bin: Ich kannte nämlich den Bibliothekar persönlich, und als ich ihm sagte, was ich machen wollte, da hat er mir gleich eine Reihe von Titeln bibliographischer Nachschlagewerke an den Kopf geworfen, die ihm zur Verfügung standen, einige davon sogar in Deutsch und Englisch. Ich wäre gleich auf eine sehr spezialisierte Fährte geraten, und ich habe mich darum um seine Vorschläge nicht gekümmert. Er hat mir auch angeboten, viele Bücher auf einmal auszuleihen, aber ich habe höflich abgelehnt und mich immer an das untergeordnete Personal gehalten. Es kam mir darauf an, die aufzuwendende Zeit und die auftretenden Schwierigkeiten anhand der für alle geltenden Grundsätze zu prüfen.

Ich beschloß also, beim Schlagwortkatalog anzufangen, und das erwies sich als nicht gut, weil ich ausnahmsweise viel Glück gehabt habe. Unter dem Stichwort »Metapher« war verzeichnet Giuseppe Conte, »La metafora barocca – Saggio sulle poetiche del Seicento« [Die barocke Metapher–Abhandlung über die Poetiken des Seicento], Milano, Mursia, 1972. Praktisch meine Arbeit. Wenn ich unanständig bin, kann ich mich darauf beschränken, diese Abhandlung abzuschreiben – aber dann wäre ich auch dumm, denn es ist durchaus denkbar, daß auch mein Betreuer dieses Buch kennt. Will ich eine gute Arbeit mit eigenständigen Gedanken schreiben, so bringt mich das Buch in Schwierigkeiten, denn ich habe meine Zeit umsonst aufgewendet, wenn es mir nicht gelingt, etwas zu schreiben, was über das Buch hinausführt und sich von ihm unterscheidet. Will ich aber eine anständige kompilatorische Arbeit schreiben, so kann es ein guter Ausgangspunkt sein. Wenn ich das wollte, könnte ich ohne weiteres von hier aus anfangen.

Das Buch hat den Mangel, daß es kein Literaturverzeichnis enthält, aber es hat aussagekräftige Anmerkungen am Ende jeden Kapitels, in denen die Literatur nicht nur zitiert, sondern oft auch beschrieben und beurteilt sind. Über den Daumen gepeilt kann ich ihm etwa fünfzig Titel entnehmen, auch wenn ich inzwischen festgestellt habe, daß der Verfasser sich häufig auf Werke der zeitgenössischen Ästhetik und Semiotik bezieht, die nicht unmittelbar mit meinem Thema zu tun haben, die aber doch seine Beziehungen mit heutigen Problemen ans Licht bringen. In unserem Fall können mir, wie wir später sehen werden, diese Hinweise helfen, an eine etwas andere Arbeit zu denken, die sich mit den Beziehungen zwischen Barock und der zeitgenössischen Ästhetik beschäftigt.

Mit den fünfzig »historischen« Titeln, die ich dem Buch entnehmen kann, hätte ich nun schon eine erste Kartei, anhand deren ich im Autorenkatalog weitersuchen kann.

Aber ich habe mich entschlossen, auch diesen Weg nicht zu gehen. Der Glücksfall war denn doch zu einmalig. Darum habe ich so weitergemacht, als habe die Bibliothek das Buch von Conte nicht (oder als sei es im Schlagwortkatalog nicht enthalten).

Um mein Vorgehen systematischer zu gestalten, habe ich mich entschlossen, nunmehr den zweiten Weg zu gehen. Im

Lesesaal habe ich bei den Übersichtstexten angefangen, genauer bei der *Enciclopedia Treccani.*

Das Stichwort »Barock« gibt es nicht, wohl aber »barocke Kunst«, und dieser Artikel ist ganz den bildenden Künsten gewidmet. Der Band mit dem Buchstaben B stammt aus dem Jahr 1930, und alles wird klar: Die Neubewertung des Barock in Italien hatte noch nicht begonnen. An dieser Stelle kam mir der Gedanke, nachzusehen, ob es ein Schlagwort »Secentismo« gibt, ein Ausdruck, der lange einen etwas abwertenden Beigeschmack hatte, der aber im Jahr 1930, in einer Kultur, die stark vom Mißtrauen Croces gegenüber dem Barock beeinflußt war, bei der Auswahl der Stichwörter eine Rolle gespielt haben könnte. Und hier erlebe ich eine angenehme Überraschung. Ein schöner ausführlicher Artikel, der alle Probleme der Epoche behandelt, von den Theoretikern und Dichtern des italienischen Barock wie Marino oder Tesauro bis zu den Erscheinungen des Barocken in anderen Ländern (Gracián, Lily, Gongora, Crashaw etc. etc.). Gute Zitate, eine ergiebige Bibliographie. Ich schaue nach dem Erscheinungsjahr des Bandes – es ist 1936; ich schaue nach, wer für das Stichwort verantwortlich zeichnet, und stelle fest, daß es Mario Praz ist. Was konnte man damals Besseres haben (und für so vieles noch heute). Aber nehmen wir einmal an, unser Student wisse nicht, was für ein großer und feingeistiger Wissenschaftler Praz ist: Er wird doch merken, daß er anregend ist, und er wird beschließen, später ausführliche Auszüge in die Kartei zu übernehmen. Für den Augenblick wird er sich der Bibliographie zuwenden und feststellen, daß dieser Praz, der so gute Artikel schreibt, auch zwei Bücher zum Thema geschrieben hat. *Secentismo e marinismo in Inghilterra* [Secentismus und Marinismus in England] von 1925 und *Studi sul concettismo* [Studien über den Konzeptismus] von 1934. Er nimmt also diese beiden Bücher in die Kartei auf. Dann findet er einige italienische Titel, von Croce bis D'Ancona, und er notiert sie sich. Er findet einen Hinweis auf einen kritischen zeitgenössischen Autor wie T. S. Eliot und stößt schließlich auf eine Reihe von Werken in Englisch und in

Deutsch. Er notiert natürlich alle, auch wenn er die Sprachen nicht kann (später sieht man dann weiter), aber ihm wird klar, daß Praz von Secentismus im allgemeinen spricht, während er Material sucht, das mehr auf die italienische Lage ausgerichtet ist. Die ausländische Lage muß man natürlich als Hintergrund im Auge behalten, aber vielleicht darf man nicht gerade mit ihr anfangen.

Wir schauen in der Enciclopedia Treccani noch weitere Stichworte nach: »Poetik« (nichts, es wird auf »Rhetorik«, »Ästhetik« und »Philologie« verwiesen), »Rhetorik« und »Ästhetik«.

Die Rhetorik wird einigermaßen ausführlich abgehandelt, mit einem Absatz über das Seicento, den man sich nochmals ansehen muß; aber spezifische bibliographische Angaben fehlen.

Die Ästhetik stammt von Guido Calogero, aber sie wird, wie es in den dreißiger Jahren vorkam, als eine vorrangig philosophische Disziplin behandelt. Vico wird behandelt, nicht aber die barocken Traktatisten. Das läßt mich den Weg ahnen, den ich weiterverfolgen muß: Wenn ich italienisches Material suche, dann werde ich es eher im Bereich der Literaturkritik und Geschichte finden als in dem der Geschichte der Philosophie (zumindest, wie ich später sehen werde, bis in die jüngste Vergangenheit). Im Artikel »Ästhetik« finde ich immerhin eine Reihe von Hinweisen auf klassische Geschichten der Ästhetik, die mir etwas weiterhelfen könnten: Fast alle sind auf deutsch oder englisch und schon sehr alt. Zimmermann von 1858, Schlasler von 1872, Bosanquet von 1895, und dann noch Saintsbury, Menendez Y Pelayo, Knight und schließlich Croce. Es muß gleich dazugesagt werden, daß, abgesehen von Croce, keiner dieser Texte in der Bibliothek von Alessandria vorhanden ist. Jedenfalls werden sie notiert, früher oder später muß man vielleicht doch hineinschauen, je nachdem, in welche Richtung sich die Arbeit entwickelt.

Ich suche den *Grande Dizionario Enciclopedico Utet*, weil ich mich erinnere, daß er sehr ausführliche und auf den neuesten Stand gebrachte Artikel über »Poetik« und andere für mich hilfreiche Dinge hat; aber diese Bibliothek besitzt ihn nicht. Dann blättere ich die *Enciclopedia Filosofica* von Sansoni durch. Interessant finde ich die Artikel »Metapher« und »Barock«. Der erste gibt mir keine nützlichen bibliographischen Angaben, aber er informiert mich (und erst im weiteren Verlauf merke ich, wie wichtig der Hinweis ist), daß alles mit der Theorie der Metapher von Aristoteles anfängt. Der zweite zitiert nur einige Literatur, die ich später in spezielleren Nachschlagewerken finde (Croce, Venturi, Getto, Rousset, Anceschi, Raimondi), und es ist gut, wenn ich sie mir alle notiere, später werde ich tatsächlich entdecken, daß hier eine ziemlich wichtige Untersuchung von Rocco Montano verzeichnet ist, die in den von mir später konsultierten Werken nicht auftaucht, zumeist weil diese Werke vorher erschienen waren.

Jetzt bin ich soweit, daß mir die Beschäftigung mit einem eingehenderen und neueren Nachschlagewerk ergiebiger erscheint, und ich nehme mir die *Storia della Letteratura Italiana* [Geschichte der italienischen Literatur], herausgegeben von Cecchi e Sapegno, erschienen bei Garzanti, vor.

Neben verschiedenen Kapiteln verschiedener Autoren über Poesie, Prosa, Theater, Reiseschriftsteller etc. finde ich ein Kapitel von Franco Croce »Kritik und Traktistik des Barock« (etwa 50 Seiten). Ich beschränke mich darauf. Ich überfliege es ganz schnell (ich bin ja noch nicht dabei, Bücher zu lesen, ich stelle eine Bibliographie zusammen), und mir wird klar, daß die kritische Auseinandersetzung mit Tassoni (über Petrarca) anfängt, sich mit einer Reihe von Autoren fortsetzt, die sich mit Marinos *Adone* auseinandersetzen (Stigliani, Errico, Aprosio, Aleandri, Villani etc.), über die Traktatisten, die Croce gemäßigt-barocke nennt (Peregrini, Sforza, Pallavicino) und über den grundlegenden Text des Tesauro verläuft, der die wirkliche und eigentliche Abhandlung zur Verteidigung der barocken Genialität und des barocken Scharfsinns darstellt (»vielleicht das beispielhafteste Werk des ganzen barocken Lehrgebäudes sogar auf europäischer Ebene«) und mit der Kri-

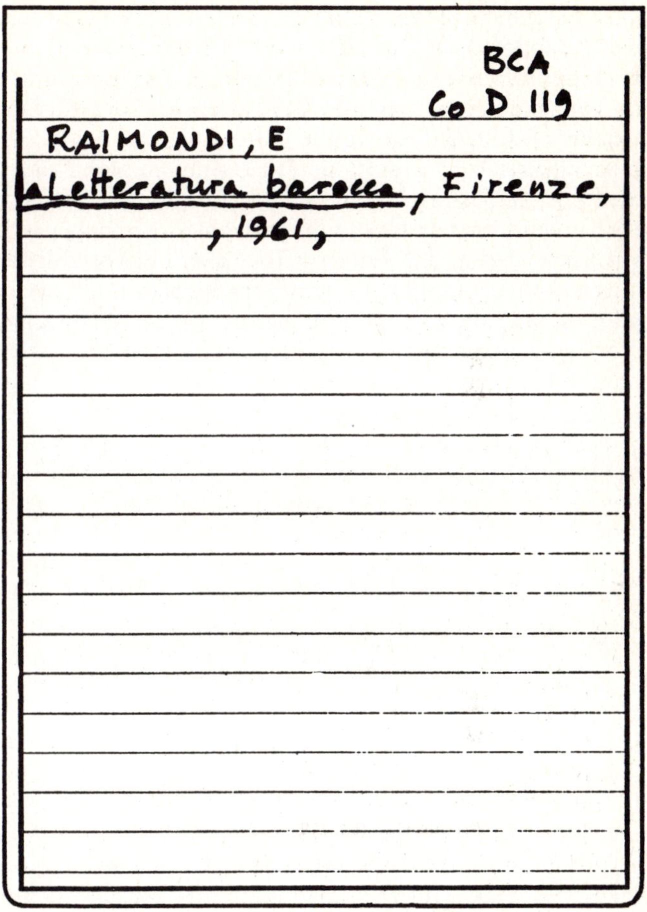

Beispiel für eine noch zu ergänzende Karteikarte, angelegt auf der Grundlage lückenhafter Angaben einer ersten bibliographischen Quelle [Original von Eco, Anm. d. Übers.].

tik des ausgehenden Seicento (Frugoni, Lubrano, Boschini, Malvasia, Bellori und andere) endet. Mir wird klar, daß sich mein Hauptinteresse auf Sforza Pallavicino, Peregrini und Tesauro konzentrieren muß, und bei Durchsicht der Bibliographie stelle ich fest, daß sie an die hundert Titel umfaßt. Sie ist nach Sachgebieten aufgeteilt, die Titel stehen in alphabetischer Reihenfolge. Ich kann überhaupt nur Ordnung schaffen, indem ich meine Karteikarten zuhilfe nehme. Wir haben schon darauf hingewiesen, daß Franco Croce sich mit verschiedenen Kritikern, von Tassoni bis Frugôni, beschäftigt, und im Grunde wäre es gut, alle bibliographischen Hinweise, die er gibt, in die Kartei aufzunehmen. Für meine Arbeit kann ich vielleicht nur die Werke über die gemäßigten Traktatisten und über Tesauro brauchen, aber für die Einleitung oder die Fußnoten kann die Bezugnahme auf andere Diskussionen der Zeit von Nutzen sein. Vergeßt nicht, daß diese erste Bibliographie dann, wenn sie einmal fertig ist, wenigstens einmal mit dem Betreuer besprochen werden muß. Er müßte das Thema gut kennen und kann infolgedessen gleich sagen, was man weglassen kann und was man unbedingt lesen muß. Wenn eure Kartei in Ordnung ist, könnt ihr sie zusammen in einer knappen Stunde durchgehen. Wie dem auch sei, für unser Experiment *beschränke ich mich auf die allgemeinen Werke über den Barock und auf die Spezialbibliographie über die Traktatisten.*

Es war schon davon die Rede, wie Bücher in die Kartei aufgenommen werden, wenn unsere bibliographische Quelle nicht vollständig ist. Auf der auf S. 117 wiedergegebenen Karteikarte habe ich Platz gelassen, damit der Vorname des Autors (Ernesto? Epaminonda? Evaristo? Eliot?) und der Name des Verlages (Sansoni? Nuova Italia? Nerbini?) noch eingetragen werden können. Nach der Jahreszahl bleibt Platz für weitere Eintragungen. Die Abkürzungen rechts oben habe ich offensichtlich später nachgetragen, nachdem ich im Verfasserkatalog in Alessandria (BCA steht für Biblioteca Civica Alessandria, eine von mir gewählte Abkürzung) nachgeschaut und festgestellt habe, daß das Buch von Raimondi (Ezio!!) die Signatur Co D 119 hat.

Und in gleicher Weise gehe ich für alle anderen Bücher vor. Auf den folgenden Seiten allerdings wähle ich ein schnelleres Verfahren, indem ich die Autoren und Titel ohne weitere Angabe zitiere.

Zieht man Bilanz, so habe ich bisher die Artikel der *Enciclopedia Treccani* und der *Grande Enciclopedia Filosofica* konsultiert (und ich habe beschlossen, nur die Arbeiten über die italienische Traktatistik zu registrieren) und die Abhandlung von Franco Croce. In den Schaubildern 3 und 4 findet sich eine Aufstellung dessen, was ich in eine Karteikarte aufgenomman habe (*Achtung:* jeder meiner knappen Angaben muß eine vollständige und ausführliche Karteikarte entsprechen, in der Platz für die noch fehlenden Informationen ist!).

Jene Titel, vor denen ein »ja« steht, sind im Autorenkatalog der Bibliothek von Alessandria vorhanden. Als ich diesen ersten Durchgang beim Anlegen von Karteikarten abgeschlossen hatte, habe ich – als Abwechslung – im Katalog geblättert. So weiß ich jetzt, in welchen anderen Büchern ich nachsehen kann, um meine Bibliographie zu vervollständigen.

Wie ihr seht, habe ich von achtunddreißig Büchern, die ich in meine Kartei aufgenommen habe, fünfundzwanzig gefunden. Das sind fast siebzig Prozent. Dabei habe ich auch Werke mitgezählt, für die ich keine Karteikarte angelegt, sondern die ich von den Autoren in der Kartei übernommen hatte (auf der Suche nach einem Buch habe ich zusätzlich oder statt dessen ein anderes Buch gefunden).

Ich habe mich, wie schon gesagt, auf Titel beschränkt, die sich auf die Traktatisten beziehen. Da ich infolgedessen Texte über andere Kritiker weggelassen habe, wurde beispielsweise *Idea* von Panofsky nicht registriert – und von diesem Buch werde ich später anhand anderer Quellen feststellen, daß es für das mich interessierende Problem ebenfalls von Bedeutung ist. Schaue ich mir später von demselben Franco Croce den Aufsatz »Le poetiche del barocco in Italia« [Poetiken des Barock in Italien] in dem Sammelband *»Momenti e problemi di storia dell'estetica«* [Aspekte und Probleme der Geschichte der Ästhe-

In der Bibliothek gefunden	Im Autorenkatalog gesucht	Im Katalog gefundene Werke desselben Autors
ja	Croce, B., *Saggi sulla letteratura italiana del seicento*	
ja		*Nuovi saggi sulla letteratura italiana del seicento*
ja	Croce, B., *Storia dell'età barocca in Italia*	
ja		*Lirici marinisti – Politici e moralisti del 600*
	D'Ancona, A., "Secentismo nella poesia cortigiana del secolo XV"	
	Praz, M., *Secentismo e manierismo in Inghilterra*	
	Praz, M., *Studi sul concettismo*	
ja	Wölfflin, E., *Rinascimento e Barocco*	
	AAVV, *Retorica e barocco*	
ja	Getto, G., "La polemia sul barocco"	
	Anceschi, L., *Del barocco*	
ja		"Le poetiche del barocco letterario in Europa"

ja		*Da Bacone a Kant*
ja		"Gusto e genio nel Bartoli"
ja	Montano, R., "L'estetica del Rinascimento e del barocco"	
ja	Croce, F., "Critica e trattatistica del Barocco"	
ja	Croce, B., "I trattatisti italiani del concettismo e B. Gracián"	
ja	Croce, B., *Estetica come scienza dell'espressione e linguistica generale*	
ja	Flora, F., *Storia della letteratura italiana*	
ja	Croce, F., "Le poetiche del barocco in Italia"	
	Calcaterra, F., *Il Parnaso in rivolta*	
ja		"Il problema del barocco"
	Marzot, G., *L'ingegno e il genio del seicento*	
	Morpurgo-Tagliabue, G., "Aristotelismo e barocco"	
	Jannaco, C., *Il seicento*	

Schaubild 3: Allgemeine Werke über den italienischen Barock, die bei der Suche in drei Nachschlagewerken (Treccani, Grande Enciclopedia Filosofica Sansoni-Gallarate, Storia della Letteratura Italiena Garzanti) gefunden wurden

In der Bibliothek gefunden	Im Autorenkatalog gesucht	Im Katalog gefundene Werke desselben Autors
	Biondolillo, F., "Matteo Peregrini e il secentismo"	
ja . . .	Raimondi, E., *La letteratura barocca*	
ja . . .	. . . .	*Trattatisti e narratori del 600*
ja . . .	AAVV, *Studi e problemi di critica testuale*	
	Marocco, C., *Sforza Pallavicino precursore dell'estetica*	
	Volpe, L., *Le idee estetiche del Card. Sforza Pallavicino*	
	Costanzo, M., *Dallo Scaligero al Quadrio*	
	Cope, J., "The 1654 Edition of Emanuele Tesauro's *Il cannocchiale aristotelico*"	
	Pozzi, G., "Note prelusive allo stile del cannocchiale"	
	Bethell, S. L., "Gracián, Tesauro and the Nature of Metaphysical Wit"	
	Mazzeo, J. A., "Metaphysical Poetry and the Poetics of Correspondence"	

	Menapace Brisca, L., "L'arguta e ingegnosa elocuzione"	
	Vasoli, C., "Le imprese del Tesauro"	
ja	. . . .	L'estetica dell'umanesimo e del risnascimento"
	Bianchi, D., "Intorno al *Cannocchiale Aristotelico*"	
	Hatzfeld, H., "Three national Deformations of Aristotle: Tesauro, Gracián, Boileau"	
ja	. . . .	"L'Italia, la Spagna e la Francia nello sviluppo del barocco letterario"
	Hoche, G. R., *Die Welt als Labyrinth*	
ja	Hocke, G. R., *Manierismus in der Literatur*	Traduzione italiana
ja	Schlosser Magnino, J., *La letteratura artistica*	
	Ulivi, F., *Galleria di scrittori d'arte*	
ja	. . . .	Il manierismo del Tasso
	Mahon, D., *Studies in 600 Art and Theory*	

Schaubild 4: Spezielle Werke über die italienischen Traktatisten des Seicento, die bei der Suche in drei Nachschlagewerken (Treccani, Grande Enciclopedia Filosofica. Storia delle Letterature Italiana Garzanti) gefunden wurden.

tik] an, dann werde ich feststellen, daß im gleichen Band eine dreimal so umfangreiche Abhandlung von Luciano Anceschi über die Poetiken des Barock in Europa enthalten ist. Croce zitiert sie hier nicht, weil er sich auf italienische Literatur beschränkt. Dies, um zu zeigen, wie man von einer Angabe zum Text übergeht, von diesem Text auf andere Angaben kommt und so weiter – theoretisch bis ins Unendliche. Auch wenn wir nur von einer guten Literaturgeschichte ausgehen, gewinnen wir so, wie man sieht, eine gute Grundlage.

Werfen wir jetzt einen Blick auf eine andere Literaturgeschichte, den alten Flora. Er ist kein Autor, der sich groß in theoretischen Problemen verlieren würde, denn er beschäftigt sich am liebsten ausschließlich mit einzelnen Ausschnitten, aber über Tesauro hat er ein Kapitel mit anregenden Zitaten, und viele andere treffende Zitate findet man bei ihm über die metaphorischen Techniken der Secentisten. Was die Bibliographie anbelangt, so kann man von einem allgemeinen Werk, das nicht über 1940 hinausgeht, nicht viel verlangen, und ich finde darin nur einige schon zitierte klassische Texte bestätigt. Der Name Eugenio D'Ors fällt mir auf. Den muß ich noch suchen. In bezug auf Tesauro finde ich die Namen Trabalza, Vallauri, Dervieux, Vigliani. Ich nehme sie in die Kartei auf.

Jetzt will ich mir den Sammelband verschiedener Autoren *Aspekte und Probleme der Geschichte der Ästhetik* vornehmen. Ich finde ihn und stelle fest, daß er beim Verlag Marzorati erschienen ist und vervollständige die Karte (Croce hatte nur gesagt: Milano).

Hier finde ich den Aufsatz von Franco Croce über die Poetiken des literarischen Barock in Italien; er entspricht dem schon eingesehenen Aufsatz, ist allerdings älter und die Bibliographie darum nicht auf den neuesten Stand fortgeführt. Aber der Ansatz ist theoretischer, und das ist für mich von Vorteil. Zudem ist das Thema nicht, wie in der Enciclopedia Garzanti, auf die Traktatisten beschränkt, sondern es erstreckt sich auch auf die literarischen Poetiken allgemein. So wird zum Beispiel Gabriello Chiabrera mit einer gewissen Ausführlichkeit behandelt. Und im Zusammenhang mit Chiabrera taucht erneut der Name Giovanni Getto auf, der schon in meiner Kartei stand.

In dem Band aus dem Verlag Marzorati steht aber, zusammen mit dem von Croce, der Aufsatz (es ist schon fast ein Buch für sich) von Anceschi, »Die Poetiken des literarischen Barock in Europa«. Mir wird klar, daß es eine Untersuchung von großer Bedeutung ist, weil sie mir nicht nur die verschiedenen Vorstellungen von »Barock« in philosophischer Hinsicht systematisch verdeutlicht, sondern mir auch die Dimensionen des Problems in der europäischen Kultur in Spanien, in England und Frankreich und in Deutschland verständlich macht. Ich stoße auf Namen, die im Artikel von Mario Praz in der Enciclopedia Treccani allenfalls erwähnt sind, und auf andere, von Bacone bis Lily und Sidney, Gracián, Gongora, Opitz, auf die Theorien des *wit*, der *agudeza*, des Ingeniums. Es kann durchaus sein, daß meine Arbeit den europäischen Barock nicht in ihrer Betrachtung mit einbezieht, aber dieses Wissen soll mir als Hintergrund dienen. Auf jeden Fall brauche ich eine vollständige Bibliographie von allen diesen Dingen. Der Text von Anceschi liefert mir etwa 250 Titel. Ich finde eine erste Zusammenstellung von Literatur von vor 1946, dann eine nach Jahren aufgeteilte Bibliographie von 1946 bis 1958. Im ersten Abschnitt finde ich die Bedeutung der Aufsätze von Getto und Hatzfeld in dem Band *Retorica e Barocco* (und hier erfahre ich, daß er von Enrico Castelli herausgegeben ist) erneut bestätigt, während mir schon der Text die Werke von Wölfflin, Croce (Benedetto), D'Ors wieder ins Gedächtnis gerufen hatte. In der zweiten Abteilung finde ich eine ganze Flut von Titeln, die ich nun allerdings nicht mehr im Autorenkatalog gesucht habe, weil mein Experiment ja auf drei Nachmittage beschränkt war. Auf jeden Fall stelle ich fest, daß es verschiedene ausländische Autoren gibt, die das Problem von unterschiedlichen Standpunkten aus behandelt haben und die ich auf alle Fälle suchen muß: das sind Curtius, Wellek, Hauser, Tapie; ich stoße wieder auf Hocke, werde auf Eugenio Battistis *Rinascimento e Barocco* für die Verbindung mit den künstlerischen Poetiken verwiesen, ich finde die Bedeutung von Morpurgo-Tagliabue erneut bestätigt und stelle fest, daß ich mir auch das Werk von Della Volpe über die Kommentatoren der Renaissance zur Aristotelischen Poetik ansehen müßte.

Diese Annahme müßte mich dazu bringen (immer noch in dem Band Marzorati, den ich vor mir habe), auch einen Blick auf die ausführliche Abhandlung von Cesare Vasoli über die Ästhetik des Humanismus und der Renaissance zu werfen. Den Namen Vasoli hatte ich schon in der Bibliographie von Franco Croce gefunden. Aus den Artikeln der Enzyklopädien über die Metapher weiß ich schon, und ich sollte es mir notiert haben, daß sich das Problem schon in der *Poetik* und in der *Rhetorik* des Aristoteles stellt: und jetzt erfahre ich, daß es im 16. Jahrhundert eine Menge von Kommentatoren der Poetik und der Rhetorik gab; und nicht nur das, ich sehe auch, daß zwischen diesen Kommentatoren und den barocken Traktatisten die Theoretiker des Manierismus stehen, die schon das Problem des Ingeniums und der Idee behandeln, das ich doch schon in den kurz zuvor durchgesehenen Seiten über den Barock auftauchen sah. Es müßte mir im übrigen auffallen, daß ähnliche Zitate und Namen wie der Schlossers wiederholt auftauchen.

Ist meine Arbeit etwa in Gefahr, zu breit angelegt zu werden? Nein. Ich muß nur mein Hauptinteresse stark eingrenzen und nur über einen spezifischen Aspekt arbeiten, sonst müßte ich mir wirklich alles ansehen – aber andererseits muß ich doch das ganze Spektrum vor Augen haben, und darum muß ich mir viele dieser Texte ansehen, um wenigstens Kenntnisse aus zweiter Hand zu haben.

Veranlaßt durch den ausführlichen Text von Anceschi, bekomme ich Lust dazu, mir auch die anderen Arbeiten dieses Autors zum Thema anzusehen. Nach und nach registriere ich *Da Bacone a Kant* [Von Bacon zu Kant], *Idea del Barocco* [Die Idee des Barock], einen Aufsatz zum Thema »Gusto e genio del Bartoli« [Geschmack und Genie des Bartoli]. In Alessandria finde ich nur den genannten Aufsatz und das Buch *Da Bacone a Kant*.

Nun sehe ich mir die Untersuchung von Rocco Montano »L'estetica del Rinascimento e del Barocco« [Die Ästhetik der Renaissance und des Barock] in Band XI der *Grande antologia filosofica Marzorati* [Große philosophische Anthologie Marzorati] an, sie ist dem *Pensiero del Rinascimento e della Riforma* [Das Denken der Renaissance und der Reformation] gewidmet.

Ich merke gleich, daß es sich dabei nicht nur um eine Untersuchung handelt, sondern um eine Anthologie von Passagen, von denen viele höchst nützlich für meine Arbeit sind. Und ich stelle noch einmal fest, wie eng die Beziehungen zwischen den Gelehrten der Renaissance, die sich mit der *Poetica* beschäftigt haben, den Manieristen und den barocken Traktatisten sind. Ich finde auch einen Hinweis auf eine zweibändige Anthologie, *Trattatisti d' arte tra Manierismo e Controriforma* [Traktatisten der Kunst zwischen Manierismus und Gegenreformation], erschienen bei Laterza. Ich suche diesen Titel in der Bibliothek von Alessandria, blättere hier und da und stelle fest, daß es in Alessandria auch eine andere bei Laterza erschienene Anthologie gibt, *Trattati di poetica e retorica del 600* [Traktate der Poetik und Rhetoriktraktate des Seicento]. Ich weiß nicht, ob ich mich zu diesem Thema auf Informationen aus erster Hand beziehen muß, aber vorsichtshalber nehme ich das Buch in die Kartei auf. Ich weiß jetzt wenigstens, daß es existiert.

Ich gehe zu Montano und seiner Bibliographie zurück und muß nun ziemlich herumsuchen, weil die Angaben von Kapitel zu Kapitel unterteilt sind. Ich finde immerhin viele der schon bekannten Namen wieder, stelle fest, daß ich ein paar klassische Geschichten der Ästhetik wie die von Bosanquet, von Saintsbury, von Gilbert und Kuhn suchen müßte. Mir wird klar, daß ich die äußerst umfangreiche *Historia de las ideas esteticas en España* [Geschichte des ästhetischen Denkens in Spanien] von Marcelino Menendez y Pelayo finden müßte, wenn ich mehr über den spanischen Barock erfahren wollte.

Vorsichtshalber notiere ich mir die Namen der aus dem 16. Jahrhundert stammenden Kommentatoren der *Poetica* (Robortello, Castelvetro, Scaligero, Segni, Cavalcanti, Maggi, Varchi,

Vettori, Speroni, Minturno, Piccolomini, Giraldi Cinzio etc. etc.).

Ich stelle später fest, daß einige in der Anthologie von Montano selbst auftauchen, andere bei Della Volpe, wieder andere in dem Anthologieband des Verlages Laterza.

Ich finde mich wieder auf den Manierismus zurückverwiesen. Die Verweisung auf Panofsky's *Idea* erhält größeres Gewicht. Noch einmal Malpurgo-Tagliabue. Ich frage mich, ob man nicht etwas mehr über die Traktatisten des Manierismus wissen müßte, Serlio, Dolce, Zuccari, Lomazzo, Vasari, aber da landet man bei den bildenden Künsten und bei der Architektur, und vielleicht genügen ein paar historische Texte wie Wölfflin, Panofsky, Schlosser oder, als jüngster, Battisti. Die Bedeutung nichtitalienischer Autoren wie Sidney, Shakespeare, Cervantes kann ich nicht übersehen.

Ich stoße wieder auf Curtius, Schlosser, Hauser, auf Italiener wie Calvaterra, Getto, Anceschi, Praz, Ulivi, Marzot, Raimondi, alle als grundlegend zitiert. Der Kreis schließt sich. Gewisse Namen werden von allen zitiert.

Um Atem zu holen, blättere ich noch einmal im Autorenkatalog herum. Ich sehe, daß das berühmte Buch von Curtius über europäische Literatur und lateinisches Mittelalter in einer französischen Übersetzung statt auf deutsch vorhanden ist. Daß die *Kunstliteratur* von Schlosser auf italienisch vorhanden ist, wissen wir schon. Während ich die Sozialgeschichte der Kunst [Storia sociale dell'arte] von Arnold Hauser vergeblich suche (seltsam, daß sie nicht vorhanden ist, denn es gibt auch eine Taschenbuchausgabe), stoße ich auf die italienische Übersetzung des vom gleichen Autor stammenden grundlegenden Bandes über den Manierismus und, weil wir schon so schön dabei sind, *Idea* von Panofsky.

Ich finde *La Poetica del 500* [Die Poetik des Cinquecento] von Della Volpe, *Il secentismo nella critica* [Der Secentismus in der Kritik] von Santangelo, den Aufsatz »Rinascimento, Aristotelismo e Barocco« [Renaissance, Aristotelismus und Barock] von Zonta. Über den Namen Helmuth Hatzfeld stoße ich auf einen Sammelband verschiedener Autoren, der auch unter vielen anderen Aspekten wertvoll ist, *La critica stilistica e il barocco letterario* [Die Stilkritik und der literarische Barock], Bericht über den II. internationalen Kongreß für italienische Studien, Firenze, 1957. Ein Werk von Carmine Jannaco, das mir wichtig erscheint, finde ich nicht, ebensowenig den Band *Seicento* der Literaturgeschichte Vallardi, die Bücher von Praz, die Untersuchungen von Rousset und Tapié, den schon zitierten Band *Retorica e Barocco* mit dem Aufsatz von Morpurgo-Tagliabue, die Werke Eugenio D'Ors und Menendez y Pelayo. Kurz gesagt, die Bibliothek von Alessandria ist nicht die Kongreßbibliothek von Washington und auch nicht die Braidense* von Mailand, aber ich habe mir immerhin fünfunddreißig zuverlässig einschlägige Bücher sichern können, und das ist für den Anfang nicht wenig. Und dabei bleibt es auch nicht.

Manchmal genügt es ja, einen einzigen Text zu finden, um eine ganze Reihe von Problemen zu lösen. Ich führe meine Suche im Autorenkatalog fort und entschließe mich (da das Buch vorhanden ist und ich den Eindruck habe, daß es ein grundlegendes Nachschlagewerk ist), einen Blick in die von verschiedenen Autoren verfaßte *Letteratura italiana – Le correnti* [Italienische Literatur – Die Strömungen] Bd. 1, Milano, Marzorati, 1956 zu werfen und dort in »La polemica sul Barocco« [Die Polemik über den Barock] von Giovanni Getto. Und ich stelle sofort fest, daß es eine Untersuchung von fast hundert Seiten und von außerordentlicher Bedeutung ist. Weil hier die Polemik über den Barock von damals bis heute dargestellt ist. Ich stelle fest, daß sich mit dem Barock alle auseinandergesetzt haben, Gravina, Muratori, Tiraboschi, Bettinelli, Baretti, Alfieri, Cesarotti, Cantù, Gioberti, De Sanctis, Manzoni, Mazzini, Leopardi, Carducci bis hin zu Curzio Malaparte und jenen Autoren, die ich inzwischen schon ausführlich registriert habe. Und vom größten Teil dieser Autoren sind bei Getto lange Passagen zitiert, so daß mir ein Problem klar wird: Wenn ich eine Arbeit über die historische Entwicklung der Polemik über den Barock schreiben will, muß ich mir alle diese

Autoren zusammensuchen. Wenn ich aber über Texte jener Epoche arbeite, oder auch über zeitgenössische Interpretationen, dann verlangt niemand von mir diese immense Arbeit (die übrigens schon bestens gemacht wurde; es sei denn, ich wollte in einer wissenschaftlich höchst originellen Arbeit, die viele Jahre kosten würde, nachweisen, daß die Untersuchung von Getto unzureichend oder schlecht angelegt war; aber Arbeiten dieser Art verlangen normalerweise mehr Erfahrung). Und jetzt liefert mir die Arbeit von Getto das erforderliche Material zu allem, was nicht den Hauptgegenstand meiner Arbeit bildet, was aber das Bild vervollständigen muß. Derartige Arbeiten führen also zu einer Reihe eigener Karteikarten. Ich schreibe also eine Karte für Muratori, eine für Cesarotti, eine für Leopardi und so weiter, notiere dabei das Werk, in dem sie ihre Ansicht über den Barock geäußert haben, und auf jeder Karte schreibe ich Gettos Zusammenfassung und Zitate, wobei ich natürlich unten auf der Karte immer angebe, daß das Material aus jener Abhandlung von Getto übernommen ist. Verwende ich dieses Material später in meiner Arbeit, muß ich, da es sich ja um Informationen aus zweiter Hand handelt, in einer Fußnote immer angeben: »zitiert nach Getto ..:«: und das nicht nur aus Anstand, sondern auch aus Vorsicht, ich habe ja das Zitat nicht nachgeprüft und bin infolgedessen nicht verantwortlich, wenn eines nicht stimmt; ich gebe ehrlich an, daß ich es von einem anderen übernommen habe, ich tue nicht so, als hätte ich alles gelesen, und habe ein gutes Gewissen. Wenn man sich einer solchen Arbeit anvertraut, wäre es natürlich immer noch das beste, alle übernommenen Zitate anhand des Originals nochmals zu überprüfen. Aber wir geben hier, vergessen wir das nicht, ein Beispiel für eine Untersuchung, die mit geringen Mitteln und in kurzer Zeit gemacht werden kann.

Eines darf ich mir allerdings nicht erlauben: die Autoren, *über die* ich die Arbeit schreibe, nicht im Original zu kennen. Ich muß jetzt die Barock-Autoren suchen, weil – unter III.2.2. wurde schon darauf hingewiesen – auch Material aus erster Hand verarbeitet werden muß. Ich kann über die Traktatisten nicht schreiben, wenn ich keine Traktatisten lese. Ich kann darauf verzichten, die theoretischen Manieristen der bildenden Künste zu lesen und mich auf Sekundärquellen verlassen, weil hier nicht das Zentrum meiner Arbeit liegt; aber ich darf den Tesauro nicht ignorieren.

Mittlerweile sehe ich unter Aristoteles nach, weil mir klar wird, daß ich seine *Retorica* und *Poetica* lesen muß. Und ich stelle zu meiner Überraschung fest, daß gut 15 antike Ausgaben der Retorica vorhanden sind, zwischen 1515 und 1837, mit den Kommentaren von Ermolao Barbaro, der Übersetzung von Bernardo Segni, den Paraphrasen von Averroè und Piccolomini; dazu die englische Ausgabe von Loeb mit dem gegenübergestellten griechischen Text. Die italienische Ausgabe aus dem Verlag Laterza fehlt. Auch die *Poetica* ist in verschiedenen Ausgaben vorhanden, mit den Kommentaren von Catelvetro und Robertelli, die Ausgabe Loeb mit dem griechischen Text und die beiden modernen italienischen Übersetzungen von Rostagni und Valgimigli. Genug und übergenug, beinahe bekomme ich Lust, eine Arbeit über einen mittelalterlichen Kommentar zur Poetik zu schreiben. Aber schweifen wir nicht ab.

Aus verschiedenen Hinweisen in den schon konsultierten Texten war mir klar geworden, daß für die Zwecke meiner Untersuchung auch manche Beobachtungen von Milizia, Muratori, Fracastoro von Bedeutung sind. Ich suche und stelle fest, daß in Alessandria alte Ausgaben auch dieser Autoren vorhanden sind.

Aber kommen wir zu den barocken Traktatisten. Dazu ist vor allem die Anthologie aus dem Verlag Ricciardi *Trattatisti e narratori del 600* von Ezio Raimondi vorhanden mit hundert Seiten aus dem *Cannocchiale aristotelico*, sechzig Seiten von Peregrini und sechzig Seiten von Sforza Pallavicino. Müßte ich nicht eine Abschlußarbeit, sondern eine Seminararbeit von dreißig Seiten schreiben, dann wäre das mehr als genug.

Ich aber will auch abgeschlossene Texte, darunter zumindest: Emanuele Tesauro, *Il Cannocchiale aristotelico* [Das aristotelische Fernrohr], Nicola Peregrini, *Delle Acutezze* [Über Spitzfindigkeiten] *und I fonti dell'ingegno ridotti a arte* [Die Quellen des Genies, auf die Kunst zurückgeführt]; Cardinal Sforza Pallavicino, *Del Bene* [Über das Gute] und *Trattato dello stile e del dialogo* [Abhandlung über Stil und Dialog].

Ich sehe im Autorenkatalog, alter Teil, nach und finde zwei Ausgaben des *Cannocchiale*, eine von 1670 und eine von 1685. Wirklich schade, daß nicht die Erstausgabe von 1654 da ist, umso mehr, als ich in der Zwischenzeit irgendwo gelesen habe, daß das Buch von Auflage zu Auflage erweitert wurde. Ich finde zwei Ausgaben aus dem 19. Jahrhundert der gesammelten Werke von Sforza Pallavicino. Peregrini finde ich nicht (und bedaure es sehr, aber ich tröste mich damit, daß ich im Raimondi eine Zusammenstellung von Ausschnitten von achtzig Seiten habe).

Nebenbei bemerkt, in der Sekundärliteratur hatte ich Hinweise auf Agostino Mascardi und sein *De l'arte istorica* [Über die Kunst der Geschichtsschreibung] aus dem Jahr 1636 gefunden, ein Werk, das viele Hinweise auf die Künste enthält, aber nicht zur Literatur der barocken Traktatisten gezählt wird: Hier in Alessandria gibt es *fünf* Ausgaben davon, drei aus dem 17. und zwei aus dem 19. Jahrhundert. Sollte ich nicht eine Arbeit über Mascardi schreiben? Bei genauerem Hinsehen nicht einmal eine müßige Frage. Wenn man an einen Ort gebunden ist, muß man mit dem Material arbeiten, das es dort gibt.

Ein Professor für Philosophie hat mir einmal erzählt, er habe ein Buch über einen bestimmten deutschen Philosophen deshalb geschrieben, weil sein Institut dessen neueste Gesamtausgabe erworben hatte. Sonst hätte er sich mit einem anderen Autor beschäftigt. Kein Musterbeispiel wissenschaftlicher Berufung – aber so etwas kommt vor.

Versuchen wir jetzt, uns Klarheit über unsere Lage zu verschaffen. Was mache ich in Alessandria? Ich habe alle Hinweise, die ich gefunden habe, notiert und so eine Bibliographie erarbeitet, die, vorsichtig gerechnet, mindestens dreihundert

Titel umfaßt. Von diesen Titeln habe ich letztlich in Alessandria gut dreißig gefunden, dazu die Primärtexte der Primärliteratur von mindestens zwei Autoren, mit denen ich mich beschäftigen könnte, den Tesauro und den Sforza Pallavicino. Nicht schlecht für eine Provinzstadt. Aber genug für meine Arbeit?

Reden wir nicht um die Sache herum. Wollte ich eine Dreimonatsarbeit schreiben, alles aus zweiter Hand, dann würde es reichen. Die Bücher, die ich nicht gefunden habe, werden in denen zitiert, die ich konsultieren konnte; stelle ich meine Materialsammlung vernünftig zusammen, so komme ich zu einer Untersuchung, die hieb- und stichfest ist. Vielleicht nicht allzu originell, aber korrekt. Aber die Probleme würden im Literaturverzeichnis stecken. Gebe ich nur das an, was ich wirklich gesehen habe, so könnte der Betreuer bei einem grundlegenden Text einhaken, den ich nicht beachtet habe. Und mogeln, wir haben es gesehen, wäre unkorrekt und unvorsichtig zugleich.

Eines aber weiß ich sicher: Die ersten drei Monate kann ich in Ruhe arbeiten, ohne viel reisen zu müssen, teils in der Bibliothek, teils mit ausgeliehenen Büchern. Ich muß berücksichtigen, daß Bücher aus dem Lesesaal und besonders alte Bücher nicht ausgeliehen werden, wie auch einzelne Jahrgänge von Zeitschriften (aber Aufsätze kann man auch photokopieren). Andere Bücher kann man hingegen doch ausleihen. Würde es mir gelingen, ein paar intensive Arbeitssitzungen am Universitätsort für die darauffolgenden Monate einzuplanen, so könnte ich von September bis Dezember in Ruhe daheim im Piemontesischen arbeiten und dabei eine Menge Material auswerten. Außerdem könnte ich den Tesauro und den Sforza ganz lesen. Ja, ich muß mir sogar überlegen, ob ich nicht alles auf einen dieser beiden Autoren ausrichten, dabei vom Originaltext ausgehen und das gefundene bibliographische Material als Grundlage auswerten soll. Dann muß ich die Bücher ausfindig machen, die ich unbedingt lesen muß, und sie in Turin oder Genua suchen. Mit etwas Glück finde ich alles, was ich brauche. Hier kommt mir auch zugute, daß ich ein italienisches

Thema gewählt habe und so nicht nach, was weiß ich, Paris oder Oxford reisen muß.

Noch sind aber schwierige Entscheidungen zu treffen. Am besten ist es, mit meiner fertigen Bibliographie den Professor kurz aufzusuchen, der mir mein Thema gegeben hat, und ihm zu zeigen, was ich habe. Er kann mir sicher einen gut gangbaren Weg aufzeigen, wie ich meine Darstellung beschränken kann, und mir sagen, welche Literatur ich unbedingt lesen muß. Sollte diese in Alessandria nur lückenhaft vorhanden sein, so kann ich auch mit dem Bibliothekar besprechen, ob man etwas im Wege der Fernleihe besorgen kann. Im Verlauf eines Tages in der Universitätsstadt könnte ich eine ganze Reihe von Büchern und Aufsätzen gefunden haben, die ich aber in der Kürze der Zeit nicht lesen könnte. Wegen der Aufsätze könnte ich die Bibliothek in Alessandria um Fotokopien bitten. Ein wichtiger Aufsatz von zwanzig Seiten kostet ganz wenig.

Theoretisch könnte ich auch eine ganz andere Entscheidung treffen. In Alessandria habe ich die Texte von zwei der wichtigsten Autoren und eine ausreichende Zahl Sekundärliteratur. Ausreichend, diese beiden Autoren zu verstehen, nicht ausreichend, um historisch oder philologisch etwas Neues zu sagen (gäbe es wenigstens die erste Ausgabe des Tesauro, dann könnte ich die ersten drei Ausgaben aus dem 17. Jahrhundert vergleichen). Setzen wir nun den Fall, jemand gebe mir den Rat, mir nicht mehr als vier oder fünf Werke vorzunehmen, in denen *zeitgenössische* Theorien zur Metapher dargestellt werden. Ich würde zu *Essais de Linguistique générale* [Essays zur allgemeinen Linguistik] von Jakobson, *Rhétorique Générale* [Allgemeine Rhetorik] der Gruppe μ von Liegi und *Metanymie et métaphore* [Metanymie und Metapher] von Albert Henry raten. Dann habe ich alles, um eine strukturalistische Theorie der Metapher zu entwerfen. Alle Bücher kann man im Buchhandel kaufen, sie kosten wenig und sind noch dazu ins Italienische übersetzt.

Nun könnte ich die modernen Theorien mit den barocken vergleichen. Mit den Texten des Aristoteles, mit dem Tesauro und etwa dreißig Büchern über Tesauro, mit den drei zeitgenössischen Büchern als Bezugspunkt könnte ich eine vernünftige, stellenweise originelle Abschlußarbeit verfassen, die nicht mit dem Anspruch aufträte, irgendwelche philologischen Entdeckungen zu machen (wohl aber mit dem Anspruch, in ihren Bezugnahmen auf den Barock ganz zuverlässig zu sein). Und das alles, ohne Alessandria überhaupt zu verlassen, allenfalls um in Turin oder Genua nach zwei oder drei grundlegenden Büchern zu schauen, die in Alessandria fehlten.

Aber das alles sind reine Annahmen. Ich könnte sogar von meiner Forschung so fasziniert sein, daß ich nicht ein, sondern drei Jahre dem Studium des Barock widmen möchte, daß ich Schulden mache oder um ein Stipendium einkomme, um nach Herzenslust studieren zu können, etc. etc. Dieses Buch kann euch weder sagen, was ihr in eurer Arbeit einbringen sollt, noch, was ihr aus eurem Leben machen sollt.

Was ich zeigen wollte (und glaube, gezeigt zu haben), ist, *daß man in eine Provinzbibliothek gehen, von einem Thema nichts oder so gut wie nichts wissen und nach drei Nachmittagen von ihm eine hinreichend klare und vollständige Vorstellung haben kann.* Man kann also nicht behaupten: »Ich lebe in der Provinz, ich habe keine Bücher, ich weiß nicht, wo ich anfangen soll, und keiner hilft mir.«

Natürlich muß man Themen wählen, die sich für dieses Spiel eignen. Angenommen, ich hätte eine Arbeit über die Logik der möglichen Welten bei Kripke und Hintikka schreiben wollen. Ich habe auch das probiert, und es war sehr schnell erledigt. Eine erste Durchsicht des Sachkatalogs (Stichwort »Logik«) ergab, daß die Bibliothek an die fünfzehn sehr bekannte Bücher über formale Logik besitzt (Tarski, Lukasiewicz, Quine, einige Handbücher, Abhandlungen von Casari, Wittgenstein, Strawson etc. etc.). Aber natürlich nichts über die neuesten modalen Logiken, denn dieses Material findet man meist in äußerst spezialisierten Zeitschriften, die oft nicht einmal in den Institutsbibliotheken der philosophischen Fakultäten vorhanden sind.

Aber ich habe absichtlich ein Thema gewählt, das keiner in den letzten zwei Semestern nehmen würde, ohne schon eine gewisse Ahnung davon zu haben und ohne schon einige grundlegende Texte daheim zu haben. Es ist gewiß keine Arbeit nur für einen reichen Studenten. Ich kenne einen durchaus nicht reichen Studenten, der seine Arbeit über ähnliche Themen schrieb, der in einem geistlichen Pensionat Unterkunft fand und ganz wenig Bücher kaufte. Aber er konnte sich immerhin ausschließlich seiner Arbeit widmen, er mußte sicher Opfer bringen, aber die familiären Umstände zwangen nicht dazu, zu arbeiten. Es gibt keine Themen, die von Haus aus für reiche Studenten wären. Denn auch wenn man über die *Veränderungen der Bademode in Acapulco im Lauf von fünf Jahren* schreibt, kann man immer noch eine Stiftung finden, die das finanziert. Aber es gibt natürlich Themen, über die kann man nicht schreiben, wenn man in einer besonders schwierigen wirtschaftlichen Lage ist. Und gerade deshalb wollen wir hier auch versuchen aufzuzeigen, wie anständige Arbeiten auch unter völlig normalen Umständen geschrieben werden können.

III.2.5. Aber muß man denn immer Bücher lesen? Und in welcher Reihenfolge?

Das Kapital über die Arbeit in der Bibliothek und unser Beispiel einer Literatursuche *ab ovo* könnten die Vermutung nahelegen, daß eine Abschlußarbeit schreiben immer mit dem Zusammentragen einer Menge von Büchern verbunden ist.

Aber schreibt man die Abschlußarbeit wirklich immer über Bücher und mit Büchern? Wir haben schon gesehen, daß es auch auf Experimenten beruhende Arbeiten gibt, in denen Feldforschungen dargestellt werden, die möglicherweise darin bestanden, daß über Monate hinweg das Verhalten eines Mäusepärchens im Labyrinth beobachtet wurde. Zu dieser Arbeit kann ich keine präziseren Ratschläge geben, denn die Methode hängt hier vom Fach ab, und wer solche Untersuchungen macht, verbringt normalerweise sein Leben schon im Labor, hat Kontakt mit anderen Forschern und braucht dieses Buch nicht. Das einzige, was ich weiß, ist, daß, wie schon gesagt, auch bei Arbeiten dieser Art das Experiment sich in einen Rahmen einfügen muß, der durch die Diskussion in der schon erschienenen Literatur gebildet wird, und daß man es darum auch dort fast immer mit Büchern zu tun hat.

Gleiches würde für eine soziologische Arbeit gelten, für die der Kandidat sich lange Zeit mit Vorgängen in der Wirklichkeit beschäftigen müßte. Auch hier brauchte man Bücher, und sei es nur, um zu lernen, wie ähnliche Untersuchungen schon gemacht wurden. Es gibt Arbeiten, für die man Zeitungen oder Parlamentsprotokolle durchsehen muß, aber auch für sie bilden Bücher den Hintergrund.

Und schließlich gibt es jene Arbeiten, in denen nur von Büchern die Rede ist, wie etwa die aus den Fächern Literatur, Philosophie, Wissenschaftsgeschichte, Kirchenrecht oder formale Logik. Und an der italienischen Universität, speziell in den Geisteswissenschaften, bilden sie die Mehrzahl. Auch deshalb, weil ein amerikanischer Student, der sich mit Kulturanthropologie beschäftigt, die Indianer vor der Haustür hat oder doch das Geld herkriegt, um im Kongo seine Untersuchungen zu machen, während der italienische Student sich eher darauf beschränkt, eine Arbeit über das Denken Franz Boas zu schreiben. Natürlich gibt es auch, und immer mehr, gute ethnologische Arbeiten, die sich mit der Wirklichkeit unseres Landes beschäftigen, aber auch bei ihnen spielt die Arbeit in der Bibliothek immer eine Rolle, und sei es nur, um über die einschlägige Literatur auf dem laufenden zu sein.

Dieses Buch jedenfalls hat, aus leicht verständlichen Gründen, jene Arbeiten zum Gegenstand, die über Bücher und hauptsächlich mit Büchern geschrieben werden. Dabei ist jedoch daran zu erinnern, daß eine »Bücher-Arbeit« mit zwei Arten von Büchern zu tun hat: Die Bücher, *über die* man schreibt, und die Bücher, *mit deren Hilfe* man schreibt. Anders ausgedrückt: Es gibt Texte, die Gegenstand der Untersuchung sind, und die Literatur über diese Texte. Im vorigen Paragraphen etwa gab es die Traktatisten des Barock und alle, die über die Traktatisten des Barock geschrieben haben. Wir müssen darum die untersuchten Primärtexte und die Sekundärliteratur auseinanderhalten.

Nun stellt sich natürlich noch die folgende Frage: Beschäftigt man sich zuerst mit den Texten, oder geht man zuerst die Sekundärliteratur durch? Diese Frage kann aus zwei Gründen sinnlos sein: a) Weil die Entscheidung von der Lage des Studenten im einzelnen Fall abhängt, der seinen Autor möglicherweise schon gut kennt und beschließt, sich noch eingehender mit ihm zu beschäftigen, oder der sich zum ersten Mal an einen besonders schwierigen Autor heranmacht, der auf den ersten Blick unverständlich scheint; b) weil der Student von vornherein in einem Teufelskreis steckt, weil der Text ohne Sekundärliteratur unverständlich ist, sich aber gleichzeitig ohne Kenntnis des Textes die Sekundärliteratur schwer beurteilen läßt.

Die Frage ist dann berechtigt, wenn sie von einem orientierungslosen Studenten gestellt wird, etwa unserem hypothetischen Kandidaten, der sich zum ersten Mal mit den Traktatisten des Barock beschäftigt. Der kann sich durchaus fragen, ob er gleich den Tesauro lesen oder ob er sich zuerst mit Getto, Anceschi, Raimondi und so weiter auseinandersetzen muß.

Die vernünftigste Antwort scheint mir die folgende: Zunächst sich zwei oder drei Texte der Sekundärliteratur, möglichst allgemeine, vornehmen, um Klarheit über den Hintergrund zu gewinnen, vor dem er sich bewegt: dann den Autor selbst angehen, um zu verstehen, was er sagt; dann den Rest der Sekundärliteratur prüfen; schließlich zum Autor zurückkehren, um ihn im Licht der neu erworbenen Kenntnisse zu untersuchen. Aber das ist ein sehr theoretischer Rat. Jeder arbeitet auch nach seinem persönlichen Rhythmus und seinen persönlichen Wünschen, und »Durcheinanderessen« muß nicht zu Verdauungsbeschwerden führen. Man kann auch im Zick-Zack vorgehen und verschiedene Ziele anvisieren. Vorausgesetzt, ein enges Netz von Aufzeichnungen, möglichst in Form von Karteikarten, hält das Ergebnis dieser »abenteuerlichen« Sprünge zusammen.

Alles hängt natürlich von der psychologischen Beschaffenheit dessen ab, der forscht. Da gibt es *monochrome* und *polychrome* Typen. Die Monochromen können immer nur *eine* Sache beginnen und müssen sie auch abschließen. Sie können nicht lesen und Musik dabei hören, sie können nicht einen Roman unterbrechen, um einen anderen zu lesen, sie verlieren sonst den Faden, im Extremfall können sie nicht antworten, wenn sie sich rasieren oder schminken.

Bei den Polychromen ist es genau umgekehrt. Sie müssen immer mehrere Arbeiten auf einmal vorantreiben, und wenn sie nur eine Sache machen, langweilen sie sich furchtbar. Die Monochromen sind methodischer und haben oft wenig Phantasie. Die Polychromen scheinen kreativer, aber bringen oft alles durcheinander und sind unberechenbar. Und wenn man sich die Biographien der großen Köpfe ansieht, dann sieht man, daß Polychrome und Monochrome darunter waren.

IV. Der Arbeitsplan und die Anlage der Kartei

IV.1. Das Inhaltsverzeichnis als Arbeitshypothese

Etwas vom ersten, was man am *Anfang* der Arbeit machen sollte, ist das Festlegen des Titels, das Schreiben der Einleitung und des Inhaltsverzeichnisses – und das sind genau jene Dinge, die jeder Autor *am Schluß* macht. Der Ratschlag scheint paradox: mit dem Ende anfangen? Aber wer hat gesagt, daß das Inhaltsverzeichnis am Schluß stehen muß? In manchen Büchern steht es am Anfang [so ist es auch in deutschen Arbeiten üblich], so daß sich der Leser gleich ein Bild davon machen kann, was ihn beim Lesen erwartet. Mit anderen Worten: Die Inhaltsübersicht sogleich als Arbeitshypothese zu schreiben dient dazu, den von der Arbeit erfaßten Bereich abzustecken.

Man wird einwenden, daß im Verlauf der Arbeit diese hypothetische Inhaltsübersicht mehrmals neu gefaßt werden muß und womöglich eine völlig veränderte Form annimmt. Sicher. Aber eine Neufassung ist leichter, wenn man einen Ausgangspunkt hat.

Stellt euch vor, ihr hättet eine Reise im Auto vor, sie solle tausend Kilometer lang sein und ihr hättet für sie eine Woche zur Verfügung. Auch wenn ihr Ferien habt, fahrt ihr nicht blindlings in die erstbeste Richtung los. Ihr überlegt euch vorher, was ihr überhaupt machen wollt. Ihr faßt etwa eine Fahrt von Mailand nach Neapel ins Auge (auf der Autostrada del Sole) mit dem einen oder anderen Abstecher, etwa nach Florenz, Siena, Arezzo, einem etwas längeren Aufenthalt in Rom und einer Besichtigung von Montecassino. Wenn ihr dann im Verlauf der Reise merkt, daß Siena mehr Zeit gekostet hat als vorgesehen oder daß zusammen mit Siena auch San Giminiano einen Besuch wert war, laßt ihr vielleicht Montecassino ausfallen. Ja es könnte euch, einmal in Arezzo, sogar einfallen, Richtung Osten zu fahren und Urbino, Perugia, Assisi, Gubbio anzuschauen. Das heißt, ihr habt – aus sehr vernünftigen Gründen – auf halber Strecke eure Reiseroute geändert. Aber es war *diese* Route, die ihr geändert habt, nicht *irgendeine*.

Ebenso ist es mit eurer Arbeit. Macht euch einen *Arbeitsplan*. Dieser Arbeitsplan erhält die Form eines vorläufigen Inhaltsverzeichnisses. Noch besser ist es, wenn diese Inhaltsübersicht die Form einer zusammenfassenden Inhaltsangabe für jedes Kapitel annimmt. Auf diese Weise verschafft ihr auch euch selbst Klarheit über das, was ihr machen wollt. Zum zweiten könnt ihr dem Betreuer einen einleuchtenden Plan vorlegen. Drittens könnt ihr feststellen, ob eure Gedanken schon ausgereift genug sind. Es gibt Vorhaben, die ganz klar scheinen, solange man nur über sie nachdenkt, die einem aber unter der Hand zerfließen, sobald man mit dem Schreiben anfängt. Man kann auch klare Vorstellungen über den Ausgangspunkt und über das Ziel haben und doch nicht wissen, wie man vom einen zum anderen kommt und was dazwischen liegt. Eine solche Arbeit ist wie eine Schachpartie, sie entwickelt sich in vielen Zügen – nur müßt ihr schon am Anfang wissen, welche Züge ihr machen müßt, um dem Gegner Schach zu bieten, sonst schafft ihr es nie.

Der Arbeitsplan umfaßt, genauer gesagt, *den Titel, das Inhaltsverzeichnis und die Einführung*. Mit einem guten Titel ist schon viel gewonnen. Ich spreche nicht von jenem Titel, den man beim Prüfungsamt schon viele Monate vorher angibt und der meist so allgemein gehalten ist, daß er unendliche Variationen zuläßt; ich spreche vom »geheimen« Titel eurer Arbeit, dem, der gewöhnlich später als Untertitel erscheint. Eine Arbeit kann als »öffentlicher« Titel das Thema *Das Attentat auf Togliatti und der Rundfunk* haben, ihr Untertitel (und das eigentliche Thema) aber lautet: *Eine inhaltliche Analyse zum Nachweis, welcher Gebrauch vom Sieg Gino Bartalis bei der Tour de France gemacht wurde, um die Aufmerksamkeit der öffentlichen Meinung vom wichtigsten politischen Ereignis abzulenken.* Will sagen, daß ihr nach Ausleuchtung des thematischen Gebietes beschlossen habt, nur einen bestimmten Aspekt daraus zu behandeln. Die Formulierung dieses Aspekts stellt zugleich eine Art *Frage* dar: Wurde der Sieg Gino Bartalis möglicherweise dazu benutzt, die Aufmerksamkeit der Öffentlichkeit vom Attentat auf Togliatti abzulenken? Und kann ein solches Ziel durch eine Analyse des Inhalts der Radionachrichten ans Licht gebracht werden? So wird der »Titel« (zur Frage verwandelt) ein wesentlicher Teil des Arbeitsplanes.

Habe ich diese Frage erarbeitet, so wende ich mich den einzelnen Abschnitten meiner Arbeit zu, die in den entsprechenden Kapiteln des Inhaltsverzeichnisses schon vorgezeichnet sind. Zum Beispiel:

1. Literatur zum Thema
2. Das Ereignis
3. Die Radionachrichten
4. Quantitative Analyse der Nachrichten und ihre Verteilung über die Sendezeit
5. Analyse des Inhalts der Nachrichten
6. Schlußfolgerungen

Oder man könnte auch von folgender Entwicklung der Arbeit ausgehen:

1. Das Ereignis: Zusammenschau der verschiedenen Informationsquellen
2. Die Radionachrichten – Vom Attentat bis zum Sieg Bartalis
3. Die Radionachrichten über den Sieg Bartalis und in den drei Tagen nach dem Sieg
4. Quantitativer Vergleich der Berichterstattung beider Ereignisse

5. Vergleichende Analyse des Inhalts beider Ereignisse
6. Sozio-politische Bewertung

Es war bereits davon die Rede, daß die Inhaltsübersicht am besten noch viel ausführlicher untergliedert ist. Man kann sie auch auf ein großes kariertes Blatt schreiben und die Kapitelüberschriften mit Bleistift eintragen. Dann kann man sie gegebenenfalls ausradieren und nach und nach durch andere ersetzen und so die Entwicklung der Gliederung verfolgen.

Eine andere Form der vorläufigen Inhaltsangabe ist die sogenannte »Baum«-Gliederung:

1. Beschreibung des Ereignisses
2. Die Radionachrichten
   - vom Attentat bis Bartali
   - nach Bartali
3. etc., etc.

Das erlaubt es, weitere Verzweigungen hinzuzufügen. Schließlich müßte das vorläufige Inhaltsverzeichnis dann folgendermaßen aussehen:

1. Problemstellung
2. Frühere Untersuchungen
3. Die eigene Hypothese
4. Das Material, das wir vorlegen können
5. Seine Analyse
6. Beweis der Hypothese
7. Schlußfolgerungen und Hinweise auf das, was noch zu tun bleibt

Die dritte Phase des Arbeitsplanes ist der Entwurf einer Einleitung. Sie ist nichts anderes als eine kommentierende Beschreibung des Inhaltsverzeichnisses. »Mit dieser Arbeit wollen wir die und die These beweisen. Die bisherigen Untersuchungen haben viele Fragen offengelassen, und das gesammelte

Material ist unzureichend. Im ersten Kapitel versuchen wir, den und den Punkt nachzuweisen. Im zweiten beschäftigen wir uns mit jenem anderen. Schließlich wollen wir dies und jenes nachweisen. Es sei darauf hingewiesen, daß wir uns bestimmte Grenzen gesetzt haben, und zwar diese und jene. Innerhalb dieser Grenzen gehen wir nach der folgenden Methode vor ... usw.«.

Diese vorläufige Einleitung (vorläufig, weil ihr sie x-mal neu schreiben werdet, ehe die Arbeit fertig ist) soll es euch ermöglichen, eure Gedanken an einer Leitlinie zu orientieren, die sich nur ändert, wenn auch die Gliederung bewußt geändert wird. Auf diese Weise merkt ihr zuverlässig, wann ihr von der Gliederung abweicht und wie ihr spontane Einfälle einordnen müßt. Diese Einleitung ermöglicht es euch auch, eurem Betreuer klarzumachen, *was ihr machen wollt*. Sie hat aber vor allem die Aufgabe, euch selbst zu verdeutlichen, *ob ihr schon klare Vorstellungen habt*. An italienischen Universitäten werden, anders als an vielen ausländischen, nur selten schriftliche Ausarbeitungen, »papers«, Seminararbeiten und ähnliches verlangt (obwohl das wünschenswert wäre und von den Prüfungsordnungen nicht verboten wird). Der Student ist darum im Schreiben ganz ungeübt, wenn es an die Abschlußarbeit geht, und erlebt einen großen Schock. Wehe dem, der es auf die endgültige Reinschrift verschiebt. Man muß möglichst früh versuchen zu schreiben, und da ist es am besten, den Entwurf des eigenen Arbeitsplanes zu schreiben.

Vorsicht: Solange ihr nicht in der Lage seid, die Gliederung und die Einleitung zu schreiben, solange könnt ihr nicht sicher sein, an *eurer* Arbeit zu sitzen. Schafft ihr es nicht, eine Einleitung zu schreiben, so zeigt das, daß ihr noch keine klare Vorstellung davon habt, wie ihr anfangen sollt. Wenn ihr eine Vorstellung davon habt, wie ihr anfangen sollt, so deswegen, weil ihr zumindest eine vage Vermutung davon habt, worauf das Ganze hinauslaufen soll. Und genau auf der Grundlage dieser Vermutung müßt ihr die Einleitung schreiben, so als handle es sich um eine Rezension des fertigen Buches. Habt keine Angst, zu weit vorzupreschen. Ihr habt immer noch Zeit, euch zurückzuziehen.

Es versteht sich, daß Einleitung und Inhaltsverzeichnis *mit dem Fortschreiten der Arbeit laufend umgeschrieben werden.* So macht man das immer. Die endgültige Fassung des Inhaltsverzeichnisses und der Einleitung (jene, die letztlich in der maschinengeschriebenen Arbeit erscheinen) ist ganz anders als jene vom Anfang. Das ist normal. Wäre es nicht so, die ganze Untersuchung hätte euch keine neue Idee vermittelt. Ihr wärt vielleicht Prachtkerle, aber es wäre überflüssig gewesen, eine Abschlußarbeit zu schreiben.

Was unterscheidet die erste Fassung der Einleitung von der letzten? Die Tatsache, daß ihr in der letzten weniger versprecht und vorsichtiger seid. Die letzte Fassung der Einleitung hat die Aufgabe, dem Leser das Eindringen in die Arbeit zu erleichtern. Aber wehe, wenn ihr das nicht haltet, was ihr ihm versprecht. Eine gute, endgültige Fassung der Einleitung soll erreichen, daß der Leser sich mit ihr begnügt, alles versteht und den Rest der Arbeit nicht mehr liest.

Es mag paradox klingen, aber schon oft hat bei einem gedruckten Buch die Einleitung den Rezensenten auf die richtigen Ideen gebracht und ihn veranlaßt, das über das Buch zu sagen, was der Autor wollte. Aber was passiert, wenn der Referent (oder ein anderer) die Arbeit liest und dann feststellt, daß die Ergebnisse, die ihr in der Einführung angekündigt habt, in Wirklichkeit gar nicht vorhanden sind? Darum muß die Einführung vorsichtig sein und darf nur das versprechen, was man hält.

Die Einführung soll auch festlegen, was das *Zentrum* der Arbeit bildet und was ihre *Peripherie*. Dies ist eine nicht nur aus Gründen der Methode wichtige Unterscheidung. Man erwartet von euch, daß ihr das Zentrum viel erschöpfender behandelt als die Randbereiche. Wenn ihr in einer Arbeit über den Partisanenkrieg im Monferrato als Zentrum der Untersuchung die Bewegungen der Badoglio-Einheiten bezeichnet, dann sieht man über die eine oder andere Ungenauigkeit oder ungefähre Angabe über die garibaldischen Brigaden hinweg, aber man verlangt absolute Vollständigkeit in bezug auf die Einheiten von Franchi und Mauri. Das gilt natürlich auch umgekehrt.

Um zu entscheiden, was das Zentrum (der Brennpunkt) der Arbeit wird, muß man etwas über das zur Verfügung stehende Material wissen. Und darum gehören der »geheime« Titel, die vorläufige Einführung und die vorläufige Gliederung *zu den ersten Dingen*, die man zu machen hat, aber sie sind nicht *das erste*.

Zuerst kommt die Sichtung der vorhandenen Literatur (das kann man, wie wir unter III.2.4. gesehen haben, in weniger als einer Woche machen, auch in einem kleinen Städtchen). Kehren wir nochmals zu unserem »Experiment Alessandria« zurück: Nach drei Tagen hättet ihr eine brauchbare Inhaltsübersicht schreiben können.

Nach welchen logischen Grundsätzen wird eine vorläufige Gliederung erstellt? Das hängt vom Typ der Arbeit ab. In einer historischen Arbeit könnte man *chronologisch* vorgehen (zum Beispiel: *Die Verfolgung der Waldenser in Italien*) oder auch nach dem Schema *Ursache – Wirkung* (zum Beispiel: *Die Ursachen des arabisch-israelischen Konflikts*). Der Plan kann auch *raumbezogen* sein *(Die Verteilung der Wanderbibliotheken im Canavesischen Gebiet*) oder auch vergleichend-gegenüberstellend (*Nationalismus und Populismus in der italienischen Literatur zur Zeit der Grande Guerra [d.i. des Ersten Weltkriegs]*. In einer experimentellen Arbeit kann es ein *induktiver* Plan sein, von einer Reihe von Beweisen zum Vorschlag einer Theorie; in einer logisch-mathematischen ein *deduktiver*, erst wird eine Theorie aufgestellt und dann ihre mögliche Anwendung auf konkrete Beispiele ... . Meiner Ansicht nach hält die Sekundärliteratur, auf die ihr Bezug nehmt, auch gute Beispiele von Arbeitsplänen bereit; ihr braucht sie nur kritisch auszuwerten, die verschiedenen Autoren zu vergleichen und zu prüfen, was am besten den gleichen Anforderungen des Themas gerecht wird, wie es im »geheimen« Titel der Arbeit formuliert ist.

Das Inhaltsverzeichnis legt schon die Einteilung der Arbeit in Kapitel, Paragraphen und Unterparagraphen fest. Über die Modalitäten dieser Unterteilung vgl. unter VI.4. Auch hier ermöglicht es euch eine gute Unterteilung mit entsprechenden Verzweigungen, Neues hinzuzufügen, ohne die ursprüngliche Anordnung allzusehr zu verändern. Lautet eure Gliederung zum Beispiel:

```
1. Hauptproblem
   1.1. Erstes Unterproblem
   1.2. Zweites Unterproblem
2. Entwicklung des Hauptproblems
   2.1. Erste Verzweigung
   2.2. Zweite Verzweigung,
```

so läßt sich diese Struktur in Form eines Baumdiagrammes darstellen, bei dem die Linien weitere Unterverzweigungen darstellen, die man einführen kann, ohne die grundsätzliche Anlage der Arbeit zu stören.

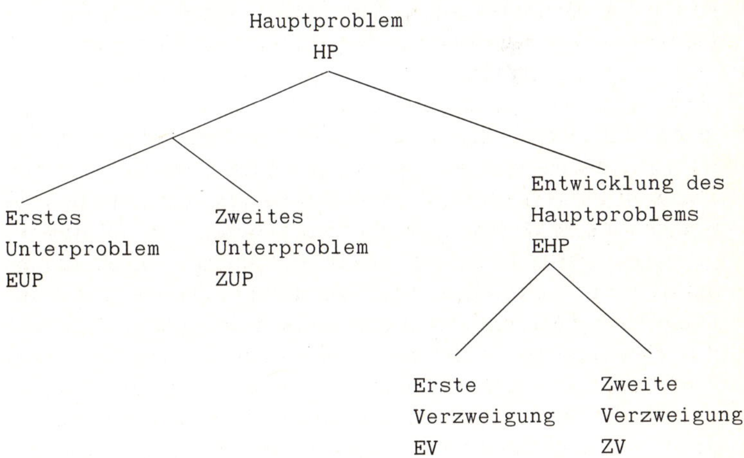

Die bei jeder Verzweigung angegebenen Abkürzungen betreffen die Verbindung zwischen Gliederung und Arbeitsblatt und werden unter IV.2.1. erklärt.

Ist das Inhaltsverzeichnis einmal als vorläufiges erstellt, geht es nunmehr darum, *die Karteikarten und alle anderen Unterlagen zu den jeweiligen Punkten der Gliederung in Beziehung zu setzen.* Diese Beziehungen müssen von Anfang an klar sein und durch Zeichen und/oder Farben verdeutlicht werden. Sie sollen nämlich ein System »interner« Verweisungen ermöglichen.

Was das sind, *»interne« Verweisungen*, habt ihr in diesem Buch gesehen. Oft ist von etwas die Rede, was schon in einem früheren Kapitel abgehandelt wurde, und dann wird in Klammern auf die Nummer des entsprechenden Kapitels, Paragraphen oder Unterparagraphen verwiesen. Die »internen« Verweisungen sollen vermeiden, daß immer wieder dasselbe wiederholt werden muß, aber sie sollen auch zeigen, daß die Arbeit ein einheitliches Ganzes ist. Eine interne Verweisung kann zum Ausdruck bringen, daß ein einziger Gedanke für zwei unterschiedliche Gesichtspunkte Gültigkeit hat, daß ein einziges Beispiel zwei verschiedene Argumente stützt, daß das, was in einem allgemeinen Sinn gesagt wurde, auch bei der Behandlung eines besonderen Punktes gilt und so weiter.

In einer gut aufgebauten Arbeit gibt es eine Vielzahl interner Verweisungen. Fehlen sie, so ist das ein Zeichen dafür, daß jedes Kapitel nur für sich steht, so als sei das früher Gesagte jetzt nicht mehr von Bedeutung. Nun gibt es zweifellos Arbeiten (zum Beispiel Sammlungen von Dokumenten), die auch so aufgebaut sein können, aber zumindest dann, wenn Schlußfolgerungen gezogen werden, sollten sich interne Verweisungen als notwendig erweisen. Ein gut gemachtes Inhaltsverzeichnis ist eine Art numeriertes Gitter, das es euch erlaubt, mit anderen Verweisungen zu arbeiten, ohne jedesmal in Blättern und Zetteln suchen zu müssen, wo von einem bestimmten Gegenstand schon die Rede war. Wie, glaubt ihr, habe ich es gemacht, um das vorliegende Buch zu schreiben?

Um die logische Struktur der Arbeit widerzuspiegeln (Zentrum und Peripherie, das Hauptproblem und seine Verästelungen etc.) muß die Gliederung in *Kapitel, Paragraphen und Unterparagraphen* eingeteilt sein. Um lange Erklärungen zu vermeiden: Seht euch das Inhaltsverzeichnis dieses Buches an. Dieses Buch hat viele Paragraphen und Unterparagraphen (und gelegentlich noch feinere Untergliederungen, die in der Inhaltsübersicht gar nicht auftauchen: vgl. zum Beispiel unter III.2.3.). Eine sehr ausführliche Untergliederung hilft beim logischen Verständnis der Ausführungen.

Der logische Aufbau muß in der Inhaltsübersicht in Erscheinung treten. Will sagen: Wenn I.3.4. inhaltlich-logisch ohne I.3. nicht denkbar ist, so muß das schon äußerlich aus dem Inhaltsverzeichnis ersichtlich sein.

Das sei im folgenden an einem Beispiel deutlich gemacht:

```
                    INHALTSVERZEICHNIS

  I. Die Unterteilung des Textes
     I.1. Die Kapitel
          I.1.1. Zwischenräume
          I.1.2. Beginn eines neuen Absatzes
     I.2. Paragraphen
          I.2.1. Verschiedene Arten von Überschriften
          I.2.2. Eventuelle Untergliederung in
                 Unterparagraphen
 II. Die endgültige Fassung
     II.1. Schreibbüro oder eigene Reinschrift?
     II.2. Preis der Schreibmaschine
III. Das Binden
```

Dieses Einteilungsbeispiel zeigt uns auch, daß nicht jedes Kapitel so untergliedert werden muß wie das andere. Aus thematischen Gründen kann es nötig sein, ein Kapitel in eine Menge von Unterunterparagraphen einzuteilen, während ein anderes an einem Stück und unter einer allgemeinen Überschrift abgehandelt werden kann.

Es gibt Arbeiten, die keine solche eingehende Unterteilung verlangen und bei denen im Gegenteil eine zu weitgehende Untergliederung den Fluß der Darstellung unterbrechen würde (zu denken ist etwa an eine biographische Darstellung). Aber man soll sich immer darüber klar sein, daß eine sorgfältige Untergliederung dem Leser hilft, den Gegenstand der Darstellung zu überblicken und den Ausführungen zu folgen. Sehe ich, daß eine Feststellung in I.2.2. steht, so weiß ich sofort, daß es sich um etwas handelt, was sich auch auf den Unterpunkt 2. von Kapitel I. bezieht und was mit der Feststellung I.2.1. gleichrangig ist.

Ein letzter Hinweis: Wenn man eine »eiserne« Inhaltsübersicht hat, dann kann man sich erlauben, nicht vorne anzufangen. Man fängt im Gegenteil mit dem Schreiben bei dem Teil an, für den man das meiste Material hat und bei dem man sich am sichersten fühlt. Aber das kann man nur machen, wenn man alles in einem solchen soliden Rahmen unterbringen kann, und das ist eben die vorläufige Gliederung.

IV.2. Karteikarten und Notizen

IV.2.1. Die verschiedenen Arten von Karteikarten und wozu sie dienen

Während sich eure Bibliographie nach und nach erweitert, fangt ihr mit dem Lesen an. Es ist eine rein theoretische Vorstellung, daß man sich zunächst eine schöne und vollständige Bibliographie erstellt und dann zu lesen anfängt. In Wirklichkeit macht man sich ans Lesen, wenn man die ersten Titel gefunden hat und wenn man einmal eine erste Liste zusammengestellt hat. Manchmal fängt man sogar mit dem Lesen eines Buches an und erstellt sich von ihm ausgehend seine erste Bibliographie. Auf jeden Fall vergrößert sich nach und nach die bibliographische Kartei, wenn man Bücher und Aufsätze liest und die Verweisungen zunehmen.

Ideal wäre es für die Anfertigung einer wissenschaftlichen Arbeit, alle Bücher, die man braucht, neue wie alte, zu Hause zu haben (und eine schöne Privatbibliothek zu haben und ein praktisches und geräumiges Arbeitszimmer, in dem man auf vielen Tischen die Bücher, mit denen man arbeitet, auf viele Stöße verteilt ausbreiten könnte). Aber solche idealen Bedingungen sind nur selten, auch bei Wissenschaftlern von Beruf.

Gehen wir trotzdem von der Annahme aus, daß ihr alle benötigten Bücher finden und kaufen konntet. Im Prinzip brauchtet ihr dann keine anderen Karteikarten als die in III.2.2. genannten bibliographischen. Ist der Arbeitsplan (oder die vorläufige Inhaltsübersicht, vgl. IV.1.) erstellt, sind Kapitel und Unterkapitel sorgfältig durchnumeriert, dann könnt ihr anfangen, die Bücher zu lesen, in ihnen Unterstreichungen vorzunehmen und am Rand die entsprechenden Abkürzungen der Gliederungspunkte des Arbeitsplans anzubringen. Entsprechend könnt ihr im Arbeitsplan einen abgekürzten Hinweis auf ein bestimmtes Buch und die Seitenzahl anbringen. Auf diese Art und Weise wißt ihr später beim Schreiben, wo ihr einen bestimmten Gedanken oder ein bestimmtes Zitat suchen müßt. Nehmen wir an, ihr schreibt eine Arbeit über *»Die Vorstellung möglicher Welten in der amerikanischen Science-Fiction-Literatur«*, und in der Untergliederung eures Arbeitsplanes lautet die Nummer 4.5.6. »Zeitfalten als Übergang zwischen möglichen Welten«. Beim Lesen von Scambio Mentale (Mindswap) von Robert Sheckley stellt ihr in Kapitel XXI, Seite 137 der Ausgabe Omnibus Mondadori fest, daß Max, Marvins Onkel, beim Golfspielen in eine Zeitfalte geraten ist, die sich auf dem Gelände des Fairhaven Country Club von Stanhope befand, und daß er auf den Planeten Clesius versetzt wurde. Auf S. 137 des Buches vermerkt ihr

```
D (4.5.6.) Zeitfalte,
```

was bedeutet, daß sich der Hinweis auf die Abschlußarbeit bezieht (möglicherweise benützt ihr dasselbe Buch 10 Jahre später noch einmal und macht Anmerkungen für eine andere

Arbeit, dann ist es gut zu wissen, auf welche Arbeit sich eine bestimmte Unterstreichung bezieht) und auf diesen besonderen Punkt ihrer Inhaltsübersicht. Entsprechend vermerkt ihr in eurem Arbeitsplan unter 4.5.6.

```
vgl. Sheckley, Mindswap 137
```

an einer Stelle, an der sich schon Verweisungen auf *What mad Universe* von Brown und auf *The Door into Summer* von Heinlein finden.

Diese Art des Vorgehens setzt allerdings einiges voraus: a) ihr müßt das Buch zu Hause haben; b) ihr müßt in ihm Unterstreichungen vornehmen dürfen; c) der Arbeitsplan muß schon endgültig festliegen. Nehmen wir an, ihr bestitzt das Buch nicht, weil es selten und nur in einer Bibliothek aufzutreiben ist; oder daß ihr es euch ausgeliehen habt und nichts unterstreichen dürft (es könnte euch auch gehören, aber eine Inkunabel von unschätzbarem Wert sein); daß ihr den Arbeitsplan umstellen müßt – und schon sind die Schwierigkeiten da. Die letztgenannte Komplikation kommt am häufigsten vor. Wenn sich die Gliederung nach und nach anreichert und umgestellt wird, könnt ihr nicht jedesmal die Anmerkungen am Rand der Bücher ändern. Darum müßten diese Anmerkungen ganz allgemein gehalten sein, etwa von der Art: »mögliche Welten«. Wie kann man mit solchen Ungenauigkeiten zurechtkommen? Indem man eine *Ideen-Kartei* anlegt. Ihr werdet eine Reihe von Karten zusammenbekommen mit Überschriften wie *Zeitfalten*, *Parallelen zwischen möglichen Welten*, *Widersprüchlichkeiten*, *Strukturvarianten* usw., und die genaue Verweisung auf Sheckley erfolgt auf der ersten Karte. Alle Verweisungen auf Zeitfalten können an angegebener Stelle eures Arbeitsplanes angebracht werden, aber die Karte kann nach Bedarf an einer anderen Stelle untergebracht, mit anderen Karten zusammengelegt, vor oder hinter eine andere eingeordnet werden.

So bildet sich eine erste Kartei heraus, die nach *Themen*: Sie eignet sich bestens für eine Arbeit über, sagen wir, Ideengeschichte. Stellt eure Arbeit über die möglichen Welten in der amerikanischen Science-Fiction-Literatur die verschiedenen Arten dar, in denen logisch-kosmologische Probleme von verschiedenen Autoren angegangen wurden, dann ist eine Themenkartei ideal geeignet.

Aber nehmen wir an, ihr habt euch entschlossen, die Arbeit anders aufzubauen, nämlich in Form von Portraits. Ein einführendes Kapitel zum Thema und dann ein Kapitel für die wichtigsten Autoren (Sheckley, Heinlein, Asimo, Brown usw.) oder sogar eine Reihe von Kapiteln, die jeweils einem exemplarischen Roman gewidmet sind. In diesem Fall braucht man eher eine *Autorenkartei* als eine Themenkartei. Auf der Karte Sheckley befinden sich dann alle Verweisungen, mit Hilfe derer ihr die Stellen in seinen Büchern findet, in denen von möglichen Welten die Rede ist. Und günstigerweise ist diese Karte unterteilt in *Zeitfalten*, *Parallelen*, *Widersprüchlichkeiten* usw.

Nehmen wir auch noch an, daß eure Arbeit das Thema viel theoretischer angeht, daß sie die Science-Fiction-Literatur zwar zum Ausgangspunkt nimmt, in Wirklichkeit aber die Logik der möglichen Welten behandelt. Die Bezugnahmen auf die Science-Fiction-Literatur werden dann mehr zufällig sein und dazu dienen, die Darstellung durch wörtliche Zitate aufzulockern. In diesem Fall braucht ihr eine *Zitate-Kartei*, in der ihr auf der Karte *Zeitfalten* einen besonderen charakteristischen Satz von Sheckley festhaltet, auf der Karte *Parallelismen* die Beschreibung zweier völlig identischer Universen durch Brown, in denen der einzige Unterschied in der Art und Weise liegt, in der die Schuhe der Hauptperson geschnürt sind, usw.

Aber ihr müßt auch den Fall in Erwägung ziehen, daß sich das Buch von Sheckley nicht in eurem Besitz befindet, daß ihr es bei einem Freund in einer anderen Stadt lesen konntet, lange bevor ihr an einen Arbeitsplan mit den Problemstellungen Zeitfalte und Parallelismus dachtet. In diesem Fall war es nötig, eine Lektürekartei zu erstellen mit einer Karte für Mindswap, mit den bibliographischen Angaben zu diesem Buch, einer allgemeinen Zusammenfassung, einer Reihe von Bewertungen seiner Bedeutung, einer Reihe von wörtlichen Zitaten, die euch sogleich besonders wichtig erschienen sind.

Schließlich gibt es auch noch die *Arbeitskarten*. Sie können unterschiedlicher Art sein: Karten, die die Verbindung zwischen verschiedenen Gedanken und dem Arbeitsplan herstellen. Karten, die Probleme behandeln (wie soll man das und das Problem angehen?), Karten mit Vorschlägen (sie sammeln Ideen, die ihr von anderen erhalten habt, Vorschläge zu möglichen Entwicklungen usw. usw.). Die Karten jeder Serie sollten eine andere Farbe haben und am rechten oberen Rand eine Kennzeichnung, die sie zu den andersfarbigen Karten und zum Arbeitsplan in Beziehung setzen. Eine großartige Sache.

Dies also das Ergebnis: Wir waren im vorigen Paragraphen von der möglichen Existenz einer kleinen bibliographischen Kartei ausgegangen (kleine Karten mit nichts als den bibliographischen Angaben zu allen Büchern, die mir über den Weg gekommen sind), und jetzt sind wir bei einer ganzen Reihe weiterer Karteien gelandet:

a) Lektürekarten von Büchern oder Aufsätzen
b) Themenkarten
c) Autorenkarten
d) Zitatekarten
e) Arbeitskarten

Aber muß man wirklich alle diese Karteien anlegen? Natürlich nicht. Ihr könnt euch mit einer einfachen Lektürekartei begnügen und alle anderen Gedanken in kleinen Heftchen festhalten; ihr könnt euch auf Zitatekarten beschränken, weil eure Arbeit (die, sagen wir, *Das Bild der Frau in der Frauen-Literatur der vierziger Jahre* zum Gegenstand hat) schon von einem sehr genauen Plan ausgeht, wenig Sekundärliteratur auswerten muß und nur verlangt, daß man eine Unmenge Primärliteratur zusammenträgt, die zitiert werden soll. Wir ihr seht, ergeben sich Art und Zahl der Karteien aus der Art der Arbeit.

Das einzige, was man euch raten kann, ist: Eine Kartei muß vollständig und einheitlich sein. Nehmen wir zum Beispiel an, ihr habt für euer Thema die Bücher von Smith, Rossi, Brown und De Gomera zu Hause, während ihr die Bücher von Dupont, Lupescu und Nagasaki in der Bibliothek gelesen habt. Wenn ihr nur die letzten drei Autoren verzettelt und euch für die anderen auf euer Gedächtnis verlaßt (und darauf, daß ihr sie zuverlässig zur Hand habt), was macht ihr dann beim Schreiben? Arbeitet ihr zur Hälfte mit den Büchern, zur Hälfte mit den Karten? Und wenn ihr den Arbeitsplan neu gliedern müßt, was habt ihr zur Hand? Bücher, Karten, Heftchen, lose Blätter? Darum ist es besser, die Zitate von Dupont, Lupescu und Nagasaki ausführlich in der Kartei festzuhalten, weniger ausführliche Karten aber auch für Smith, Rossi, Brown und De Gomera anzulegen, dabei die wichtigen Stellen jedoch nicht abzuschreiben, sondern nur die Seiten anzugeben, wo man sie findet. Dann arbeitet ihr jedenfalls mit einem homogenen Material, das leicht mitgenommen werden kann und das einfach zu handhaben ist. Und ihr könnt auf einen Blick feststellen, was ihr gelesen habt und was noch auszuwerten ist.

Es gibt Fälle, in denen es praktisch und nützlich ist, alles auf Karteikarten zu schreiben. Denkt an eine literaturwissenschaftliche Arbeit, bei der ihr eine Vielzahl einschlägiger Zitate von verschiedenen Autoren zu einem bestimmten Thema heraussuchen und kommentieren müßt. Nehmen wir an, daß ihr eine Arbeit über »*Leben als Kunst zwischen Romantik und Dekadenz*« schreiben müßt. In Schaubild 5 findet ihr ein Beispiel von vier Karteikarten, die brauchbare Zitate enthalten.

Wir ihr seht, trägt die Karte oben die Abkürzung Zit. (um sie von anderen Karten zu unterscheiden), dann das Thema »Leben als Kunst«. Warum gebe ich das Thema an, wo es mir doch schon bekannt ist? Weil sich meine Arbeit so entwickeln könnte, daß »Leben als Kunst« nur noch einen Teil der Arbeit bildet; weil diese Kartei mir auch später von Nutzen sein und in einer Zitatekartei für andere Themen aufgehen kann; weil ich die Karten vielleicht nach zwanzig Jahren finde und mich frage, worauf sie sich, verflixt nochmal, beziehen. An dritter Stelle habe ich den Namen des Autors angegeben. Es genügt der Nachname, denn man kann annehmen, daß ihr über diese

Zit. Leben als Kunst Whistler
"Die Natur ist gewöhnlich falsch"
?
<u>Original</u>
"Natur is usually wrong"
J. A. Mc Neill Wisthler,
The gentle art of making enemies,
1890

Zit. Leben als Kunst Villiers de l'Isle Adam
"Leben? Das machen unsere Diener für uns"
<u>(Catello di Axal ...</u>

Schaubild 5: Zitat-Karte

```
Zit.
Leben als Kunst
Th. Gauthier

Als Regel:
"Was anfängt nützlich zu werden,
hört in der Regel auf, schön zu
sein"

(Préface des premières poésies,
1832 ...).
```

```
Zit.
Leben als Kunst
Oscar Wilde

Daß einer etwas Nützliches gemacht hat, kann man
ihm verzeihen, solange er es nicht bewundert. Die
einzige Entschuldigung dafür, etwas Nutzloses ge-
macht zu haben, ist, daß man es grenzenlos bewun-
dert.
Alle Kunst ist ganz wertlos.
Das Bildnis von Dorian Gray, Deutsch von D. Mitz-
ky, Berlin, o.J., Vorwort, S. 6
```

(Fortsetzung Zitat-Karte)

Autoren schon biographische Karten habt oder daß von ihnen in der Arbeit schon früher die Rede war. Der Hauptteil der Karte enthält dazu mehr oder weniger lange Zitate (sie können von einer bis zu dreißig Zeilen haben).

Nehmen wir die Karte zu Whistler: sie enthält ein Zitat auf deutsch mit einem Fragezeichen. Das bedeutet, daß ich den Satz zuerst in dem Buch eines anderen Autors gefunden habe, daß ich aber weder weiß, woher er stammt, noch, ob er richtig wiedergegeben ist, noch wie er auf englisch lautet. Später habe ich den Originaltext gefunden, und ich habe ihn mir, mit den nötigen Angaben, notiert. Jetzt kann ich die Karte für ein korrektes Zitat benutzen.

Nehmen wir die Karte zu Villiers de l'Isle Adam. Ich habe das Zitat auf deutsch, ich weiß, aus welchem Werk es stammt, aber die Angaben sind unvollständig. Diese Karte muß vervollständigt werden. Unvollständig ist auch die von Gauthier. Die von Wilde reicht aus, wenn die Art meiner Arbeit Zitate auf deutsch erlaubt. Behandelt die Arbeit ästhetische Probleme, genügt das wohl. Geht es um englische Literatur oder vergleichende Literaturwissenschaft, muß ich die Karte mit dem Originalzitat vervollständigen.

Das Wilde-Zitat habe ich möglicherweise in einer Ausgabe gefunden, die ich zu Hause habe. Aber wehe, wenn ich keine Karte angelegt hätte – am Ende der Arbeit würde ich mich nicht mehr daran erinnern. Wehe auch, wenn ich nur »s. S. 16« an den Rand geschrieben hätte, ohne den Satz wiederzugeben, denn wenn die Arbeit dann geschrieben wird, muß man alle Texte zur Hand haben, um die Zitate sinnvoll einzufügen. Man verliert also zunächst Zeit, wenn man eine Karteikarte anlegt, aber man gewinnt am Ende sehr viel.

Eine andere Art von Karteikarten sind die *Arbeitskarten*. In Schaubild 6 bringen wir ein Beispiel einer Verbindungskarte für die Abschlußarbeit über die Metapher bei den Traktatisten des Seicento; davon war unter III.2.4. schon die Rede. Ich habe sie mit »Verb.« gekennzeichnet und die Fragestellung, die es zu vertiefen gilt, angegeben: *Umwandlung des »Tastbildes«*

Verb.
Umwandlung des "Tastbildes" in ein "Sehbild"
Vgl. Hauser, Sozialgeschichte der Kunst und Literatur, I, S. 458

wo er Wölfflin für die Umwandlung des "Tastbildes" in ein "Sehbild" zwischen Renaissance und Barock zitiert:
Linear vs. malerisch; flächenh. vs. tiefenhaft; geschlossen vs. offen; klar vs. unklar; mannigfaltig vs. einheitlich.

Die gleichen Gedanken findet man bei Raimondi Il romanzo senza idillio in Verbindung mit den jüngsten Theorien von McLuhan (Gutemberg Galaxy) und Walter Ong.

Schaubild 6: Verbindungskarte

in ein »Sehbild«. Ich weiß noch nicht, ob das ein Kapitel wird, ein kleiner Abschnitt, eine einfache Fußnote oder (warum nicht?) der zentrale Gegenstand der Arbeit. Ich habe Gedanken notiert, die mir beim Lesen eines bestimmten Autors gekommen sind, und Bücher, die gelesen, sowie Gedanken, die weiterverfolgt werden müssen, festgehalten. Bin ich am Ende der Arbeit und blättere meine Arbeitskartei durch, dann merke ich vielleicht, daß ich einem wichtigen Gedanken nicht nachgegangen bin. Dann kann ich verschiedene Entscheidungen treffen: Ich kann beschließen, die Arbeit umzuschreiben, um den Gedanken einzubauen; oder entscheiden, daß es sich nicht lohnt, auf ihn einzugehen; oder anmerken, daß ich daran gedacht habe, aber daß es mir nicht angebracht schien, ihn an dieser Stelle weiterzuverfolgen. Aber ich könnte mich auch entschließen, nach Abschluß und Abgabe der Arbeit gerade diesem Problem eine weitere Untersuchung zu widmen. Eine

Kartei, daran sei erinnert, macht zwar erheblichen Aufwand, wenn man die Arbeit schreibt, aber dieser Aufwand macht sich, wenn wir weiter wissenschaftlich arbeiten wollen, in den folgenden Jahren, manchmal auf Jahrzehnte hinaus bezahlt.

Wir können jedoch das Problem der verschiedenen Karteien nicht weiter vertiefen. Wir beschränken uns darum auf die Behandlung der Kartei der Primärquellen und der Lektüre-Kartei der Sekundärquellen.

IV.2.2. Das »Verzetteln« der Primärquellen

Die Lektüre-Karten haben die Sekundärliteratur zum Gegenstand. Ich würde sie nicht für die Primärquellen verwenden, oder jedenfalls würde ich nicht den gleichen Kartentyp verwenden. Anders ausgedrückt: Wenn ihr eine Arbeit über Manzoni schreibt, dann nehmt ihr natürlich alle Bücher und Aufsätze über Manzoni in die Kartei auf, die ihr finden könnt. Aber es würde seltsam aussehen, wolltet ihr für die *Promessi Sposi* oder *Carmagnola** eine Kartei anlegen. Entsprechend wäre es, wenn ihr eine Arbeit über einige Paragraphen des Bürgerlichen Gesetzbuches schreiben würdet oder eine Arbeit in Geschichte der Mathematik über das Erlanger Programm von Klein.**

Die Primärquellen sollte man am besten unmittelbar zur Hand haben. Das ist nicht schwierig, wenn es sich um einen klassischen Autor handelt, von dem es gute kritische Ausgaben gibt, oder einen modernen Autor, dessen Werke im Handel erhältlich sind. Die Anschaffung eigener Bücher ist jedenfalls eine unerläßliche Investition. In einem oder in mehreren *eigenen* Büchern kann man unterstreichen, auch in verschiedenen Farben. Wozu ist das gut?

Die Unterstreichung macht das Buch zum persönlichen Besitz. Sie macht euer persönliches Interesse deutlich. Sie ermöglicht es euch, auf das Buch zurückzukommen und gleich zu erkennen, was euch interessiert hatte. Aber man muß beim Unterstreichen Grundsätze haben. Es gibt Leute, die unterstreichen alles. Das ist, als würden sie gar nichts unterstreichen. Andererseits kann es sein, daß sich auf einer einzigen Seite Aussagen finden, die für euch unter verschiedenen Gesichtspunkten von Interesse sind. In einem solchen Fall muß man bei der Unterstreichung Unterschiede machen. *Unterstreicht farbig*, benützt feine, spitze Stifte. Verbindet jede Farbe mit einem Gegenstand, die gleichen Farben verwendet ihr auf dem Arbeitsplan und auf verschiedenen Karteikarten. Wenn ihr dann beim endgültigen Schreiben seid, ist es von Vorteil zu wissen, daß Rot sich auf jene Teile bezieht, die zum ersten Kapitel gehören, und Grün auf die zum zweiten.

Verbindet die Farben mit einem Code (oder verwendet Codes statt Farben). Wenn wir wieder an unser Thema der möglichen Welten in der Science-Fiction-Literatur denken, so bezeichnet dort mit ZF alles, was mit Zeitfalten zu tun hat, und mit W alles, was sich auf Widersprüche zwischen verschiedenen Welten bezieht. Behandelt ihr verschiedene Autoren, teilt jedem Autor einen Code zu.

Verwendet Codes, um die Bedeutung von Aussagen zu unterstreichen. Ein senkrechter Strich am Rand mit dem Zusatz W zeigt euch an, daß es sich um eine *besonders wichtige* Aussage handelt, und ihr müßt nicht jede Zeile unterstreichen. *Zit* bedeutet, daß es sich um eine Stelle handelt, die vollständig zitiert werden soll. *Zit/Zf* bedeutet, daß hier ein Zitat steht, das sich besonders gut für die Erklärung der Zeitfalten eignet.

Kennzeichnet die Stellen, auf die ihr zurückkommen müßt. Bei der ersten Lektüre werden euch manche Stellen nicht klar werden. Dann könnt ihr oben an der Seite ein N (Nochmals) anbringen, und ihr merkt euch so vor, daß ihr auf die Stelle bei einer vertieften Lektüre nochmals zurückkommen müßt, wenn ihr weitere Werke gelesen habt, die euch schon eine klarere Vorstellung vermittelt haben.

Wann unterstreicht man nicht? Natürlich wenn euch das Buch nicht gehört oder wenn es sich um eine seltene Ausgabe von beträchtlichem Wert handelt, deren Wert durch Unterstreichung beeinträchtigt wird. In solchen Fällen ist es besser, von den wichtigen Seiten Fotokopien zu machen und auf diesen zu unterstreichen. Oder ihr legt euch ein kleines Heft an, in dem ihr die wichtigsten Stellen notiert und eure Kommentare dazuschreibt. Oder ihr erstellt für diesen Zweck auch eine Kartei der Primärquellen, aber damit nehmt ihr eine mühsame Arbeit auf euch, denn ihr müßt praktisch Seite für Seite in die Kartei aufnehmen. Das läßt sich machen, wenn die Arbeit über *Le grand Meaulnes** geht, denn das ist ein schmales Bändchen. Was aber, wenn eine Arbeit über die *Wissenschaft der Logik* von Hegel geht? Und wenn ihr, um auf das Beispiel der Bibliothek in Alessandria zurückzukommen (III.2.4.), die Ausgabe des *Cannocchiale aristotelico* von Tesauro aus dem 17. Jahrhundert verzetteln müßt? Es bleibt nur das Fotokopieren oder das Notizheft, auch dieses mit Farben und Codes versehen.

Macht die Unterstreichungen durch lange Buchzeichen kenntlich, die an ihren hervorstehenden Enden Farben und Codes zeigen.

Vorsicht: Fotokopien können zum Alibi werden! Fotokopien sind ein unerläßliches Hilfsmittel, sei es, um einen in der Bibliothek schon gelesenen Text zur Verfügung zu haben, sei es, um einen noch nicht gelesenen Text mit nach Hause zu nehmen. Aber oft werden Fotokopien als Alibi verwendet. Man trägt hunderte von Fotokopien nach Hause, man hat ein Buch zur Hand gehabt und mit ihm etwas unternommen und glaubt darum, es gelesen zu haben. Der Besitz der Fotokopien erspart die Lektüre. Das passiert vielen. Eine Art Sammel-Rausch, ein Neo-Kapitalismus der Information. Setzt euch gegen die Fotokopie zur Wehr. Habt ihr sie, so lest sie sofort und verseht sie mit Anmerkungen. Seid ihr nicht unter Zeitdruck, dann fotokopiert nichts Neues, ohne euch die vorherige Fotokopie angeeignet zu haben (und das heißt: gelesen und mit Anmerkungen versehen). Es gibt vieles, was man gerade deshalb *nicht weiß*, weil man einen bestimmten Text fotokopiert hat; so hat man sich der Illusion hingegeben, man hätte ihn gelesen.

Wenn ein Buch euch gehört und keinen antiquarischen Wert hat, dann unterstreicht ruhig. Glaubt denen nicht, die behaupten, man müsse die Bücher respektieren. Bücher respektiert man dadurch, daß man sie benutzt, nicht dadurch, daß man sie nicht anrührt. Auch wenn ihr sie antiquarisch verkauft, bekommt ihr nur einen Pappenstiel – da könnt ihr ruhig die Spuren eures Besitzes in ihnen hinterlassen.

Denkt an das alles, bevor ihr das Thema eurer Arbeit wählt. Zwingt es euch dazu, schwer zugängliche Bücher auszuwerten, solche mit tausenden von Seiten, ohne daß ihr Fotokopien machen könnt und ohne daß ihr die Zeit habt, viele Hefte vollzuschreiben, dann ist das keine Arbeit für euch.

IV.2.3. Die Lektüre-Karten

Unter allen Arten von Karteikarten sind die Lektüre-Karten die geläufigsten und zugleich die *unentbehrlichsten*; Lektüre-Karten sind jene Karten, auf denen ihr alle bibliographischen Angaben zu einem Buch oder zu einem Artikel macht, auf denen ihr eine Zusammenfassung des Buches festhaltet, einige Schlüsselstellen zitiert, euer Urteil formuliert, euch eine Reihe von Anmerkungen macht.

Die Lektüre-Karte vervollständigt also die bibliographische Karte, die wir unter III.2.2. beschrieben haben. Diese letztere enthält nur die Angaben, die man zum Auffinden des Buches braucht, während die Literaturkarte alle Angaben über das Buch oder den Aufsatz enthält und infolgedessen *viel größer* sein muß. Die Lektüre-Karten können Standard-Format haben, oder ihr könnt sie nach eigenem Bedarf anfertigen. In der Regel sollten sie aber die Breite einer querstehenden Heftseite oder einer halben Schreibmaschinenseite haben. Sie sollten aus Karton sein, damit man im Karteikasten in ihnen blättern kann oder damit man mehrere durch Gummibänder zusammenhalten kann. Man muß mit Kugelschreiber und Füller auf ihnen schreiben können, ohne daß die Tinte aufgesaugt wird oder zerfließt, und der Karton muß leicht zu beschreiben sein. Sie sollten im wesentlichen so aussehen, wie die unten wiedergegebenen Beispielkarten (Schaubild 7-14).

Nichts verbietet und vieles spricht dafür, für wichtige Bücher auch eine größere Zahl von Karten anzulegen, die fortlaufend numeriert werden und die jeweils abgekürzt angeben, um welches Buch oder welchen Artikel es sich handelt.

Die Lektüre-Karten werden für die Sekundärliteratur verwendet. Ich würde sie, wie schon im vorigen Paragraphen gesagt, nicht für Primärquellen empfehlen.

Auf viele Weisen kann man ein Buch verzetteln. Das hängt auch von eurem Gedächtnis ab. Es gibt Leute, die müssen alles aufschreiben, und andere, für die genügt eine kurze Notiz. Normalerweise empfiehlt sich folgendes Vorgehen:

a) *Genaue bibliographische Angaben*, möglichst noch genauere als auf der bibliographischen Karte: diese dient dazu, das Buch zu finden. Die Lektürekarte dagegen dient dazu, über das Buch zu schreiben und es in der Bibliographie der Arbeit korrekt zu zitieren. Wenn ihr bei der Lektüre-Karte seid, habt ihr das Buch vor euch und könnt ihm alle möglichen Angaben entnehmen, Seitenzahl, Auflage, Angaben über den Verlag etc.;

b) *Angaben über den Autor*, wenn es sich nicht um eine anerkannte Autorität handelt;

c) *kurze (oder längere) Zusammenfassung des Buches oder Aufsatzes*;

d) *ausführliche Zitate*, in Anführungszeichen, von den Stellen, die ihr wörtlich wiedergeben wollt (und von einigen darüber hinaus), mit genauer Angabe der Seite oder der Seiten; Vorsicht: *Zitate und Inhaltsangaben nicht verwechseln* (s. V.3.2.)!

e) *Eure eigene Stellungnahme*, am Schluß, am Anfang, in der Mitte der Zusammenfassung; man setzt sie in eckige Klammern und schreibt sie farbig, um nicht Gefahr zu laufen, sie für Auffassungen des Autors zu halten;

f) oben an der Karte bringt ihr ein Zeichen oder eine Farbe an, die sie zur richtigen Stelle des Arbeitsplanes in Beziehung setzt; bezieht sie sich auf mehrere Stellen, dann bringt ihr entsprechend viele Zeichen an; bezieht sie sich auf die ganze Arbeit, macht auch das deutlich.

Ich will nun nicht mit theoretischen Ratschlägen fortfahren, sondern einige praktische Beispiele geben. In Schaubild 7-14 findet ihr Beispiele für Karteikarten. Um Thema und Vorgehensweise nicht mühsam erfinden zu müssen, habe ich die Karten meiner tesi di laurea wieder herausgeholt; sie behandelte *Das Problem der Ästhetik bei Thomas von Aquin*. Es ist nicht gesagt, daß meine Art, die Karte anzulegen, die beste sei. Diese Karten sind nur ein Beispiel für *eine* Möglichkeit, mit verschiedenen Arten von Karteikarten zu arbeiten. Ihr werdet feststellen, daß auch ich nicht so genau gearbeitet habe, wie es meinen Ratschlägen in diesem Buch entspricht. Viele Angaben fehlen ganz, andere haben viel zu große Lücken. Ich habe im Lauf der Zeit dazugelernt. Aber deswegen müßt ihr nicht die gleichen Fehler machen. Ich habe den Stil nicht verändert und auch eher Einfältiges stehen lassen. Nehmt die Beispiele für das, was sie sind. Dabei ist zu bemerken, daß ich weniger umfangreiche Karteikarten genommen habe und keine Karten als Beispiel nehme, die sich auf für meine Arbeit später grundlegende Werke beziehen. Solche haben sich *aus bis zu zehn Einzelkarten* zusammengesetzt.

Gehen wir also Karte für Karte durch:

Karte *Croce* – Es handelt sich um eine kurze Rezension, wichtig wegen ihres Autors. Da ich das rezensierte Buch schon gefunden habe, gab ich nur ein sehr kennzeichnendes Urteil wieder. Siehe die eckige Klammer am Schluß: Ich habe es dann wirklich so gemacht, zwei Jahre später.

Karte *Biondolillo* – Polemische Karte, man spürt den ganzen Unmut dessen, der sich eine Überzeugung gebildet hat und sie nun abwertend behandelt sieht. Es war zweckmäßig, das so zu notieren, weil es vielleicht eine polemische Anmerkung in der Arbeit gab.

Karte *Glunz* – Ein dickes Buch, das ich zusammen mit einem deutschen Freund auf die schnelle durchging, um ganz zu verstehen, wovon es handelt. Es hatte für meine Arbeit keine unmittelbare Bedeutung, konnte aber vielleicht in einer Fußnote zitiert werden.

Croce, Benedetto Th. v A. Allg (r)
Rezension von Nelson Sella, Musikalische Ästhetik bei S. t. d'A. (vgl. Karte)
La critica , ~~xxxxx~~ 1931, S. 71

Er lobt die Sorgfalt, die Modernität der ästhetischen Anschauungen, mit denen Sella das Problem angeht. Aber dann wendet er sich Th. v. A zu und stellt fest: "... es ist doch so, daß seine Gedanken zum Schönen und zur Kunst nicht gerade falsch sind, aber ganz allgemein gehalten, und man kann sie darum in gewisser Weise immer anerkennen und anwenden. So jene, die der pulchritudo oder Schönheit die Kennzeichen Integrität, oder Perfektion oder Gleichklang und Klarheit, d. h. Reinheit der Farben, beilegt. Das gilt auch für den anderen Gedanken, daß die Schönheit der Schöpfung der Schönheit des Göttlichen gleicht, an der die Dinge teilhaben. Das Entscheidende ist, daß die Probleme der Ästhetik weder für das Mittelalter noch für ThvA wirklich im Vordergrund des Interesses stehende Probleme waren. ThvA zerbrach sich den Kopf über etwas anderes: Daher dieser Hang, ganz allgemein zu bleiben . Und darum sind die Arbeiten zur Ästhetik von Thomas von Aquin und bei anderen mittelalterlichen Philosophen so unergiebig und ärgerlich zu lesen, wenn sie nicht, was selten der Fall ist, mit soviel Feingefühl und vornehmer Zurückhaltung vorgehen, wie das Buch von Sella.

[Die Widerlegung dieser These kann ich inder als einleitendes Argument verwenden. Die letzten Worte bleiben eine Hypothek].

Schaubild 7: Lektüre-Karte

Biondillo, Francesco Th. v. A. Allg (r)
"Die Ästhetik und der Geschmack im Mittelalter", Kapitel 2 aus
Kleine Geschichte des Geschmacks und des ästhetischen Denkens; Messina, Principato, 1924, S. 28

Biondolillo oder über den kurzsichtigen Gentilianismus.
Übergehen wir die Einleitung, eine populärwissenschaftliche Fassung der Gedanken Gentiles für die Jugend. Ein Blick in das Kapitel über das Mittelalter. ThvA wird in 18 Zeilen erledigt. "Im Mittelalter, in dem die Theologie vorherrschend war und die Philosophie als eine Art Dienerin betrachtet wurde, ... verlor das künstlerische Problem jene Bedeutung, die es besonders dank der Werke von Aristoteles und Plotin erreicht hatte". [Fehlt es dem Autor an kultureller Bildung oder ist er böswillig? Ist er schuld oder die Schule?] Sehen wir weiter: "Damit sind wir beim reifen Dante angekommen, der in Convivio (II, 1) der Kunst sogar vier Bedeutungen zumaß [er stellt die Theorie der vier Bedeutungen dar und weiß nicht, daß schon Beda sie wiederholt hat; er hat von nichts eine Ahnung] ... Dante und andere glaubten, daß sich diese vierfache Bedeutung in der Divina C. finde; diese hat aber künstlerischen Wert nur dann und nur insoweit, als sie reiner und uneigennütziger Ausdruck des eigenen Innenlebens ist, und Dante verliert sich ganz in seine Vision.
[Armes Italien! Und armer Dante, der sich ein Leben lang plagt, das Übersinnliche zu finden, und er behauptet, das gebe es nicht, "glaubten ... daß sich finde". Als ~~historie~~ historiographische Mißgeburt zu zitieren.]

Schaubild 8: Lektüre-Karte

Glunz, H. H. ThvA. AllgoLit. (r, b)

Die Literarästhetik des europäischen Mittelalters

Bochum-Langendreer, Poppinghaus, 1937, 608 Seiten

Ein Gefühl für Ästhetik existierte im Mittelalter, und im Lichte dessen müssen die Werke der mittelalterlichen Dichter gesehen werden. Mittelpunkt der Untersuchung ist das Bewußtsein, das der Dichter damals von der eigenen Kunst haben konnte.

Er bemerkt eine Entwicklung des mittelalterlichen Geschmacks:

VII. und VII. Jhd. – die christlichen Anschauungen ~~wurden in die~~ sind zu leeren Formen der Klassik verfallen

IX. und X. Jhd. – die antiken Fabeln werden für Zwecke der christlichen Ethik benützt

XI. und folg. Jhd. – das christliche Ethos im eigentlichen Sinn erscheint (liturgische Werke, Lebensbeschreibungen von Heiligen, Paraphrasen der Bibel, Vorherrschen des Jenseits)

XII. Jhd. – der Neuplatonismus führt zu einer menschlicheren Sicht der Welt: alles spiegelt Gott auf seine eigene Weise (Liebe, Beruf, Natur). Die Allegorische Strömung entwickelt sich (von Alcuin zu den Vittorinen und darüber hinaus).

XIV. Jhd. – Die Dichtung steht zwar weiterhin im Dienste Gottes, wird aber ~~mer~~ ästhetisch statt moralisch. So wie sich Gott in der Schöpfung ausdrückt, so drückt der Dichter sich selbst aus, Gedanken, Gefühle (England, Dante usw.).

Schaubild 9: Lektüre-Karte

Glunz 2

Das Buch ist von De Bruyne in Re.néosc. de phil,1938 rezensiert. Er sagt, daß es prekär ist, die Entwicklung in Epochen einzuteilen, weil die verschiedenen Strömungen immer nebeneinander verlaufen [es ist seine These aus den Etudes: diesem Mangel an Sinn für Geschichte mißtrauen; er glaubt zu sehr an die Philosophia Perennis!] Die künstlerische Zivilisation des Mittelalters ~~hat viele Winkel~~ ist polyphon. De Bruyne kritisiert Glunz, weil er nicht beim formalen Gefallen der Dichtung verweilte: die Mittelalterlichen hatten dafür ein sehr lebendiges Gefühl, man braucht nur an die poetischen Künste zu denken. Und dann war eine literarische Ästhetik Teil einer allgemeineren ästhetischen Sicht,die Glunz vernachlässige, eine Ästhetik in der ~~die~~ sich die Pythagorische Theorie der Proportionen , die qualitative Ästhetik des Augustinus (modus, species, ordo) und die dionysische(claritas, lux) treffen. das Ganze gehalten von der Psychologie der Vittoriner und von der christlichen Sicht des Universum.

(Fortsetzung Schaubild 9)

"Maritain, Jaques   ThvA Symb. (v)
Signe et Symbole"
Revue Thomiste, April 1938, S. 299

Er stellt eine vertiefte Auseinandersetzung mit dem Gegenstand in Aussicht (vom MA bis heute) und nimmt sich vor, einzugehen auf: Philosophische Theorie des Zeichens und Reflexionen über das magische Zeichen [unerträglich wie gewöhnlich: er macht auf modern, ohne Philologie zu betreiben. So geht er nicht von ThvA. aus, sondern von Giovanni di San Tomaso!].
Er entwickelt die Theorie von San Giovanni (vgl. meine Karte) weiter:"Signum est id quod repraesentat aliud a se potentiae cognoscenti" (Log. II, P, 2I, 1).
"(Signum) essentialiter consistit in ordine ad signatum"
Aber das Zeichen ist nicht immer das Abbild und umgekehrt.(Der Sohn ist Abbild, nicht Zeichen des Vaters, der Schrei ist Zeichen und nicht Abbild des Schmerzes).
Giovanni fügt hinzu:" Ratio ergo imaginis consistit in hoc quod procedat ab alio ut a principio, et in similitudinem ejus, ut docet S. Thomas, F, 35e XCXIII" (???).
Maritain sagt dann, das Symbol sei ein Zeichen-Abbild, "quelque chose de sensible signifiant un objet en raison d'une rélation presupposée d'anagie" (303)
Das bringt mich auf den Gedanken, ThvA. De Ver. VIII, 5 und C.G. III, 49 nachzulesen.

Schaubild 10: Lektüre-Karte

Maritain 2

Maritain entwickelt dann Gedanken über das formale ~~Zeichen~~ , instrumentale, praktische etc. Zeichen und über das Zeichen als magische Handlung (mit sehr viel Belegen).
Auf Kunst geht er kaum ein [aber es finden sich schon jene Hinweise auf die unterbewußten und tiefen Wurzeln der Kunst, die wir dann in Creative Intuition finden]
Für eine Thomistische Auslegung ist interessant, was folgt: "... dans l'oeuvre (abschreiben)" (329)

(Fortsetzung Schaubild 10)

Chenu, M. D. ThvA Im.fant.(s)
"Imaginatio"– Note de lexicographie philosophique"
Micellanea Mercati, Vaticano,1946, S. 593

Verschiedene Bedeutungen des Ausdrucks. Vor allem die des Augustinus: "Im. est vis ani~~ame,~~mae quae per figuram corporearum rerum absente corpore sine exteriori sensu dignoscit" (Kap. 38 jenes De spiritu et anima, das ein wenig Isacco di Stella, ein wenig Ugo di San Vittore und anderen zugeschrieben wird).

In De unione corporis et spiritus von Ugo (Ph 227, 285) ist von der Sublimierung einer gefühlsmäßigen zu einer verständlichen Gegebenheit die Rede, die die Imaginatio zustande bringe . In dieser mystischen Perspektive wird die Erleuchtung des Geistes und die dynamische Verkettung der Kräfte formatio genannt. Die imaginatio in diesem Prozeß der mystischen formatio taucht auch in Bonaventura (Itinerarius) auf: sensus, im. (=sensualitas) ratio, intellectus, intelligentia, apex mentis. Die im. spielt bei der Bildung des Intelligiblen, das Gegenstand des Intellekts ist, eine Rolle, während die Intelligenz, ganz von Gefühlsbanden befreit. Die gleiche Utnersuchung macht Boethius, das Intellektible ist Gott, die Idee, die hyle, die ersten Prinzipien.

S. Comm.in Isag. Porph, I, 3) Ugo die San Vittore in Didase resumiert diese Position wieder auf. Gilbert de la Porée erinnert daran, daß imaginatio und intellectus von vielen opinio genannt werden. So von Wilhelm von Couches. Das ~~image~~ Abbild ist Form, aber eingetaucht in die Materie,nicht reine Form.

Schaubild 11: Lektüre-Karte

Chenu 2

Und jetzt sind wir bei Thomas!
Für ihn ist in Übereinstimmung mit den Arabern (De ver., 14, 1) die imago apprehensio quidditatis ssemplicis, quae alio eticum nomine formatio dicitur (in I Sent., 1°, 5, 1 – 7). [aber dann ist es die simplex apprehensio !!!]. Imaginatio übersetzt das arabische taṣawor , das von surat (Bild) abgeleitet sit; das bedeutet auch forma vom Verb ṣawara (~~bilden~~ formen, eine Form geben), auch darstellen, konzipieren [sehr wichtig, nochmals ansehen!!!]
Die νόησις des Aristotele wird zur formatio: in sich selbst eine Vorstellung der Sache bilden.
Darum bei ThvA. (I Sent, 8. 1. 9) Primo quod cadit in imaginatione intellectus estens" Dann führt Aristoteles mit De Anima die bekannte Definition der Phantasie ein. Aber für die Mittelalterlichen bedeutete fantasia sensus communis und immaginatio war die virtus cogitativa.
Nur Gundisalvi versucht zu sagen: sensus communis = virturs imaginativa = fantasia".
[Totales Durcheinander! Alles überprüfen!]

(Fortsetzung Schaubild 11)

Curtius, Ernst Robert ThvA. allg.
Europäische Literatur und lateinisches Mittelalter, 2. Aufl., Bern, Franke, 1954
besonders K. 12, Par. 3

Großes Buch. Jetzt brauche ich nur S. 228
Versucht zu zeigen, daß den Scholastikern eine Vorstellung von Poesie in all ihrer Würde, enthüllenden Kraft, Vertiefung der Wahrheit unbekannt war, während sie in Dante und in den Autoren des vierzehnten Jahunderts lebendig war [da hat er recht].
Bei Albertus Magnus zum Beispiel wird die wissenschaftliche Methode (modus definitionis, divisivus, collectivus) der poetischen methode der Bibel gegenübergestellt (Geschichte, Parabel, Metapher). Der modus poeticus als der schwächste der philosphischen modi. [ähnliches steht bei ThvA. Muß überprüft werden !!!] jetzt verweist Curtius auf ThvA (I, 1, 9 zu 1) und auf die distinzione der Poesie als infima doctrina (vgl. Karte).
Insgesamt hat sich die Scholastik nie für Poesie interessiert und sie hat keinerlei Poetik hervorgebracht [stimmt für die Scholastik, nicht für das Mittelalter] und keine Theorie der Kunst [das stimmt nicht]? Es ist darum sinn- und zwecklos, eine Ästhetik der Literatur oder der bildenden Künste daraus ableiten ? zu wollen. Das negative Urteil wird in Nr. 1 S. 229 abgesichert:"Der 'moderne' Mensch überschätzt die Kunst maßlos, weil er den Sinn für die intelligible Schön-

Schaubild 12: Lektüre-Karte

Curtius 2

heit verloren hat, den der Neoplat onismus und das M. A. besaß. Sero te amavi, Pulchritudo tam antiqua et tam nova, sero te amavi, sagt Augustinus zu Gott (Conf., X, 27, 38). Hier ist eine Schönheit gemeint von der die Ästhetik nichts weiß [ja, aber das Problem der Teilhabe des göttlichen Schönen an den lebendigen Wesen?] Wenn die Scholastik von Schönheit spricht, dann ist diese als eine Eigenschaft Gottes gedacht. [die Metaphysik des Schönen (siehe Plotin) und die Theorie der Kunst haben nichts miteinander zu tun " [Richtig , aber sie begegnen sich auf dem neutralen Grund einer Theorie der Form.]

[Vorsicht, der ist nicht wie Bionolillio! Gewisse einschlägige philosophische Texte kennt er nicht, aber er weiß Bescheid. Mit Respekt zu widerlegen.]

(Fortsetzung Schaubild 12)

Marc, A. Th. Tom.Gen Trasc (r)
"La methode d' opposition en em anthologie"
Revue Néoscolatique, I, 1931, S. 149

Theoretische Abhandlung, enthält aber brauchbare Vorschläge.
Das thomistische System ~~bewegt=sich~~ basiert auf einem Spiel von Widersprüchen, das es lebendig macht. Von der ursprünglichen Idee des Sein (wo der Geist und das Wirkliche sich in einem Erkenntnisakt treffen, der jene Wirklichkeit erreichen läßt, ehe er sie beide durchbricht) bis zu den Transzendentalen, gesehen in wechselseitiger Gegenüberstellung: Gleichheit und Verschiedenheit, Einheitlichkeit und Vielfältigkeit, Möglichkeit und Notwendigkeit, Sein und Nichtsein werden zur Einheit. Das Sein in Beziehung zur Intelligenz als innere Erfahrung ist Wahrheit, in bezug auf die Wahrheit als Wünschbarkeit und Güte: "une notion synthétique concilie en elle ces divers aspects et révèle l' être rélatif à la fois à l' intelligence et à la volonté ,interieur et exterieur à l'esprit:c'est le Beau. A la simple connaissance il ajoute la complaisance et la joie, tout co me il ajoute au bien la connaissance: il est la bonté du vrai, le verité du bien; la splendeur de tuos les transcendentaux reunis – Zitat aus Maritain (154)
Die Beweisführung wird anhand folgender Entwicklungslinien weitergeführt:
Sein: 1. Transzendentalia

Schaubild 13: Lektüre-Karte

Marc 2

---

2. Aanalogie als Zusemmanführung der Vielheit in der Einheit
[Handlungsakt und Potenz [hier steht er Grenet sehr nahe, oder umgekehrt]
Sein und Wesen
3. Die Kategorien: das Sein ist in dem Maß,in dem wir es bekräftigen – und wir
bekräftigen es in dem Maß, in dem es ist
Substanz: Individualisierung etc.
Die Bezeichnung

Durch die Gegenüberstellung und die Zusammenführung aller Gegenteile erreicht man die Einheit. Was den Gedanken beleidigt hat, ihn aber doch zum System führt.

[Zu verwenden für einige Gedanken über die Transzendentalia.
vgl. auch die Gedanken über die Freude und das Wohlgefallen
für das Kapitel über die ästhetische Sicht, durch die pulchra
dicuntur quae visa placent]

(*Fortsetzung Schaubild 13*)

Segond, Joseph Th.Lux.Clar (g)

"Esthétique de la lumière et de l'ombre"

Revue Thomiste, 4 , 1939, S. 743

Eine eingehende Untersuchung über das Licht und den Schatten, aber verstanden im physikalischen Sinn. Ohne Bezug zur Thomistischen Ansicht. Hat keinerlei Bedeutung für mich.

Schaubild 14: Lektüre-Karte

Karte *Maritain* – Ein Autor, dessen grundlegende *Kunst und Scholastik* ich schon kannte, der mir aber wenig vertrauenswürdig erschien. Am Schluß habe ich mir angemerkt, mich auf seine Zitate nicht ohne Zusatzkontrolle zu verlassen.

Karte *Chenu* – Ein kurzer Aufsatz eines ernstzunehmenden Wissenschaftlers zu einem für meine Arbeit wichtigen Thema. Ich habe soviel wie möglich herausgeholt. Bemerkenswert: Es war das klassische Beispiel dafür, wie man Quellen zweiter Hand findet. Ich habe mir angemerkt, wo man sie erster Hand überprüfen kann. Das war mehr eine Ergänzung meiner Bibliographie als eine Literaturkarte.

Karte *Curtius* – Wichtiges Buch, von dem ich in jenem Moment nur einen Abschnitt auswertete. Ich stand unter Zeitdruck und habe den Rest nur überflogen. Nach dem Abschluß habe ich es, aus anderen Gründen, gelesen.

Karte *Marc* – Ein interessanter Aufsatz, von dem ich das Wichtigste übernommen habe.

Karte *Segond* – Erledigungskarte. Es genügte zu wissen, daß die Arbeit für mich nichts brachte.

Rechts oben findet ihr Abkürzungen und Hinweiszeichen. Kleinbuchstaben in Klammern zeigen an, daß ich auch noch farbige Punkte anbrachte. Worauf sich das bezog, brauche ich nicht zu erklären, wichtig ist, daß es sie gab.

IV.2.4. Die wissenschaftliche Bescheidenheit

Laßt euch von der Überschrift dieses Paragraphen nicht abschrecken. Es geht im folgenden nicht um ethische Fragen. Es geht um die Art und Weise, wie man liest und eine Kartei anlegt.

Ihr werdet unter den Karten, die ich als Beispiele vorgestellt habe, eine bemerkt haben, auf der ich, damals ein junger Wissenschaftler, mir einen Autor vorgenommen und in wenigen Worten erledigt habe. Ich bin heute noch überzeugt, daß ich nicht unrecht hatte und daß ich mir mein Vorgehen erlauben konnte, weil er auf 18 Zeilen ein so wichtiges Thema abgetan hatte. Aber das war ein Grenzfall. Und ich habe ihn jedenfalls in meine Kartei aufgenommen und seine Meinung zur Kenntnis genommen. Und das nicht nur, weil man alle Meinungen zu seinem Thema registrieren muß, sondern auch, weil es durchaus nicht gesagt ist, *daß die besten Gedanken von den bekanntesten Autoren kommen.* Und dazu will ich euch die Geschichte vom Abt Vallet erzählen.

Um die Geschichte ganz zu verstehen, müßte ich euch erzählen, worin das Problem meiner Arbeit bestand und an welcher Klippe der Auslegung ich seit etwa einem Jahr hängengeblieben war. Das wird nicht alle interessieren, darum vereinfacht nur soviel: Für die zeitgenössische Ästhetik ist der Moment der Wahrnehmung des Schönen gewöhnlich ein intuitiver Moment, aber bei Thomas von Aquin kommt die Kategorie der Intuition nicht vor. Viele zeitgenössische Interpreten haben mit großer Anstrengung versucht nachzuweisen, daß er irgendwie von Intuition gesprochen habe – und das heißt, ihm Gewalt antun. Andererseits war der Augenblick der Wahrnehmung der Gegenstände bei Thomas von Aquin so kurz und so flüchtig, daß er nicht erklären konnte, wie er dazu genutzt werden kann, die sehr komplexen ästhetischen Qualitäten zu erfassen, die im Zusammenspiel der Proportionen bestehen, in den Beziehungen zwischen dem Wesen einer Sache und der Art und Weise, wie sie die Materie ordnet etc. Die Lösung lag (und ich bin einen Monat vor Abschluß der Arbeit daraufgekommen) in der Entdeckung, daß die ästhetische Betrachtung sich in dem viel komplexeren Vorgang des *Urteils* niederschlug. Aber Thomas sprach das nicht deutlich aus. Und doch konnte man, nach der Art und Weise, in der er von der ästhetischen Betrachtung sprach, nur zu diesem Ergebnis kommen. Das kommt ja oft heraus, wenn man sich um Auslegung bemüht: Man bringt einen Autor dazu, das zu sagen, was er nicht gesagt hat, was er aber hätte sagen müssen, wenn man ihm die Frage gestellt hätte. Anders ausgedrückt: Man zeigt, daß im Rahmen des behandelten Themas bei Gegenüberstellung der verschiedenen Meinungen nur diese eine Antwort richtig sein kann. Der Autor hat es vielleicht nicht gesagt, weil es ihm selbstverständlich erschien oder weil er – wie im Fall des Thomas von Aquin – das Problem der Ästhetik nie systematisch behandelt hat, es nur nebenbei ansprach und überhaupt die ganze Angelegenheit für nicht weiter problematisch ansah.

Ich hatte also ein Problem. Und keiner der Autoren, die ich las, half mir bei der Lösung (und doch war es, wenn es in meiner Arbeit überhaupt etwas Originelles gab, genau diese Frage und die damit verbundene Antwort). Und während ich verzweifelt auf der Suche nach Texten war, die mir helfen könnten, entdeckte ich bei einem Bouquinisten in Paris ein Büchlein, das mich zunächst wegen seines schönen Einbandes interessiert hatte. Als ich ihn aufschlage, stelle ich fest, daß es sich um das Buch eines gewissen Abbé Vallet handelt, *L'idée du Beau dans la Philosophie de Saint Thomas d'Aquin* (Louvain, 1887). Ich hatte es in keiner Bibliographie gefunden. Es war das Werk eines weniger bedeutenden Schriftstellers aus dem 19. Jahrhundert. Natürlich kaufe ich es (und es war nicht einmal teuer), mache mich ans Lesen und stelle fest, daß der gute Abbé Vallet ein armer Kerl war, der angelesene Ideen wiederholte und nichts Neues herausgefunden hat. Wenn ich weiterlas, dann nicht aus »wissenschaftlicher Bescheidenheit« (die kannte ich damals noch nicht, ich habe sie erst beim Lesen des Buches des Abbé Vallet gelernt, er war mein großer Lehrmeister), sondern aus purer Hartnäckigkeit und um das Geld nicht vergebens ausgegeben zu haben: Ich lese weiter und finde plötzlich, fast nebenbei und wahrscheinlich mehr aus Versehen hingeschrieben, ohne daß sich der Abbé Vallet der Bedeutung seiner Behauptung bewußt gewesen wäre, einen Hinweis auf die Theorie des Urteils im Zusammenhang mit der Schönheit. Ein Licht ging mir auf. Ich hatte den Schlüssel gefunden. Gegeben hatte ihn mir der arme Abbé Vallet. Er war seit hundert Jahren tot, keiner beschäftigte sich mit ihm, und doch hatte er jemanden, der bereit war, ihm zuzuhören, etwas lehren können.

Das nenne ich wissenschaftliche Bescheidenheit. Man kann von jedem etwas lernen. Womöglich können sogar wir, die wir doch so gut sind, uns von jemandem etwas beibringen lassen, der weniger gut ist als wir. Oder jemand, den wir für nicht so gut halten, hat verborgene Qualitäten. Oder es kann sich jemand für den einen nicht als nützlich erweisen, für den anderen aber sehr wohl. Vieles kann die Ursache sein. Wichtig ist, daß man jedem mit Respekt zuhört, ohne daß uns das davon befreien würde, selbst Bewertungen vorzunehmen; oder davon, uns klarzumachen, daß ein bestimmter Autor ganz anders als wir denkt, daß seine Auffassungen himmelweit von den unseren verschieden sind. Aber auch der heftigste Gegner kann uns auf gute Ideen bringen. Das kann vom Wetter, von der Jahreszeit, von der Tageszeit abhängen. Hätte ich den Abbé Vallet ein Jahr früher gelesen, vielleicht hätte ich die Anregung nicht erfaßt. Und wer weiß, wie viele, die mehr können als ich, ihn gelesen hatten, ohne etwas Interessantes bei ihm zu finden. Ich aber habe von diesem Ereignis gelernt, daß man grundsätzlich keine Quelle verachten darf, wenn man wissenschaftlich arbeiten will. Das nenne ich wissenschaftliche Bescheidenheit. Vielleicht ist es eine scheinheilige Umschreibung, weil hinter ihr viel Stolz steht, aber stellt keine moralische Fragen: es sei Bescheidenheit oder Stolz, praktiziert es.

V. Das Schreiben

V.1. An wen man sich wendet

An wen wendet man sich, wenn man eine Abschlußarbeit schreibt? An den Betreuer? An alle Studenten oder auch Wissenschaftler, die später die Möglichkeit haben, in der Arbeit nachzulesen? An ein breites Publikum von Nichtfachleuten? Muß man sie sich als Buch vorstellen, das Tausenden in die Hände kommt, oder als eine Mitteilung an eine wissenschaftliche Akademie?

Das sind wichtige Fragen. Denn sie entscheiden nicht nur über die äußere Anlage der Arbeit, sondern auch darüber, welches Maß an Verständlichkeit man anstrebt.

Einen Irrtum gilt es von vorneherein auszuräumen. Viele glauben, ein allgemeinverständlicher Text, in dem die Dinge so erklärt sind, daß alle sie verstehen, stelle geringere Anforderungen an die Ausdrucksfähigkeit als eine spezialisierte wissenschaftliche Untersuchung, bei der alles in Formeln ausgedrückt ist, die nur wenige Eingeweihte verstehen. Das stimmt in keiner Weise. Sicher hat die Entdeckung der Formel $E = mc^2$ durch Einstein viel mehr geistige Kraft erfordert als ein noch so erstklassiges Physikbuch. Aber gewöhnlich lassen Bücher, in denen die verwendeten Begriffe nicht völlig allgemeinverständlich erklärt werden (und in denen man sich sozusagen augenzwinkernd von Fachmann zu Fachmann verständigt) auf viel unsicherere Autoren schließen als die, in denen der Autor jede Verweisung und jeden weiteren Schritt erklärt. Lest die großen Gelehrten und die großen Kritiker, und ihr werdet sehen, daß sie, von wenigen Ausnahmen abgesehen, immer ganz klar schreiben und daß sie sich nicht genieren, alles gut zu erklären.

Hinsichtlich der Abschlußarbeit kann man sagen, daß sie sich wegen ihres Zwecks zunächst einmal an den Referenten und an den Koreferenten wendet, daß sie aber in Wirklichkeit mit dem Anspruch auftritt, von vielen anderen gelesen und konsultiert zu werden, und zwar auch von Wissenschaftlern, die auf diesem Gebiet keine Spezialisten sind.

In einer philosophischen Arbeit ist es also sicher nicht nötig, mit einer Erklärung dessen anzufangen, was Philosophie ist, und in einer vulkanologischen braucht man nicht zu sagen, was ein Vulkan ist, aber bei allem, was auch nur etwas weniger auf der Hand liegt, ist es immer gut, dem Leser alle nötigen Angaben zu machen. Vor allem *müssen die verwendeten Begriffe definiert werden*, es sei denn, es handle sich um feststehende und unbestrittene Begriffe der in Frage stehenden Disziplin. In einer Arbeit über formale Logik brauche ich nicht zu definieren, was »Implikation« ist (aber in einer Arbeit über die strikte Implikation von Lewis muß ich den Unterschied zwischen materialer und strikter Implikation erklären). In einer linguistischen Arbeit muß ich den Begriff Phonem nicht erklären (aber ich muß es, wenn Gegenstand meiner Arbeit die Definition des Phonems bei Jakobson ist). Verwende ich in der gleichen Arbeit den Begriff »Zeichen«, dann tue ich gut daran, ihn zu definieren, denn es kommt vor, daß verschiedene Autoren ihn unterschiedlich verwenden. Darum gilt als allgemeine Regel: *Man definiert alle Fachbegriffe, die in der Arbeit eine Schlüsselrolle spielen.*

Zum zweiten dürft ihr nicht davon ausgehen, daß der Leser die gleiche Arbeit hinter sich gebracht hat wie ihr als Autor. Habt ihr eine Arbeit über Cavour geschrieben, so kann man annehmen, daß auch der Leser weiß, wer Cavour* ist, haben wir aber eine über Felice Cavallotti** geschrieben, dann ist es vielleicht nicht schlecht, in Erinnerung zu rufen (und sei es auch in wenigen Worten), um welche Zeit er gelebt hat, wann er geboren ist und wie er gestorben ist. Während ich dies schreibe, liegen zwei Arbeiten, die an einer geisteswissenschaftlichen Fakultät geschrieben wurden, vor mir, die eine über Giovan Battista Andreini und die andere über Pierre Rémond de Sainte-Albine. Ich möchte schwören, daß von hundert Universitätsprofessoren, sogar lauter solchen für Literatur und Philosophie, nur einige wenige klare Vorstellungen über diese beiden wenig bedeutenden Autoren haben. Und nun beginnt die erste Arbeit (schlecht) so:

> Die Geschichte der Untersuchungen über Giovan Battista Andreini beginnt mit einem Verzeichnis seiner Werke, das von Leone Allacci erstellt wurde, einem Gelehrten und Theologen griechischer Herkunft (Chio 1586 – Rom 1669), der Beiträge zur Geschichte des Theaters schrieb etc.

Jeder wird, man kann es sich leicht vorstellen, enttäuscht darüber sein, daß er über Allacci, der über Andreini gearbeitet hat, so genau informiert wird, nicht aber über Andreini. Aber – wird der Autor sagen – Andreini ist ja ohnehin die Hauptperson meiner Arbeit. Genau, und wenn er die Hauptperson ist, dann sollte man ihn jedem, der die Arbeit aufschlägt, möglichst schnell bekanntmachen. Es reicht nicht, daß der Referent weiß, wer er ist. Man schreibt keinen Privatbrief an den Berichterstatter, sondern vielleicht ein Buch, das sich an die ganze Menschheit wendet.

Die zweite Arbeit beginnt – angemessener – so:

> Gegenstand unserer Untersuchung ist ein Text, der in Frankreich im Jahre 1747 erschienen ist; geschrieben wurde er von einem Autor, der nur wenige Spuren von sich hinterlassen hat, Pierre Rémond de Sainte-Albine ...

und danach wird der Text, um den es geht, erklärt und welche Bedeutung er hat. Das scheint mir ein richtiger Anfang. Ich erfahre, daß Sainte-Albine im 18. Jahrhundert gelebt hat, und wenn ich kaum eine Vorstellung von ihm habe, dann fühle ich mich gerechtfertigt, weil er nur wenige Spuren hinterlassen hat.

V.2. Wie man sich ausdrückt

Hat man sich einmal entschieden, *wen* man anredet (die ganze Menschheit, nicht den Referenten), so muß man entscheiden, *wie* man sich ausdrückt. Und das ist ein sehr schwieriges Problem: Gäbe es dafür erschöpfende Regeln, wir wären alle große Schriftsteller. Man kann euch empfehlen, die Arbeit immer wieder umzuschreiben oder etwas ganz anderes zu schreiben, bevor man sich an die Abschlußarbeit macht, denn Schreiben ist auch eine Übungssache. Was auch immer, einige ganz allgemeine Ratschläge kann man geben:

Ihr seid nicht Proust. Schreibt keine langen ineinandergeschachtelten Sätze, und wenn sie euch unterlaufen, schreibt sie zunächst, aber teilt sie dann auf. Habt keine Angst, zweimal das gleiche Subjekt zu verwendet, vermeidet zuviele Pronomina und zuviele Nebensätze. Schreibt nicht:

> Der Pianist Wittgenstein, der Bruder des bekannten Philosophen, der den Tractatus Logico-Philosophicus schrieb, den viele für das Hauptwerk der zeitgenössischen Philosophie halten, hatte das Glück, daß Ravel für ihn das Konzert für die linke Hand schrieb, weil er seine rechte im Krieg verloren hatte.

Schreibt lieber:

> Der Pianist Wittgenstein war der Bruder des Philosophen Ludwig. Da er im Krieg die rechte Hand verloren hatte, schrieb Ravel für ihn das Konzert für die linke Hand.

Oder auch:

> Der Pianist Wittgenstein war der Bruder des Philosophen und Verfassers des berühmten Tractatus. Der Pianist Wittgenstein hatte die rechte Hand verloren. Darum schrieb Ravel für ihn ein Konzert für die linke Hand.

Schreibt nicht:

Der irische Schriftsteller hatte auf eine Familie, auf das Vaterland und auf die Kirche verzichtet, und er blieb seinem Entschluß treu. Man kann von ihm nicht sagen, daß er ein sehr engagierter Autor war, auch wenn einige von seinen fabianischen oder "sozialistischen" Neigungen gesprochen haben. Als der Zweite Weltkrieg ausbrach, neigte er dazu, das Drama, das Europa erschüttert, nicht zur Kenntnis zu nehmen und war einzig um die Niederschrift seines letzten Werkes besorgt.

Schreibt lieber:

Joyce hatte auf eine Familie, das Vaterland und die Kirche verzichtet. Und er blieb seinem Entschluß treu. Man kann gewiß nicht sagen, daß Joyce ein "engagierter" Schriftsteller war, auch wenn einige von einem fabianischen und "sozialistischen" Joyce sprechen. Als der Zweite Weltkrieg ausbrach, neigte Joyce dazu, das Drama, das Europa erschüttert, bewußt nicht zur Kenntnis zu nehmen. Joyce kümmerte sich nur um die Niederschrift von <u>Finnegans Wake</u>.

Schreibt bitte nicht, auch wenn es »literarischer« erscheint:

Wenn Stockhausen von "Gruppen" spricht, dann hat er nicht die Reihe von Schönberg im Auge und auch nicht die von Webern. Würde dem deutschen Komponisten die Forderung gestellt, keine der 12 Töne zu wiederholen, bevor die Serie beendet ist, so würde er sie ablehnen. Es ist gerade der Begriff des "Clusters", der strukturell mehr Freiheit gewährt ist als der der Reihe.

Andererseits folgte nicht einmal Webern den strengen Grundsätzen des Komponisten von <u>Ein Überlebender aus Warschau</u>. Jetzt geht der Komponist von <u>Mantra</u> noch

> viel weiter. Und was den ersten anbelangt, so muß man die verschiedenen Abschnitte seines Werkes unterscheiden. Das sagt auch Berio: Man kann diesen Autor nicht als dogmatischen Seriellen bezeichnen.

Ihr werdet gemerkt haben, daß man ab einem gewissen Zeitpunkt überhaupt nicht mehr weiß, *von wem* die Rede ist. Und es ist auch logisch nicht richtig, einen Komponisten mit Hilfe eines seiner Werke zu kennzeichnen. Natürlich sprechen seit einiger Zeit Kritiker (aus Angst, den Namen zu oft zu wiederholen, etwas, wovon ihnen offenbar Bücher über guten Stil abraten), statt von Manzoni vom *»Verfasser der Verlobten«*. Aber der Verfasser der *Verlobten* ist nicht die Person Manzonis in ihrer biographischen Gesamtheit: Jedenfalls können wir in anderem Zusammenhang davon sprechen, daß zwischen dem Verfasser der *Verlobten* und dem Verfasser des *Adelchi** ein beachtlicher Unterschied besteht, auch wenn es sich biographisch und anagraphisch gesprochen um ein und dieselbe Person handelt. Darum würde ich die eben zitierte Stelle so formulieren:

> Wenn Stockhausen von "Gruppen" spricht, dann denkt er weder an die Reihe von Schönberg noch an die von Webern. Würde man Stockhausen vor die Notwendigkeit stellen, keine der zwölf Töne vor dem Ende der Reihe zu wiederholen, würde er nicht darauf eingehen. Es handelt sich um den Begriff "Cluster", welcher strukturell weniger festgelegt ist als der der Reihe. Andererseits hielt sich nicht einmal Webern an die strengen Grundsätze von Schönberg. Jetzt geht Stockhausen noch viel weiter. Und was Webern anbelangt, so muß man zwischen den verschiedenen Phasen seines Werkes unterscheiden. Auch Berio betont, daß man sich Webern nicht als dogmatischen Seriellen vorstellen darf.

Ihr seid nicht e. e. cummings. Cummings war ein amerikanischer Schriftsteller, der seinen Namen mit kleinen Anfangsbuchstaben schrieb. Und natürlich gebrauchte er Punkte und Kommata sehr sparsam, er zerhackte die Zeilen seiner Verse, er tat alles, was ein Lyriker der Avantgarde macht und dem das gut ansteht. Aber ihr seid kein Dichter der Avantgarde. Auch nicht, wenn ihr eine Arbeit über die Avantgarde-Dichtung schreibt. Fangt ihr etwa zu malen an, wenn ihr eine Arbeit über Caravaggio schreibt? Wenn ihr also eine Arbeit über den Stil der Futuristen schreibt, dann formuliert nicht wie ein Futurist. Das ist eine wichtige Empfehlung, weil viele heute dazu neigen, eine Arbeit zu schreiben, die mit allem, was bisher galt, bricht, in der die Regeln einer kritischen Auseinandersetzung nicht beachtet werden. Aber die Sprache der wissenschaftlichen Arbeit ist eine Metasprache, eine Sprache also, die von anderen Arten zu sprechen handelt. Ein Psychiater, der über Geisteskranke schreibt, drückt sich nicht wie ein Geisteskranker aus. Ich behaupte nicht, daß es falsch sei, sich wie ein sogenannter Geisteskranker auszudrücken. Man könnte – und mit gutem Grund – überzeugt sein, daß es die einzige Art ist, sich vernünftig auszudrücken. Aber dann habt ihr zwei Möglichkeiten: Schreibt keine Abschlußarbeiten und bringt euren Wunsch, mit allem zu brechen, dadurch zum Ausdruck, daß ihr auf den Universitätsabschluß verzichtet und vielleicht anfangt, Gitarre zu spielen; oder aber ihr schreibt die Arbeit, aber dann müßt ihr allen erklären, warum die Ausdrucksweise der Geisteskranken nicht eine »verrückte« Ausdrucksweise ist, und um das zu tun, müßt ihr eine kritische Metasprache verwenden, die alle verstehen. Der Pseudo-Dichter, der eine Abschlußarbeit in Gedichtform schreibt, ist ein armer Kerl (wahrscheinlich ein schlechter Dichter). Von Dante bis Eliot und von Eliot bis Sanguineti haben die Dichter, die ihrer Zeit voraus waren, in Prosa und ganz klar geschrieben, wenn sie *über* ihre Dichtung sprechen wollten. Und wenn Marx über die Arbeiter sprechen wollte, dann schrieb er nicht wie ein Arbeiter seiner Zeit, sondern wie ein Philosoph. Als er dann zusammen mit Engels

1848 das *Manifest* schrieb, arbeitete er mit einem journalistischen Stil, mit kurzen Sätzen, sehr einprägsam, provozierend. Aber dies ist nicht der Stil von *Das Kapital*, das sich an Ökonomen und Politiker richtete. Erzählt mir nicht, daß das Dichterische euch von innen heraus »vorspricht«* und daß ihr euch der primitiven und simplen Metasprache der Wissenschaft nicht unterwerfen könnt. Seid ihr ein Dichter? Dann macht keinen akademischen Abschluß, Montale hat ihn auch nicht und ist trotzdem ein sehr bedeutender Dichter. Gadda (der Ingenieurwissenschaften studiert hat) schrieb immer auf seine Art, alles voller Dialektausdrücke und Stilbrüche, aber als er ein Vademecum für den Nachrichtenredakteur beim Rundfunk zu verfassen hatte, da schrieb er eine amüsante, präzise und einfache Anleitung für eine klare und allgemein verständliche Sprache. Und wenn Montale einen wissenschaftlichen Aufsatz schreibt, dann macht er das so, daß alle ihn verstehen, auch diejenigen, die seine Gedichte nicht verstehen.

Macht viele Absätze. Immer dann, wenn es notwendig ist, wenn der Rhythmus des Textes es erfordert. Aber je öfter ihr es machen könnt, um so besser.

Schreibt alles, was euch durch den Kopf geht, aber nur im ersten Durchgang. Danach merkt ihr, daß euch die Begeisterung die Hand geführt hat und euch vom Zentrum eures Gegenstandes weggeführt hat. Dann streicht ihr die in Klammern gesetzten Teile, die Abschweifungen, und bringt sie in *Anmerkungen* oder im *Anhang* (siehe dort) unter. Die Abschlußarbeit dient dazu, eine am Anfang aufgestellte These zu beweisen, sie soll nicht zeigen, daß ihr alles wißt.

Benützt den Betreuer als Versuchskaninchen. Ihr müßt es fertigbringen, daß der Betreuer die ersten Kapitel (und dann nach und nach auch alles andere) lange vor der Ablieferung der Arbeit liest. Seine Reaktionen können euch helfen. Wenn er zu beschäftigt (oder zu faul) ist, wendet euch an einen Freund. Prüft, ob ein anderer versteht, was ihr schreibt. Spielt nicht das einsame Genie.

Versteift euch nicht darauf, mit dem ersten Kapitel anzufangen. Vielleicht ist eure Vorbereitung und Materialsammlung für das vierte Kapitel weiter gediehen. Fangt damit so routiniert an, als hättet ihr die vorangehenden Kapitel schon geschrieben. Das gibt euch Mut. Natürlich müßt ihr einen Anker haben, und den bildet die vorläufige Inhaltsangabe, die euch von Beginn an leitet (S. IV.1.).

Gebraucht keine Auslassungszeichen (..), keine Ausrufezeichen, erklärt ironische Stellen nicht. Man kann sich einer rein *sachlichen* oder einer *bildlichen* Ausdrucksweise bedienen. Unter *sachlicher* Ausdrucksweise verstehe ich eine solche, bei der alle Dinge mit ihrem gängigsten Namen bezeichnet werden, den alle verstehen und der für Mißverständnisse keinen Raum läßt. »Der Zug Venedig – Mailand« bezeichnet sachlich, was bildlich »Der Lagunen-Pfeil« heißt. Aber dieses Beispiel zeigt auch, daß man auch in einer »alltäglichen« Mitteilung eine zumindest teilweise bildliche Sprache gebrauchen kann. Ein wissenschaftlicher Aufsatz, ein wissenschaftlicher Text sollten möglichst in einer sachlichen Sprache geschrieben sein (wobei alle Begriffe klar definiert und eindeutig sind (sein sollten)), es kann aber auch angebracht sein, Metaphern, Ironie und Litotes anzubringen. Hier ein sachlicher Text und dann seine Umsetzung in vertretbare bildliche Ausdrücke.

Sachliche Version: – Krasnapolsky ist kein sehr scharfsinniger Interpret des Werkes von Danieli. Seine Interpretation entdeckt beim Autor Dinge, die dieser wahrscheinlich nicht sagen wollte. Die Zeile »und am Abend die Wolken betrachten« versteht Ritz als einfache landschaftsmalerische Wendung, während Krasnapolsky darin eine symbolische Wendung sieht, die auf das Tun des Dichters anspielt. Man darf sich nicht auf den kritischen Scharfsinn von Ritz verlassen, aber auch Krasnapolsky darf man nicht trauen. Hilton bemerkt, daß, »wenn Ritz einem Reiseprospekt ähnelt, dann Krasnapolsky einer Fastenpredigt«. Und er fügt hinzu: »Wirklich zwei perfekte Kritiker«.

Bildhafte Darstellung: Wir sind nicht überzeugt, daß Krasnapolsky der scharfsinnigste Interpret Danielis ist. Man hat den Eindruck, daß er seinem Autor beim Lesen manches gewaltsam in den Mund legt.

Während Ritz die Zeile »und am Abend die Wolken betrachten« als einfache landschaftsmalerische Wendung versteht, drückt Krasnapolsky hier aufs symbolische Pedal und sieht eine Anspielung auf die Tätigkeit des Dichters. Es ist nicht so, daß Ritz ein Musterbeispiel an kritischer Tiefe wäre, aber auch Krasnapolsky ist mit Vorsicht zu genießen. Wie Hilton bemerkt, erinnert Ritz an einen Reiseprospekt, während Krasnapolsky einer Fastenpredigt ähnelt: zwei Modelle vollendeter Kritiker.

Ihr werdet gemerkt haben, daß die bildhafte Version einige rhetorische Kunstgriffe verwendet. Zunächst die *Litotes*. Wenn man sagt, man sei nicht überzeugt, daß jener ein scharfsinniger Interpret sei, dann heißt das, man ist *überzeugt*, daß er *kein* scharfsinniger Interpret ist. Dann sind da die Metaphern: etwas in den Mund legen, aufs symbolische Pedal drücken. Und dann noch einmal: die Behauptung, daß Ritz kein Wunder von tieferem Verständnis ist, bedeutet, daß er nur ein mäßiger Kritiker ist (*Litotes*). Die Hinweise auf den Reiseprospekt und auf die Fastenpredigt sind *Vergleiche*, während die Bemerkung, beide Autoren seien perfekte Kritiker, ein Beispiel für *Ironie* ist: man sagt etwas, um das Gegenteil auszudrücken.

Rhetorische Figuren verwendet man oder man verwendet sie nicht. Wenn man sie verwendet, dann deshalb, weil man davon ausgeht, daß der Leser sie erfassen kann und daß eine Argumentation auf diese Weise einprägsamer und überzeugender wirkt. Man braucht sich also solcher Wendungen nicht zu schämen, und man *braucht sie nicht zu erklären*. Hält man seine Leser für Idioten, dann sollte man keine rhetorischen Figuren gebrauchen, aber sie gebrauchen und sie erklären, heißt den Leser als Idioten zu bezeichnen. Dieser rächt sich, indem er den Autor einen Idioten nennt. Hier nur ein Beispiel dafür, wie ein ängstlicher Autor Wendungen, die er gebraucht, »neutralisieren« und entschuldigen würde.

Bildhafte Darstellung, die von Unsicherheit gekennzeichnet ist: Wir sind nicht davon überzeugt, daß Krasnapolsky der ... scharfsinnigste Interpret von Danieli ist. Er macht den Eindruck, daß er beim Lesen seinem Autor ... die Worte in den Mund legt. Die Zeile: »und am

Abend die Wolken betrachten« versteht Ritz als eine einfache »landschaftsmalerische« Bemerkung, während Krasnapolsky das ... symbolische Pedal drückt und hier eine Anspielung auf die Tätigkeit des Dichtens sieht. Es ist nicht so, daß Ritz ein ... Wunder an kritischer Interpretation wäre, aber Krasnapolsky ist ... mit Vorsicht zu genießen! Wie Hilton bemerkt, ähnelt Ritz einem ... Reiseprospekt, während Krasnapolsky einer ... Fastenpredigt ähnelt. Und er bezeichnet sie (allerdings ironisch!) als zwei Modelle vollendeter Kritik. Nun aber Scherz beiseite, ... etc. etc.

Keiner wird, davon bin ich überzeugt, so kleinkariert sein, daß er einen derart mit Ausdrücken der Unsicherheit und mit um Entschuldigung bittendem Augenzwinkern durchzogenen Text schreibt. Ich habe übertrieben (und diesmal *sage ich es*, denn es ist aus didaktischen Gründen wichtig, daß die Parodie als solche erkannt wird). Aber die dritte Fassung des Textes enthält in gedrängter Form viele schlechte Gewohnheiten des dilettantischen Schreibers. Zunächst der [im Deutschen nicht übliche] Gebrauch von *Auslassungspunkten*, um anzukündigen: »Vorsicht, jetzt kommt etwas ganz Starkes!«. Kindlich. Auslassungspunkte verwendet man, wie wir sehen werden, nur im Rahmen eines Zitats, um ausgelassene Stellen zu kennzeichnen, und *höchstens* noch am Schluß eines Satzes, um deutlich zu machen, daß eine Aufzählung noch nicht vollständig ist und daß noch weiteres zu sagen wäre. Zum zweiten ist da das *Ausrufungszeichen*, um eine Feststellung zu unterstreichen. Es macht sich schlecht, zumindest in einer wissenschaftlichen Abhandlung. Wenn ihr in dem Buch nachseht, das ihr gerade lest, dann werdet ihr feststellen, daß ich ein- oder zweimal ein Ausrufungszeichen gesetzt habe. Ein- oder zweimal lasse ich durchgehen, wenn es dazu dient, den Leser aufzurütteln, um eine sehr gewichtige Aussage von der Art: »Vorsicht, begeht nie diesen Fehler!« zu unterstreichen. Aber es ist guter Brauch, normalerweise sich bescheiden auszudrücken.

Habt ihr Wichtiges zu sagen, dann macht es so mehr Eindruck. Zum dritten entschuldigt sich der Autor der dritten Variante für den Gebrauch ironischer Wendungen (auch durch andere) und weist auf sie hin. Erscheint einem die Ironie Hiltons zu subtil, so kann man natürlich schreiben: »Hilton schreibt mit feiner Ironie, daß wir es mit zwei perfekten Kritikern zu tun haben.« Aber es muß sich dann wirklich um subtile Ironie handeln. Im Beispielsfall, in dem Hilton von Reiseprospekt und Fastenpredigt gesprochen hat, war die Ironie offensichtlich, und sie mußte nicht ausdrücklich erklärt werden. Gleiches gilt für »Scherz beiseite«. Manchmal kann es angebracht sein, um den Ton der Argumentation plötzlich zu wechseln, aber man muß vorher wirklich gescherzt haben. Im zitierten Fall war vorher mit Ironie und Metaphern gearbeitet worden, und das sind sehr ernstzunehmende rhetorische Kunstgriffe.

Ihr werdet in diesem Buch festgestellt haben, daß ich wenigstens zweimal ein Paradoxon formuliert und darauf hingewiesen habe, daß es sich um ein solches handelt. Aber das habe ich nicht in der Meinung getan, ihr hättet es nicht verstanden. Ich habe es im Gegenteil getan, weil ich fürchtete, ihr hättet es nur allzugut verstanden und man dürfe diesem Paradoxon nicht glauben. Darum lag mir daran festzuhalten, daß meine Aussage, trotz ihrer Einkleidung in ein Paradoxon, eine wichtige Wahrheit enthielt. Und ich habe das ganz klargestellt, weil wir es hier mit einem didaktischen Buch zu tun haben, in dem es mir mehr als auf guten Stil darauf ankommt, daß alle verstehen, was ich sagen will. Hätte ich einen wissenschaftlichen Aufsatz geschrieben, ich hätte das Paradoxon gebraucht, ohne hinterher darauf hinzuweisen.

Definiert jeden Begriff, wenn ihr ihn zum ersten Mal verwendet. Könnt ihr ihn nicht definieren, so verwendet ihn nicht. Handelt es sich um einen der Schlüsselbegriffe eurer Arbeit und ihr könnt ihn nicht definieren, laßt es ganz bleiben. Ihr habt das falsche Thema (oder den falschen Beruf).

Erklärt nicht, wo Rom liegt, wenn ihr nicht auch erklärt, wo Timbuktu liegt. Es läuft einem kalt über den Rücken, wenn man Sätze wie den folgenden liest: »Der pantheistische jüdisch-holländische Philosoph Spinoza wurde von Guzzo bezeichnet als …«. Halt! Entweder schreibt ihr eine Arbeit über Spinoza, dann wissen eure Leser, wer Spinoza ist, und ihr habt ihnen auch schon gesagt, daß Augusto Guzzo ein Buch über ihn geschrieben hat. Oder aber ihr zitiert die Feststellung nebenbei in einer Arbeit über Atomphysik, dann aber darf ich nicht davon ausgehen, der Leser wisse nicht, wer Spinoza, wohl aber, wer Guzzo sei. Oder aber ihr schreibt eine Arbeit über die Philosophie in Italien nach Gentile*, dann wissen alle, wer Guzzo, aber auch wer Spinoza ist. Schreibt nicht, auch nicht in einer historischen Arbeit: »T. S. Eliot, ein englischer Schriftsteller« (abgesehen davon, daß er in Amerika geboren wurde). Man darf davon ausgehen, daß T. S. Eliot allgemein bekannt ist. Will man die Tatsache unterstreichen, daß es gerade ein Engländer war, der etwas Bestimmtes gesagt hat, dann schreibt man allenfalls. »Es war ein Engländer, Eliot, der gesagt hat …«. Schreibt ihr aber eine Arbeit über Eliot, dann laßt euch dazu herab, alle notwendigen Angaben zu machen. Wenn ihr es nicht im Text tut, dann wenigstens in einer Fußnote gleich zu Beginn, und seid dabei so anständig und so genau, in einer Zusammenfassung von zehn Zeilen alle notwendigen biographischen Angaben zu machen. Es ist nicht sicher, daß der Leser, mag er mit der Materie noch so vertraut sein, das Geburtsdatum Eliots im Kopf hat. Das gilt um so mehr, wenn ihr über einen weniger bedeutenden Schriftsteller aus früheren Jahrhunderten schreibt. Ihr dürft nicht annehmen, alle wüßten, um wen es sich handelt. Sagt darum gleich, wer er ist, wie er einzuordnen ist usw. Aber selbst wenn der Autor Molière ist, was kostet eine Fußnote mit zwei Angaben zur Person? Man weiß nie.

Ich oder wir? Muß man in der Arbeit die eigenen Auffassungen in der ersten Person bringen? Muß man sagen. »Ich bin der Auffassung, daß …«? Einige halten es für wissenschaftlich aufrichtiger, so zu verfahren, als den »pluralis maiestatis« zu gebrauchen. Ich würde das nicht sagen. Man sagt »wir«, weil man davon ausgeht, daß eine Feststellung von den Lesern geteilt werden kann. Schreiben ist ein Akt der Mitteilung: ich schreibe, damit du, der du liest, das akzeptierst, was ich vorschlage. Allenfalls kann man versuchen, Personalpronomen ganz zu vermeiden, indem man auf unpersönliche Ausdrücke ausweicht wie: »Man muß also zu dem Schluß kommen, daß; es erscheint nunmehr erhärtet, daß; man müßte hier sagen, es ist denkbar, daß; daraus ist zu folgern, daß; prüft man diese Ausführungen, so ergibt sich, daß«, etc. Man muß weder »Der Aufsatz, den ich oben zitiert habe«, noch »Der Aufsatz, den wir oben zitiert haben« schreiben, wenn »der oben zitierte Aufsatz« ausreicht. Aber ich meine, man kann durchaus schreiben: »Der oben zitierte Aufsatz zeigt *uns*», weil ein solcher Ausdruck der wissenschaftlichen Diskussion nichts von ihrer Objektivität nimmt.

V.3. Die Zitate

V.3.1. Wann und wie man zitiert: zehn Regeln

Normalerweise zitiert man in einer wissenschaftlichen Arbeit viele fremde Texte. Den Text, der den Gegenstand eurer Arbeit bildet, die Primärquelle also, und die kritische Literatur zum Thema, die Sekundärliteratur.

Es gibt zwei Arten von Zitaten: a) Man zitiert einen Text, mit dem man sich dann auseinandersetzt und den man interpretiert, und b) man zitiert einen Text zur Unterstützung der eigenen Auslegung.

Es ist schwer zu sagen, ob man ausgiebig oder sparsam zitieren soll. Das hängt von der Art der Arbeit ab. Die kritische Auseinandersetzung mit einem Schriftsteller verlangt natürlich, daß umfangreiche Stellen aus seinem Werk wiedergegeben und analysiert werden. Manchmal kann das Zitat ein Zeichen für Faulheit sein, weil der Kandidat nämlich bestimmte Angaben nicht zusammenfassen kann oder will und das lieber einen anderen machen läßt.

Daher im folgenden zehn Regeln fürs Zitieren:

Regel 1 – Jene Stellen, die analysiert und interpretiert werden sollen, werden einigermaßen ausführlich zitiert.

Regel 2 – Textstellen aus der Sekundärliteratur werden nur zitiert, wenn sie wegen ihres Gewichts unsere Auffassung unterstützen oder bestätigen.

Aus diesen zwei Regeln sind einige auf der Hand liegende Folgerungen zu ziehen. Zunächst einmal ist etwas nicht in Ordnung, wenn die zu analysierende Stelle länger als eine halbe Seite ist. *Entweder* habt ihr ein Stück Text ausgewählt, das für eine Analyse zu lang ist und das ihr darum nicht Punkt für Punkt analysieren könnt, *oder* ihr habt es nicht mit einem Teilabschnitt, sondern mit einem ganzen Text zu tun, den ihr weniger analysiert als insgesamt beurteilt. Ist also in solchen Fällen der Text wichtig, aber zu lang, dann ist es besser, ihn im *Anhang* wiederzugeben und im Laufe eurer Untersuchung nur einzelne Stellen zu zitieren.

Zum zweiten müßt ihr beim Zitieren von Sekundärliteratur sicher sein, daß das Zitat etwas Neues enthält oder daß es eure Meinung auf Grund seiner *Autorität* absichert. Hier zwei Beispiele für *überflüssige* Zitate:

> Die Massenkommunikationsmittel sind, wie McLuhan sagt, "eine der zentralen Erscheinungen unserer Zeit". Man darf nicht vergessen, daß nach Savoy allein in unserem Land zwei von drei Personen ein Drittel des Tages vor den Fernsehschirmen verbringen.

Was ist an diesen Zitaten falsch oder doch naiv? Vor allem ist die Aussage, daß die Massenkommunikationsmittel eine Erscheinung unserer Zeit sind, so selbstverständlich, daß jeder sie getroffen haben könnte. Es ist durchaus möglich, daß auch McLuhan sie gemacht hat (ich habe das Zitat erfunden und nicht weiter geprüft), aber man braucht sich nicht auf irgend jemandes Autorität zu berufen, um etwas so Offensichtliches nachzuweisen. Zum zweiten ist es zwar möglich, daß die dann wiedergegebenen Zahlen über den Fernsehkonsum stimmen, aber Savoy stellt keine *Autorität* dar (er ist eine von mir erfundene Person wie Herr Müller oder Herr Maier). Hier hättet ihr eine von einem bekannten und anerkannten Forscher verantwortete Untersuchung zitieren sollen, Daten eines statistischen Amtes, eine von euch angestellte Untersuchung mit beweisfähigen Tabellen als Anhang. Statt einen obskuren Savoy zu zitieren, hättet ihr besser geschrieben. »Man kann ruhig annehmen, daß zwei von drei Personen ... usw.«.

Regel 3 – Wer zitiert, läßt damit erkennen, daß er die Ansicht des zitierten Autors teilt, es sei denn, er bringe im Zusammenhang mit dem Zitat etwas anderes zum Ausdruck.

Regel 4 – Aus jedem Zitat müssen sich der Autor und die Quelle (gleichgültig ob sie gedruckt ist oder in einem Manuskript besteht) klar ergeben. Diese Zuordnung kann auf verschiedene Weise erfolgen:

a) Mit einer hochgestellten Zahl, die auf eine Anmerkung verweist, insbesondere wenn es sich um einen Autor handelt, der zum ersten Mal genannt wird.
b) Mit Angabe des Autors und des Jahres der Veröffentlichung des Werkes nach dem Zitat in Klammer (dazu s. V.4.3.).
c) Mit einer einfachen Klammer, die auf die Seitenzahl verweist, wenn ein ganzes Kapitel oder die ganze Arbeit das Werk eines Autors zum Gegenstand hat. Man vergleiche Schaubild 15 dafür, wie eine Seite der Arbeit *Das Problem der Epiphanie im »Portrait« von James Joyce* aussehen könnte. In ihr wird das Werk, um das es in der Arbeit geht, in Klammern mit der Seitenzahl im Text zitiert, nachdem die Entscheidung gefallen ist, der Einfachheit halber die deutsche Übersetzung zu benützen; Sekundärliteratur wird dagegen in Fußnoten zitiert.

Regel 5 – Die Primärquellen werden, wenn möglich, nach der kritischen Ausgabe oder nach der anerkanntesten Ausgabe zitiert; nicht empfehlenswert ist es, in einer Arbeit über Balzac nach der Ausgabe von Livre de Poche zu zitieren, man greift zumindest auf die Gesammelten Werke der Pléiade zurück.

Bei Autoren des Altertums oder bei klassischen Autoren folgt man dem allgemein üblichen Brauch und zitiert Paragraphen,

Kapitel, Verse (siehe III.2.3.). Bei modernen Autoren zitiert man, wenn es mehrere Ausgaben gibt, je nachdem, die erste oder die letzte durchgesehene und berichtigte. Man zitiert aus der ersten, wenn die folgenden nur Nachdrucke sind, aus der letzten, wenn sie Berichtigungen, Ergänzungen enthält oder sonst auf den neuesten Stand gebracht ist. Jedenfalls muß man deutlich machen, daß es eine erste und eine soundsovielte Auflage gibt, und man muß klarstellen, aus welcher man zitiert (siehe dazu III.2.3.).

Regel 6 – Ist ein fremdsprachiger Autor Gegenstand der Untersuchung, so wird in der Originalsprache zitiert. Diese Regel ist absolut bindend, wenn es sich um ein literarisches Werk handelt. In diesen Fällen kann es durchaus nützlich sein, in Klammer oder in einer Fußnote eine Übersetzung hinzuzufügen. Folgt in dieser Frage den Empfehlungen des Betreuers! Handelt es sich um einen Autor, bei dem ihr nicht den literarischen Stil analysiert, sondern bei dem es auf die genaue Darstellung seiner Gedanken mit allen sprachlichen Nuancen ankommt (z.B. bei der Kommentierung von Textstellen eines Philosophen), dann ist es gut, den Originaltext als Arbeitsgrundlage zu benützen, aber es empfiehlt sich dringend, eine Übersetzung hinzuzufügen, weil sie schon einen ersten Interpretationsversuch durch euch darstellt. Zitiert man schließlich einen fremdsprachigen Autor, aber nur, um von ihm Informationen, statistische Angaben, historische Informationen oder ein allgemeines Urteil zu übernehmen, dann kann man auch eine gute Übersetzung benützen oder eine Stelle sogar selbst übersetzen, damit der Leser nicht von Sprache zu Sprache springen muß. Es genügt, das Original ordnungsgemäß zu zitieren und klarzustellen, welche Übersetzung man verwendet. Schließlich kann es noch vorkommen, daß man über einen ausländischen Autor schreibt, daß es sich bei diesem Autor zwar um einen Lyriker oder Schriftsteller handelt, aber daß seine Texte nicht im Hinblick auf ihren Stil, sondern im Hinblick auf die in ihnen enthaltenen Ideen untersucht werden. Werden in solchen Fällen laufend lange Zitate erforderlich, so kann man eine gute Übersetzung heranziehen, um die Darstellung flüssiger zu machen, und man kann sich darauf beschränken, kurze Textstellen *im Original* zu bringen, wenn es darum geht, gerade den charakteristischen Gebrauch eines Ausdrucks deutlich zu machen. So ist es im Beispiel der Arbeit über Joyce in Schaubild 15 der Fall. Siehe auch Punkt c) der Regel 4.

Regel 7 – Die Verweisung auf Autor und Werk muß *klar* sein. Das folgende (*falsche*) Beispiel soll klarstellen, was damit gemeint ist:

> Wir sind mit Vasquez der Auffassung, daß das "fragliche Problem weit davon entfernt ist, gelöst zu sein"[1], und entgegen der bekannten Auffassung von Braun, für den "diese alte Frage endgültig aufgeklärt"[2] ist, teilen wir die Auffassung unseres Autors, daß "noch ein langer Weg zurückzulegen ist, bis man einen Zustand ausreichenden Wissens erreicht hat".

Das erste Zitat stammt sicher von Vasquez und das zweite von Braun, aber ist das dritte wirklich von Vasquez, wie der Zusammenhang vermuten läßt? Und kann man, da wir doch für das Zitat von Vasquez in Fußnote 1 die Seite 160 angegeben haben, annehmen, daß auch das zweite Zitat auf derselben Seite desselben Werkes steht? Und wenn das dritte Zitat von Braun wäre? *So* hätte dieselbe Stelle abgefaßt werden sollen:

> Wir sind mit Vasquez der Auffassung, daß "das fragliche Problem weit davon entfernt ist, gelöst zu sein[3], und trotz der bekannten Auffassung von Braun, daß "diese alte Frage endgültig aufgeklärt ist"[4], teilen wir die Auffassung unseres Autors, daß noch "ein lan-

[1] Roberto Vasquez, Fuzzy Concepts, London, Faber, 1976, S. 160.
[2] Richard Braun, Logik und Erkenntis, München, Fink, 1968, S. 345.
[3] Roberto Vasquez, Fuzzy Concepts, London, Faber, 1976, S. 160.
[4] Richard Braun, Logik und Erkenntnis, München, Fink, 1968, S. 345.

ger Weg zurückzulegen ist, bis man einen Zustand ausreichenden Wissens erreicht hat"[5].

Zu beachten ist, daß in Fußnote 5 Vasquez a.a.O. S. 161 angegeben wurde. Stünde der Satz noch auf Seite 160, hätte man auch sagen können: Vasquez, *ebenda*. Probleme hätte es aber gegeben, wenn wir nur »ebenda« ohne den Hinweis auf Vasquez geschrieben hätten. Das hätte nämlich bedeutet, daß sich der Satz auf S. 345 des unmittelbar vorher zitierten Buches von Braun befindet. »Ebenda« bedeutet nämlich, »am gleichen Ort«, und man kann es nur verwenden, wenn man ohne jede Abweichung die Angabe der unmittelbar vorhergehenden Fußnote wiederholen will. Hätten wir dagegen im Text statt »teilen wir die Auffassung unseres Autors« geschrieben »sind wir mit Vasquez der Auffassung« und dabei immer noch auf Seite 160 Bezug genommen, dann hätten wir uns in der Fußnote auf ein einfaches »ebenda« beschränken können. Unter einer Voraussetzung: Daß von Vasquez und von seinem Werk wenige Zahlen vorher, zumindest auf derselben Seite oder nicht mehr als zwei Anmerkungen vorher die Rede war. War Vasquez aber 10 Seiten vorher zuletzt aufgetaucht, dann ist es wesentlich besser, in der Fußnote alle Angaben zu wiederholen, zumindest »Vasquez a.a.O. S. 160« zu schreiben.

Regel 8 – Überschreitet das Zitat nicht den Umfang von zwei oder drei Zeilen, dann kann es im Text des Absatzes in Anführungszeichen gebracht werden, so wie ich es jetzt tue, wenn ich Campbell und Ballou mit der Feststellung zitiere, daß »Zitate, die drei Maschinenzeilen nicht übersteigen, in Anführungszeichen gesetzt und im Text gebracht werden.«[6] Sind Zitate länger, dann ist es besser, sie *engzeilig und eingerückt* zu bringen. In diesem Fall sind Anführungszeichen nicht nötig, weil für jedermann klar ist, daß engzeilig und eingerückt geschriebene Textstellen Zitate sind; man muß allerdings darauf achten, daß

5 Vasquez, a.a.O. S. 161.

6 W. G. Campbell und S. V. Ballou, Form an Style, Boston, Houghton Mifflin, 1974, S. 40.

das gleiche System nicht auch für eigene Nebenbetrachtungen und Hilfsüberlegungen angewendet wird (sie finden statt dessen in Fußnoten ihren Platz). Hier ein Beispiel:[7]

> Wenn ein wörtliches Zitat länger als drei Maschinenzeilen ist, dann wird es vom Text in einem oder mehreren Absätzen, die im Einzeilenabstand geschrieben sind, abgehoben.
>
> Die Einteilung in Abschnitte, die sich im Original findet, muß im Zitat beibehalten werden. Abschnitte, die sich im Original unmittelbar folgen, werden im Einzeilenabstand gehalten, dem gleichen Abstand, in dem der Text der Abschnitte geschrieben wird.
>
> Abschnitte, die aus zwei verschiedenen Quellen zitiert werden und die nicht durch einen kommentierenden Text getrennt werden, müssen durch einen doppelten Zeilenabstand abgesetzt werden.[8]
>
> Eingerückt wird, um Zitate kenntlich zu machen, speziell in einem Text mit vielen und längeren Zitaten ... Man setzt keine Anführungszeichen.[9] [Anm. d. Übers.: in Italien]

Dieses Verfahren hat den großen Vorteil, daß man Zitate auf den ersten Blick erkennt, daß man sie bei einer kursorischen Lektüre überspringen kann, daß man sich ausschließlich an die Zitate halten kann, wenn sich der Leser mehr für sie als für unsere Auffassung interessiert, und es erlaubt schließlich, die Zitate leicht wiederzufinden, wenn man nachschlagen will.

Regel 9 – Die Zitate müssen *wortgetreu* sein. Erstens muß der Text Wort für Wort so übernommen werden, wie er dasteht (und es ist darum gut, nach dem Schreiben die Zitate

[7] Da wir es im vorliegenden Buch mit einer Druckseite und nicht mit einer Schreibmaschinenseite zu tun haben, wird hier statt eines kleineren Abstands ein kleinerer Schrifttyp verwendet (den die Maschine *nicht* hat) –. Die kleinere Schrift hebt sich so sehr ab, daß im übrigen Buch, wie man sieht, nicht einmal eingerückt werden mußte und es ausreicht, den Block in kleinerer Schrift durch eine Freizeile oben und unten abzugeben. Eingerückt wurde hier nur, um die Nützlichkeit dieses Vorgehens bei Maschinenschrift zu zeigen. (Die vorstehende Anmerkung ist durch moderne Schreibtechniken, die die Maschinenschrift dem Druck annähern, für viele Fälle überholt, Anm. d. Übersetzers).

[8] Campbell und Ballou, a.a.O. S. 40.

[9] P. G. Perrin, An Index to English, 4. Aufl., Chicago, Scott, Foresman und Co, 1959, S. 338.

anhand des Originals nochmals zu kontrollieren, weil sich beim Abschreiben mit der Hand oder mit der Maschine Fehler oder Auslassungen eingeschlichen haben können). Zweitens dürfen keine Textstellen ausgelassen werden, ohne daß das angezeigt wird. *Angezeigt* wird dies durch drei Punkte an der Stelle der Auslassung. Drittens darf man nichts einfügen, und jede eigene Stellungnahme, jede Klarstellung, jede Verdeutlichung muß in eckigen Klammern erscheinen. Auch Unterstreichungen, die nicht vom Autor, sondern von uns stammen, müssen als solche gekennzeichnet werden. Hier ein Beispiel: (In dem im folgenden zitierten Text werden etwas andere Regeln für eigene Einschübe gegeben, als ich sie verwende. Aber das fördert das Verständnis dafür, daß auch andere Grundgesetze angewendet werden können, wenn sie nur in sich stimmig sind und konsequent angewendet werden.)

> Innerhalb des Zitats ... können verschiedene Schwierigkeiten auftauchen ... . Läßt man einen Teil des Textes aus, so zeigt man das durch drei Punkte in ekkiger Klammer an [wir haben dagegen nur drei Punkte ohne Klammer vorgeschlagen]... . Fügt man aber zum besseren Verständnis des wiedergegebenen Textes etwas hinzu, so wird es in eckige Klammer gesetzt [es sollte hier nicht vergessen werden, daß diese Autoren von Arbeiten über französische Literatur sprechen, wo es manchmal nötig ist, ein Wort einzufügen, das im Originalmanuskript fehlt, dessen Vorhandensein der Philologe aber annimmt].
>
> ....
>
> Fehler des Französischen müssen vermieden werden, und <u>auf ein korrektes und klares Italienisch ist zu achten</u> [Unterstreichung nur hier].[10]

Ist dem zitierten Autor ein offensichtlicher Fehler (sei er stilistisch oder sachlich) unterlaufen, ist er aber trotzdem zitie-

[10] R. Campagnoli und A. V. Borsari, Guida alla tesi di laurea in lingua e letteratura francese, Bologna, Patron, 1979, S. 32.

renswert, dann müßt ihr diesen Fehler übernehmen, aber den Leser etwa mittels einer Einschaltung eines [sic] in eckiger Klammer auf ihn hinweisen. Ihr schreibt also, Savoy behaupte, daß »im Jahr 1820 [sic], nach dem Tod Napoleons, die europäische Lage undurchsichtig, voller Licht und Schatten war«. Wäre ich an eurer Stelle, so würde ich auf diesen Savoy allerdings ganz verzichten.

Regel 10 – Zitieren ist wie in einem Prozeß etwas unter Beweis stellen. Ihr müßt die Zeugen immer beibringen und den Nachweis erbringen können, daß sie glaubwürdig sind. Darum muß die Verweisung *ganz genau* sein (man zitiert keinen Autor, ohne das Buch und die Seite des Zitats anzugeben), und sie muß von jedermann *kontrolliert* werden können. Wie geht man dann aber vor, wenn wir eine uns wichtige Information oder ein wichtiges Urteil einer persönlichen Mitteilung, einem Brief, einem Manuskript verdanken? Man kann so etwas sehr wohl zitieren, wenn man eine Anmerkung der folgenden Art macht:

1. Persönliche Mitteilung des Autors (6. Juni 1975).
2. Persönlicher Brief des Autors (6. Juni 1975).
3. Am 6. Juni 1975 aufgezeichnete Erklärung.
4. C. Smith, Die Quellen der Snorri-Edda. Manuskript.
5. C. Smith, Bericht auf dem 12. Physiotherapeutischen Kongreß, Manuskript (im Erscheinen im Mouton Verlag, The Hague).

Für die Quellen 2, 4, 5 existieren, wie sich leicht feststellen läßt, Dokumente, die man jederzeit beibringen kann. Quelle 3 ist einigermaßen unbestimmt, auch weil der Ausdruck »aufgezeichnet« noch nicht erkennen läßt, ob mit dem Tonband mitgeschnitten oder schriftlich festgehalten wurde. Bei Quelle 1 könnte euch nur der Autor widersprechen (aber er könnte in der Zwischenzeit gestorben sein). In einem solchen Fall entspricht es gutem Brauch, nach der endgültigen Formulierung das Zitat dem Autor schriftlich zur Kenntnis zu bringen und ihn um Mitteilung zu bitten, ob er mit ihm einverstanden ist. Handelt es sich um eine *ganz besonders* wichtige, völlig neue

Information (eine neue Formel, das Ergebnis einer noch geheimen Forschungsarbeit), dann wäre es gut, in einem Anhang den Brief wiederzugeben, der die Zustimmung zur Veröffentlichung gibt. Vorausgesetzt natürlich, es handelt sich beim Schreiben des Briefes um eine bekannte Persönlichkeit und nicht um irgendeine Null.

Weniger wichtige Regeln. Wenn ihr mit dem Auslassungszeichen (den drei Punkten, mit oder ohne eckige Klammer) ganz genau sein wollt, dann geht folgendermaßen vor:

> Wenn wir eine weniger wichtige Stelle auslassen, ... dann folgt die Auslassung dem Satzzeichen des ungekürzten Teiles. Lassen wir einen wichtigen Teil aus ... , so steht die Auslassung vor dem Satzzeichen.

Wenn ihr Gedichte zitiert, dann haltet euch an die Sekundärliteratur, auf die ihr euch bezieht. Immer kann eine einzelne Gedichtzeile im Text zitiert werden: »La donzelletta vien dalla campagna«. Zwei Zeilen können im Text zitiert werden und werden dann durch einen Schrägstrich getrennt: »I cipressi che a Bolgheri alti e schietti / van da San Guido in duplice filar«. Handelt es sich dagegen um ein größeres Stück aus einem Gedicht, so bleibt man besser bei »engzeilig, eingerückt«.

> Und sind wir dann erst vereint,
>   Ach wie glücklich bist du und bin ich,
> Denn ich lieb süß Rosie O'Grady,
>   Und Rosie O'Grady liebt mich.

Ebenso verfährt man, wenn man es mit einer einzigen Verszeile zu tun hat, die dann Gegenstand einer eingehenden Untersuchung sein soll, wenn man also beispielsweise die wesentlichen Elemente der Dichtung Verlaines an der Zeile

> De la musique avant toute chose

erläutern wollte. Meiner Ansicht nach braucht man die Zeile auch nicht zu unterstreichen, selbst wenn sie in einem fremdsprachigen Text steht. Besonders wenn die Arbeit Verlaine zum

Gegenstand hat: Sonst müßtet ihr Hunderte von Seiten unterstreichen. Aber man würde schreiben (und deutlich machen, daß die Unterstreichung von euch stammt, Unterstreichung nur hier),

> De la musique avant toute chose
> et pour cela préfère l' impair
> plus vague et plus soluble dans l'air,
> sans rien en lui qui pèse et qui pose ...

wenn im Zentrum eurer Untersuchung der Gedanke der »Disparität« stünde.

V.3.2. Zitat, sinngemäße Wiedergabe, Plagiat

Beim Erstellen der Lektürekartei habt ihr verschiedene Stellen des Autors, der für euch von Interesse ist, kürzer zusammengefaßt. Ihr habt ihn, mit anderen Worten, paraphrasiert und seine Gedanken mit eigenen Worten wiedergegeben. Andere Stellen wiederum habt ihr ganz in Anführungszeichen festgehalten.

Beim Schreiben der Arbeit habt ihr dann das Original nicht mehr vor euch liegen, und ihr übernehmt vielleicht längere Textstellen aus der Kartei. Dann müßt ihr aufpassen, daß es sich wirklich um eine sinngemäße Wiedergabe und nicht um *Zitate ohne Anführungszeichen* handelt. Andernfalls hättet ihr ein *Plagiat* begangen.

Diese Form des Plagiats kommt in der Abschlußarbeit häufig vor. Der Student hat dabei ein gutes Gewissen, weil er an irgendeiner Stelle in einer Fußnote den Autor nennt, auf den er sich bezieht. Aber der Leser bekommt einen schlechten Eindruck, wenn er feststellt, daß jene Stellen den Text des Autors nicht sinngemäß wiedergeben, sondern in Wirklichkeit ohne Anführungszeichen *abgeschrieben* sind. Und das gilt nicht nur für den Referenten, sondern für jeden, der eure Arbeit später zu Gesicht bekommt, sei es, um sie zu veröffentlichen, sei es, um sich ein Urteil über eure Fähigkeiten zu bilden.

Der Text Porträt ist reich an solchen Momenten der Ekstase, die schon in Stephen Hero als epiphanisch definiert worden waren:

> Schimmernd und zitternd, zitternd und sich entfaltend, ein anbrechendes Licht, eine sich öffnende Blume, breitete sich das in endloser Folge des Immergleichen, brach auf in vollem Karmesin und entfaltete sich und verblich zu blassestem Rosenrot, Blatt um Blatt und Lichtwelle um Lichtwelle, überflutete die Himmel mit seinen sanften Gluten, und jede Glut war dunkler als die andere (S. 442).

Man erkennt aber sofort, daß auch die "Unterwasser-Vision" sich gleich in eine Flammenvision verwandelt, in der rote Töne und Gefühle von Glanz vorherrschen. Vielleicht gibt der Originaltext mit Ausdrücken wie "a brakin light" oder "wave of light by wave of light" und "soft flashes" diesen Übergang noch besser wieder. Nun wissen wir, daß im Porträt die Methaphern des Feuers häufig wiederkehren, das Wort "fire" kommt mindestens 59 mal und die verschiedenen Formen von "flame" kommen 35 mal vor[1]. Wir können also sagen, daß die Erfahrung der Epiphanie sich mit der des Feuers verbindet und das liefert nur den Schlüssel, um auf die Suche nach den Beziehungen zwischen dem frühen Joyce und dem D'Annunzio von Das Feuer zu gehen.

Sehen wir uns also diese Stelle an:

> Oder war es, weil seine Augen so schwach waren wie sein Geist schüchtern, daß er darum weniger Vergnügen an der Reflektion der sichtbar aufscheinenden Sinnenwelt im Prisma vielfarbener und üppig verwobener Sprache hatte ... (S. 435).

bei der Verbindung zu einer Stelle zu D'Annunzios Feuer ganz überraschend ist, wo es heißt:

> hineingezogen in jene Atmosphäre, die wie die Feuersglut einer Schmiede brannte ... [attratta in quell'atmosfera ardente come il campo d'una fucina ...]

1) L. Hancock, A. Word Index to J. Joyce's Portrait of the Artist, Carbondale, Southern Illinois University Press, 1976

Schaubild 15: Beispiel für die zusammenhängende Analyse eines einheitlichen Textes

Wie kann man sich Sicherheit darüber verschaffen, daß es sich um eine sinngemäße Wiedergabe und nicht um ein Plagiat handelt? Das ist zunächst vor allem dann sicher, wenn die Stelle wesentlich kürzer ist als das Original. Aber es gibt Fälle, in denen der Autor in einem kurzen Satz oder Abschnitt so Gehaltvolles sagt, daß die Umschreibung sehr lang wird, vielleicht länger als das Original. Dann muß man nicht krampfhaft darauf bedacht sein, nicht die gleichen Wörter zu verwenden, weil es manchmal unvermeidlich oder sogar nützlich sein kann, bei bestimmten Ausdrücken zu bleiben. Den zuverlässigsten Nachweis habt ihr dann, wenn es euch gelungen ist, einen Text sinngemäß wiederzugeben, ohne ihn vor Augen zu haben. Das bedeutet, daß ihr ihn nicht nur nicht abgeschrieben, sondern daß ihr ihn noch dazu verstanden habt.

Um diesen Punkt zu verdeutlichen, gebe ich im folgenden – unter 1. – einen Ausschnitt aus einem Buch wieder. Es handelt sich um Norman Cohn, *Das Ringen um das Tausendjährige Reich*, Bern, 1961, deutsch von Eduard Thorsch (Titel der Originalausgabe: The Pursuit of the Millennium), S. 28.

Unter 2. gebe ich ein Beispiel für eine sinnvolle Paraphrase.

Unter 3. gebe ich ein Beispiel für eine falsche *Paraphrase*, die ein Plagiat darstellt.

Unter 4. gebe ich das Beispiel einer Paraphrase, die Nummer 3 entspricht, bei dem aber das Plagiat durch den anständigen Gebrauch von Anführungszeichen vermieden wird.

1. Der Originaltext

Mit noch größerer Spannung sah man jedoch dem Erscheinen des Antichrist entgegen. Generation um Generation lebte in beständiger Furcht vor diesem alles vernichtenden Dämon, unter dessen Herrschaft gesetzloses Chaos, Raub und Plünderung, Folter und Massenmord regieren würden, während er doch gleichzeitig der Herold der so lang ersehnten Erfüllung, der Wiederkehr Christi und des Königreichs der Heiligen war. Unentwegt hielt man nach den »Zeichen« Ausschau, die nach der prophetischen Überlieferung die endgültig letzte »Zeit der Trübsal« ankündigen und begleiten sollten; und da diese »Zeichen« schlechte Regenten, Bürgerkrieg, Trockenheit, Hungersnot, Seuchenzüge, Kometen, den plötzlichen Tod prominenter Männer und ganz allgemein ein Überhandnehmen der Sünde einschlossen, fiel es nie schwer, sie zu finden.

2. *Eine sachgerechte Paraphrase*
Sehr ausführlich in dieser Hinsicht ist Cohn. Er stellt die für jene Zeit charakteristische Spannung dar, in der die von Schmerz und Unordnung geschürte Erwartung des Antichrist gleichzeitig Erwartung des Reiches des Dämons und Vorspiel zur Wiederkunft des Herrn, der Parusie, der Rückkehr des triumphierenden Christus darstellt. Und in einer Zeit, die durch traurige Ereignisse, Plünderungen, Raub, Entbehrungen und Seuchen gekennzeichnet war, fehlte es den Menschen nicht an »Zeichen«, die dem entsprachen, was die verschiedenen prophetischen Texte als typisch für die Ankunft des Antichrist bezeichnet hatten.

3. *Eine falsche Paraphrase*
Nach Cohn [.. folgt eine Reihe von Ansichten, die der Autor in anderen Kapiteln vertreten hat]. Andererseits darf man nicht vergessen, daß die Ankunft des Antichrist Anlaß für noch größere Spannungen gab. Generationen lebten in dauernder Erwartung des zerstörerischen Dämons, dessen Herrschaft in Wahrheit ein gesetzloses Chaos sein würde, eine Periode von Raub und Plünderung, von Folter und Massenmord, gleichzeitig aber auch das Vorspiel zur Wiederkunft oder zum Königreich der Heiligen. Die Menschen hielten immer wachsam nach Zeichen Ausschau, die nach den Propheten die *letzte* »Zeit der Unordnung« begleiten und ankündigen sollten: und weil zu diesen Zeichen schlechte Regierungen, Bürgerkrieg, Krieg, Dürre, Entbehrungen, Seuchen und Kometen gehörten, ferner der plötzliche Tod von wichtigen Männern (neben einer ganz allgemein größeren Sündhaftigkeit), machte es nie Schwierigkeit, sie zu entdecken.

4. *Eine fast wörtliche Paraphrase, die noch kein Plagiat darstellt*
Der schon erwähnte Cohn selbst erinnert andererseits daran, daß man »mit noch größerer Spannung ... dem Erscheinen des Antichrist« entgegensah. Generationen lebten in Erwartung des zerstörerischen Dämons, »unter dessen Herrschaft gesetzliches Chaos, Raub und Plünderung, Folter und Massenmord regieren würden, während er

doch gleichzeitig der Herold der so lang ersehnten Erfüllung, der Wiederkehr Christi und des Königreichs der Heiligen war«.

Die Menschen hielten immer aufmerksam Ausschau nach den Zeichen, die nach den Propheten die endgültige »Zeit der Trübsal« ankündigen und begleiten sollten. Da aber, bemerkt Cohn, »diese Zeichen schlechte Regenten, Bürgerkrieg, Krieg, Trockenheit, Hungersnot, Seuchenzüge, Kometen, den plötzlichen Tod prominenter Männer und ganz allgemein ein Überhandnehmen der Sünde einschlossen, fiel es nie schwer, sie zu finden«.

Nun dürfte klar sein, daß man gleich das ganze Textstück hätte wörtlich wiedergeben können, statt sich die Mühe der Paraphrase 4 zu geben. Aber dafür hätte auf eurer Lektürekarte der Text ganz wiedergegeben oder eine anständige Paraphrase vorhanden sein müssen.

Auf jeden Fall könnt ihr euch beim Schreiben nicht mehr daran erinnern, wie ihr beim Anfertigen der einzelnen Karteikarten vorgegangen seid. Darum muß eure Arbeitsweise von Anfang an korrekt sein. Wenn auf der Karteikarte keine Anführungszeichen zu finden sind, dann müßt ihr sicher sein, daß es sich um eine sinngemäße Wiedergabe und nicht um ein Plagiat handelt.

V.4. Die Fußnoten

V.4.1. Welchen Zweck die Fußnoten haben

Nach einer weitverbreiteten Meinung sind Fußnoten in einer Abschlußarbeit oder auch in Büchern Ausdruck eines Gelehrten-Snobismus und oft ein Versuch, dem Leser Sand in die Augen zu streuen. Sicher kann man nicht ausschließen, daß viele Autoren mit einer Vielzahl von Fußnoten ihrem Elaborat den Eindruck des Bedeutenden geben wollen, noch daß andere die Fußnoten mit nebensächlichen Informationen vollstopfen, die sie womöglich einfach aus der verwerteten Sekundärliteratur abgekupfert haben. Aber das ändert nichts daran, daß

Fußnoten hilfreich sind, wenn sie vernünftig verwendet werden. Was vernünftig ist, läßt sich nicht allgemein sagen, weil es von der Art der Arbeit abhängt. Wir wollen aber versuchen, jene Fälle zu erläutern, in denen Fußnoten hilfreich sind, und wie man sich ihrer bedient.

a) *Fußnoten dienen dazu, die Herkunft der Zitate anzugeben.* Würden die Quellen der Zitate im Text angegeben, so wäre seine Lektüre beschwerlich. Es gibt natürlich Methoden, auf Fußnoten zu verzichten und die wichtigsten Verweisungen im Text selbst unterzubringen (wie z.B. beim System Autor – Erscheinungsjahr, vgl. V.4.3.). Aber die Fußnoten dienen in erster Linie dem genannten Ziel. Handelt es sich um eine bibliographische Angabe, so steht die Anmerkung besser *am Fuß* der Seite als *am Ende* des Buches oder des Kapitels, weil man dann auf einen Blick nachsehen kann, worum es sich handelt.

b) *Fußnoten haben die Aufgabe, einer im Text behandelten Auffassung weitere bibliographische Angaben, die sie stützen, hinzuzufügen:* »Vgl. zu dieser Auffassung auch ...«. Auch in diesem Fall stehen sie zweckmäßiger am Fuß der Seite.

c) *Fußnoten dienen der Verweisung in der Arbeit selbst und auf andere Arbeiten.* Hat man einen Gegenstand abgehandelt, so kann man in einer Anmerkung ein vgl. (vergleiche) anbringen, das auf ein anderes Buch oder auf ein anderes Kapitel oder einen anderen Absatz unserer eigenen Arbeit verweist. Interne Verweisungen können, wenn sie wichtig sind, auch im Text vorgenommen werden: Als Beispiel kann das vorliegende Buch dienen, in dem immer wieder auf andere Kapitel verwiesen wird.

d) *Fußnoten dienen dazu, ein unterstützendes Zitat einzuführen, das im Text gestört hätte.* Ihr stellt im Text eine Behauptung auf und laßt, um den Gedankengang nicht zu unterbrechen, gleich die nächste Behauptung folgen, aber bei der ersten verweist ihr auf eine Anmerkung, in der ihr nachweist, daß eine bekannte Autorität eure Behauptung stützt.[11]

e) *Fußnoten dienen dazu, im Text getroffene Feststellungen zu erweitern.*[12] In dieser Beziehung sind sie nützlich, weil sie es ermöglichen, den Text nicht mit Bemerkungen zu belasten, die zwar wichtig sind, aber bei eurem Thema am Rande liegen oder nur von einem anderen Standpunkt aus im wesentlichen wiederholen, was ihr schon gesagt habt.

f) *Fußnoten dienen dazu, Feststellungen des Textes richtigzustellen.* Ihr seid eurer Sache sicher, aber es ist euch auch klar, daß andere anderer Meinung sind, oder ihr seid der Auffassung, daß man von einem bestimmten Standpunkt aus Einwendungen gegen eure Feststellungen vorbringen könnte. In diesem Fall ist es nicht nur ein Gebot der wissenschaftlichen Fairness, sondern auch ein Zeichen für eine kritische Geisteshaltung, auf solche Einschränkungen in einer Anmerkung hinzuweisen.[13]

g) Die Fußnoten können die *Übersetzung* einer Textstelle in die eigene Sprache bringen, wenn das Zitat in der Originalsprache gebracht werden mußte, oder *zu Kontrollzwecken das Originalzitat*, wenn wegen des Schreibflusses im Text eine Übersetzung gebracht wurde.

[11] »Alle Tatsachenbehauptungen, die nicht Allgemeinwissen sind ... müssen sich auf einen Beweis ihrer Richtigkeit stützen. Es kann im Text, am Fuß der Seite oder an beiden Orten stehen« (Campbell und Ballou, a.a.O. S. 50).

[12] *Den Inhalt* betreffenden Fußnoten können dazu dienen, im Text vorkommende Punkte zu diskutieren oder zu erweitern. So weisen Campbell und Ballou, a.a.O., S. 50 darauf hin, daß fachliche Diskussionen, mehr zufällige Kommentare, notwendige Folgerungen und zusätzliche Informationen zweckmäßigerweise in Fußnoten gebracht werden.

[13] Wenn, wie gesagt, Fußnoten nützlich sind, so ist doch darauf hinzuweisen, daß, wie Campbell und Ballou a.a.O., S. 50 betonen, »die Verwendung von Fußnoten mit Fingerspitzengefühl zu erfolgen hat. Man muß dafür Sorge tragen, daß nicht wichtige und besonders hervorzuhebende Aussagen in Fußnoten verbannt werden. Die unmittelbar bedeutsamen Gedanken und die wichtigsten Informationen müssen im Text selbst erscheinen« und »jede Fußnote muß sozusagen ihre eigene Existenz rechtfertigen«. Nichts verwirrt mehr als Anmerkungen, die nur dazu dienen, Eindruck zu machen und die zu den Ausführungen nichts Wichtiges beitragen.

h) *Fußnoten dienen dazu, Schulden zu bezahlen.* Ein Buch zitieren, aus dem man einen Satz übernommen hat, heißt Schulden zahlen. Einen Autor zitieren, von dem man einen Gedanken oder eine Information verwendet hat, heißt Schulden zahlen. Manchmal muß man auch weniger klar benennbare Schulden zahlen und aus Gründen der wissenschaftlichen Korrektheit in einer Anmerkung beispielsweise darauf hinweisen, daß von uns entwickelte eigenständige Gedanken ohne die Anregungen durch die Lektüre eines bestimmten Buches oder bei Gesprächen mit einem bestimmten Forscher nicht möglich wären.

Während die unter *a*, *b* und *c* genannten Anmerkungen als Fußnoten ihren Zweck am besten erfüllen, können die Anmerkungen nach *d* und *h* auch am Ende des Kapitels oder am Ende der Arbeit stehen, vor allem, wenn sie sehr lang sind. *Eine Anmerkung sollte allerdings nie zu lang sein*: sonst ist sie nämlich keine Anmerkung, sondern ein Anhang, und als solcher wird sie der Arbeit am Schluß angefügt. Auf jeden Fall muß man konsequent sein: entweder alle Anmerkungen als Fußnoten oder alle am Ende des Kapitels, oder kurze Anmerkungen als Fußnoten und Anhänge am Ende der Arbeit.

Und noch einmal: Vergeßt nicht, wenn ihr eine in sich geschlossene Quelle auswertet, das Werk eines einzigen Autors, die Seiten eines Tagebuchs, eine Sammlung von Manuskripten, Briefe, Dokumente etc., daß ihr den Anmerkungen dadurch entgehen könnt, daß ihr am Anfang der Arbeit Abkürzungen für eure Quellen angebt und bei allen Zitaten oder Verweisungen im Text in Klammer die Abkürzung mit der Seitenzahl oder der Nummer des Dokuments angebt. Seht euch Paragraph III.2.3. über das Zitieren klassischer Werke an und haltet euch an die dort dargestellten Gebräuche. In einer Arbeit über mittelalterliche Schriftsteller, die in der Patrologia Latina von Migne veröffentlicht sind, setzt ihr einfach in den Text Klammern wie: (PL, 30, 231) und spart euch so Hunderte von Fußnoten. Ebenso verfahrt ihr beim Verweis auf Schaubilder, Tabellen, Abbildungen im Text oder im Anhang.

V.4.2. Die Zitierweise Zitat – Fußnote

Wie verwendet man nun die Fußnote als Mittel der bibliographischen Verweisung? Ist im Text von einem Autor die Rede, oder wird von ihm etwas zitiert, so enthält die entsprechende Fußnote die erforderlichen bibliographischen Angaben. Dieses System hat einen großen Vorteil. Steht die Anmerkung auf derselben Seite, so weiß der Leser gleich, auf welches Werk man sich bezieht.

Allerdings zwingt das Vorgehen zu doppelter Arbeit: Die in Anmerkungen zitierten Bücher müssen nämlich auch im Literaturverzeichnis stehen (ausgenommen jene seltenen Fälle, in denen in der Anmerkung ein Autor zitiert wird, der mit der spezifischen Bibliographie der Arbeit nicht zu tun hat; etwa wenn ich auf die Idee käme, in einer astronomischen Arbeit Dante zu zitieren: »Durch Liebe, die bewegt Sonne und Sterne«[14]; die Anmerkung würde genügen).

Sonst aber reicht es nicht zu sagen, daß die zitierten Werke schon in den Fußnoten erschienen und darum das Literaturverzeichnis überflüssig sei: Das Literaturverzeichnis soll nämlich auf einen Blick das verarbeitete Material zeigen und die Möglichkeit geben, sich über die einschlägige Literatur zu informieren, und es wäre eine Unhöflichkeit dem Leser gegenüber, wenn man ihn zwingen würde, Seite für Seite in den Fußnoten nach den bibliographischen Angaben zu suchen.

Außerdem macht das Literaturverzeichnis im Vergleich zu den Fußnoten genauere Angaben, z.B. kann man bei einem fremdsprachigen Autor in der Fußnote nur den Titel in der Originalsprache angeben, während man im Literaturverzeichnis auch die Existenz einer Übersetzung erwähnt. Außerdem zitiert man in der Fußnote einen Autor gewöhnlich mit *Vornamen und Namen*, während er im Literaturverzeichnis in alphabetischer Reihenfolge nach Namen und Vornamen einge-

[14] Dante, Par. XXXIII, 145, deutsche Übersetzung von Streckfuß.

ordnet wird. Ferner: Gibt es von einem Aufsatz einen Erstdruck in einer Zeitschrift und dann einen Nachdruck in einem Sammelwerk, der viel leichter zugänglich ist, dann kann die Anmerkung nur die zweite Ausgabe, mit der entsprechenden Seite des Sammelwerkes, zitieren, während das Literaturverzeichnis vor allem die erste Ausgabe enthalten muß. Eine Anmerkung kann bestimmte Angaben verkürzt wiedergeben, auf den Untertitel verzichten, ebenso auf die Angabe, wieviel Seiten das Buch hat; das Literaturverzeichnis dagegen müßte über all das informieren.

In Schaubild 16 geben wir ein Beispiel aus einer Abschlußarbeit mit einer Reihe von Fußnoten und gegenüber in Schaubild 17 die gleichen bibliographischen Hinweise, wie sie im Literaturverzeichnis erscheinen, so daß man die Unterschiede sehen kann.

Der als Beispiel vorgestellte Text wurde *ad hoc* formuliert[15], um möglichst viele unterschiedliche Verweisungen zu haben, und ich verbürge mich darum nicht für seine inhaltliche Richtigkeit und Klarheit.

Ferner ist darauf hinzuweisen, daß zur Vereinfachung das Literaturverzeichnis auf die wesentlichen Angaben beschränkt wurde und daß besondere Anforderungen an Perfektion und Vollständigkeit, wie sie unter III.2.3. angeführt sind, nicht berücksichtigt wurden.

Was wir in Schaubild 17 als Standardbibliographie bezeichnen, könnte auch anders aussehen: die Autoren könnten in Großbuchstaben geschrieben sein, etc. etc.

Es zeigt sich, daß die Anmerkungen weniger ausführlich sind als das Literaturverzeichnis; sie machen sich nicht die Mühe, die erste Auflage zu zitieren und geben nur an, um welchen Text es geht, während sie die genauen Angaben dem Literaturverzeichnis überlassen, die Seite nennen sie nur, wo es unbe-

15 Vgl. aber auch Umberto Eco, Einführung in die Semiotik, Autorisierte deutsche Ausgabe von Jürgen Trabant, 1972, S. 127 f., Anmerkung des Übersetzers.

Chomsky[1] erkennt zwar das Prinzip der interpretativen Semantik von Katz und Fodor[2] an, nach dem die Bedeutung einer Aussage die Summe der Bedeutungen ihrer wesentlichen Bestandteile ist, er hält jedoch gleichzeitig daran fest, daß die syntaktische Tiefenstruktur die Bedeutung der Aussage bestimmt[3]. Von dieser früheren Auffassung ist Chomsky natürlich zu einer differenzierten Position, die sich schon in seinen ersten Werken ankündigte, durch Überlegungen gelangt, über die der Artikel "Deep Structure, Surface Structure and Semantic Interpretation"[4] Auskunft gibt: hier wird die semantische Interpretation auf halbem Wege zwischen Tiefen- und Oberflächenstruktur angesiedelt. Andere Autoren, wie z.B. Lakoff[5], versuchen eine generative Semantik zu schaffen, in der die logisch-semantische Form die syntaktische Struktur schafft[6].

---

1) Einen brauchbaren Überblick über die Tendenz gibt Nicolas Ruwet, Introduction à la grammaire générative, Paris, Plon, 1967.
2) Jerold J. Katz und Jerry A. Fodor, "The Structure of a Semantic Theory", Language 39, 1963.
3) Noam Chomsky, Aspects of a Theory of Syntax, Cambridge, M.I.T., 1965, S. 162.
4) In dem Band Semantics, herausgegeben von D. D. Steinberg und L. A. Jakobovits, Cambridge, Cambridge University Press, 1971.
5) "On Generative Semantics", in Steinberg und Jakobovits (Herausg.) (vgl. Anm. 4).
6) Auf der gleichen Linie vgl. auch James McCawley, "Where do noun phrases come from?" in Steinberg und Jakobovits (Herausg.) (vgl. Anm. 4).

Schaubild 16: Beispiel für eine Seite nach dem System Zitat – Fußnote

Chomsky, Noam, Aspects of a Theory of Syntax, Cambridge M.I.T. Press, 1965, S. XX – 252.

" "De quelques constantes de la théorie linguistique", Diogène 51, 1965.

" "Deep Structure, Surface Structure and Semantic Interpretation" in Studies in Oriental and General Linguistics, herausgegeben von Jakobson, Roman, Tokyo, TEC Corporation for Language and Educational Research, 1970, S. 52–99; jetzt in Steinberg und Jakobovits (Herausg.) Semantics (s. dort), S. 183–216.

Katz Jerrold J. und Fodor Jerry A. "The structure of a Semantic Theory", Language 39, 1963 (jetzt in Katz, J. J. und Fodor, J. A. (Herausg.), The Structure of the Language, Englewood Cliffs, Prentice-Hall, 1964, S. 479–518).

Lakoff, George, "On Generative Semantics" in Steinberg und Jakobovits (Herausg.), Semantics (s. dort), S. 232–296.

McCawley, James, "Where do noun phrases come from?" in Steinberg und Jakobovits (Herausg.), Semantics (s. dort), S. 217–231.

Ruwet, Nicolas, Introduction à la grammaire générative, Paris, Plon, 1967, 452 S.

Steinberg, D. D. und Jakobovits, L. A. (Herausg.), Semantics: A interdisciplinary Reader in Philosophy, Linguistics and Psychology, Cambridge, Cambridge University Press, 1971, 604 S.

Schaubild 17: Beispiel einer dazugehörigen Standardbibliographie dingt nötig ist, die Zahl der Seiten des Buches, um das es geht, wird nicht genannt, noch, ob es übersetzt ist. Dafür ist das Literaturverzeichnis da.

Was sind die Schwächen dieses Systems? Nehmen wir als Beispiel Anmerkung 5. Sie sagt uns, daß der Aufsatz von Lakoff in Steinberg und Jakobovits, *Semantics* steht. Wo ist er zitiert worden? Glücklicherweise in Anmerkung 4. Und wenn er zehn Seiten früher zitiert worden wäre? Wiederholt man dann der Einfachheit halber das Zitat? Oder muß der Leser im Literaturverzeichnis nachsehen? In solchen Fällen ist das Zitieren nach Autor – Jahr besser, das wir im folgenden darstellen.

V.4.3. Das System Autor – Jahr

In vielen Fächern (und in letzter Zeit in immer zunehmendem Maß) verwendet man ein System, das es ermöglicht, auf alle Anmerkungen für bibliographische Angaben zu verzichten. Übrig bleiben dann nur mehr Anmerkungen, die sich auf den Inhalt des Textes beziehen, und interne Verweisungen.

Dieses System setzt voraus, daß das Literaturverzeichnis den Namen des Autors und das Erscheinungsjahr der ersten Auflage des Buches oder des Artikels auf den ersten Blick erkennen läßt. Das Literaturverzeichnis kann wahlweise folgendermaßen aussehen:

```
Corigliano, Giorgio
1969        Marketing-Strategie e tecniche, Milano,
            Etas Kompass S.p.A. (2. Aufl., 1973, Etas
            Kompass Libri), 304 S.
CORIGLIANO, Giorgio,
1969        Marketing-Strategie e tecniche, Milano,
            Etas Kompass S.p.A. (2. Aufl., 1973,
            Etas Kompass Libri). 304 S.
Corigliano, Giorgio, 1969, Marketing-Strategie e tec-
niche, Milano, Etas Kompass. S.p.A. (2. Aufl., 1973,
Etas Kompass Libri), 304 S.
```

Was kann man mit einem solchen Literaturverzeichnis anfangen?

Will ich auf das Buch verweisen, so brauche ich keine Verweisungszahl und keine Anmerkung als Fußnote, sondern ich kann folgendermaßen vorgehen:

> Bei den Untersuchungen über die schon vorhandenen Produkte "ist ein Umfang des Musters abhängig von den spezifischen Erfordernissen der Probe" (Corigliano, 1969: 73). Aber Corigliano selbst hatte darauf hingewiesen, daß die Definition des Bereiches eine Geschmacksfrage ist (1969: 71).

Was macht der Leser? Er sieht im Literaturverzeichnis nach und stellt fest, daß die Angabe »(Corigliano, 1969:73)« bedeutet »Seite 73 im Buch *Marketing* etc. etc.«.

Mit diesem System kann man den Text enorm entlasten und sich achtzig Prozent der Fußnoten ersparen. Und ihr müßt beim endgültigen Schreiben die Angaben über ein Buch (bzw. über viele Bücher, wenn das Literaturverzeichnis sehr umfangreich ist) *nur einmal* abschreiben.

Und darum ist das System besonders empfehlenswert, wenn man laufend viele Bücher oder immer wieder dasselbe Buch zitieren muß, weil man die so lästigen kleinen Anmerkungen wie *ders.* oder *a.a.O.* usw. vermeidet. Das System ist geradezu unentbehrlich, wenn man eine gedrängte Zusammenfassung der Literatur zu einem Thema gibt. Nehmt etwa einen Satz wie den folgenden:

> Das Problem wurde ausführlich behandelt von Stumpf (1945: 88–100), von Rigabue (1956), Azzimonti (1957), Forlimpopoli (1967), Colacicchi (1968), Poggibonsi (1972) und Gzbiniewsky (1975), während es von Barbapedana (1950), Fugazza (1967) und Ingrassia (1970) völlig außer Betracht gelassen wurde.

Hätte man für jedes dieser Zitate eine Fußnote machen und das entsprechende Buch angeben müssen, die Seite wäre wahrscheinlich überfrachtet gewesen, ganz abgesehen davon, daß der Leser den zeitlichen Ablauf, die Entwicklung des Interesses für das Problem nicht so deutlich vor Augen gehabt hätte. Dieses System funktioniert allerdings nur, wenn bestimmte Voraussetzungen erfüllt sind:

a) Es muß sich um ein einheitliches und spezialisiertes Literaturverzeichnis handeln, in dem sich mögliche Leser eurer Arbeit schon auskennen. Angenommen, daß die oben wiedergegebene Zusammenfassung das sexuelle Verhalten der Amphibien betrifft (doch ein sehr spezielles Thema), dann erwartet man, daß der Leser gleich weiß, daß »Ingrassia 1970« den Band *Die Geburtenbeschränkung bei den Amphibien* bedeutet (oder doch mindestens ahnt, daß es sich um eine der Arbeiten von Ingrassia aus neuerer Zeit handelt, die infolgedessen anders angelegt ist als die schon bekannten Untersuchungen des Ingrassi aus den fünfziger Jahren). Angenommen aber, ihr schreibt eine Arbeit über die italienische Kultur der ersten Hälfte unseres Jahrhunderts, in der ihr Romanciers, Lyriker, Politiker, Philosophen und Wirtschaftswissenschaftler zitiert, so funktioniert das System nicht mehr, weil normalerweise keiner ein Buch am Erscheinungsjahr erkennt, oder doch höchstens in seinem Spezialgebiet und nicht in allen Bereichen.

b) Es muß sich um ein Verzeichnis *moderner* Literatur handeln, allenfalls solcher aus den letzten zweihundert Jahren. In einer Abhandlung über griechische Philosophie zitiert man ein Buch von Aristoteles nicht nach dem Erscheinungsjahr (und es ist nicht schwer zu erraten warum).

c) Es muß sich um eine *wissenschaftlich-gelehrte* Bibliographie handeln. Man schreibt nicht »Moravia, 1929«, wenn man auf *Gli indifferenti* [Die Gleichgültigen] Bezug nehmen will. Erfüllt eure Arbeit diese Voraussetzungen und beachtet sie diese Einschränkungen, so ist das System Autor – Erscheinungsjahr empfehlenswert.

In Schaubild 18 seht ihr den gleichen Inhalt wie in Schaubild 16, diesmal nach dem neuen System formuliert. Dabei seht ihr gleich als erstes, daß die neue Seite *kürzer* ist als die vorhergehende und nur eine anstelle von sechs Fußnoten hat. Das dazugehörige Literaturverzeichnis (Schaubild 19) ist etwas länger, aber auch klarer: Die Abfolge der Werke ein und desselben Autors wird auf den ersten Blick erkennbar (ihr habt vielleicht bemerkt, daß der Erscheinungszeitpunkt mit Buchstaben gekennzeichnet wird, wenn in einem Jahr zwei Bücher desselben Verfassers erscheinen). Verweisungen innerhalb desselben Literaturverzeichnisses sind leichter zu finden.

Ihr werdet auch feststellen, daß manchmal nur die Beiträge aus einem Sammelwerk zitiert werden, manchmal aber – unter dem Namen des Herausgebers – das betreffende Sammelwerk selbst; und manchmal wird das Sammelwerk nur in der den Beitrag betreffenden Fundstelle genannt. Das hat einen einfachen Grund. Ein Sammelwerk wie Steinberg und Jakobovits, 1971, wird gesondert zitiert, weil viele Beiträge (Chomsky, 1971; Lakoff, 1971; McCawley, 1971) darauf Bezug nehmen. Ein Band wie der von Katz und Fodor herausgegebene *The Structure of Language* dagegen wird nur im Zusammenhang mit der Fundstelle des Beitrags »The Structure of a Semantic Theorie« derselben Autoren zitiert, weil sich in der Bibliographie keine weiteren Texte befinden, die auf ihn Bezug nehmen.

Ihr werdet schließlich feststellen, daß dieses System gleich erkennen läßt, wann ein Text erstmals veröffentlicht wurde, auch wenn wir ihn von einer späteren Veröffentlichung her kennen. Darum ist das System Autor – Jahr besonders nützlich bei homogenen Abhandlungen zu einer Spezialdisziplin, weil es in diesem Bereich oft wichtig ist zu wissen, wer eine bestimmte Theorie als erster entwickelt oder wer als erster eine bestimmte empirische Untersuchung gemacht hat.

Es gibt noch einen letzten Grund, der das System Autor – Erscheinungsjahr als empfehlenswert erscheinen läßt, wenn es möglich ist. Stellt euch vor, ihr habt eine Arbeit mit sehr vielen Fußnoten endlich in die Maschine geschrieben – mit so vielen, daß ihr auch bei kapitelweiser Zählung bis Fußnote 125 kommt. Dann merkt ihr plötzlich, daß ihr einen wichtigen

Chomsky (1965 a:162) erkennt zwar das Prinzip der interpretativen Semantik von Katz und Fodor (Katz und Fodor, 1963) an, nach dem die Bedeutung einer Aussage die Summe der Bedeutungen ihrer wesentlichen Bestandteile ist, er hält jedoch gleichzeitig daran fest, daß die syntaktische Tiefenstruktur die Bedeutung der Aussage bestimmt[1)].
Von dieser früheren Auffassung ist Chomsky natürlich zu einer differenzierteren Position, die sich schon in seinen ersten Werken ankündigte (Chomsky, 165 a:163), durch Überlegungen gelangt, über die Chomsky 1970 Auskunft gibt, wo er die semantische Interpretation auf halbem Wege zwischen Tiefen- und Oberflächenstruktur angesiedelt. Andere Autoren (z.B. Lakoff, 1971) versuchen eine generative Semantik zu schaffen, in der die logisch-semantische Form die syntaktische Struktur schafft (vgl. auch McCawley, 1971).

1) Einen brauchbaren Überblick über die Tendenz gibt Nicolas Ruwet, 1967.

Schaubild 18: Der gleiche Text wie in Schaubild 16, jetzt in der Fassung der Zitierweise Verfasser – Jahr

Chomsky, Noam
1965 a Aspects of a Theory of Syntax, Cambridge, M.I.T. Press, 252 S.

1965 b "De quelques constantes de la théorie linguistique", Diogène 51.

1970 "Deep Structure, Surface Structure and Semantic Interpretation", in Jabobson, Roman, Herausg., Studies in Oriental and General Linguistics, Tokyo, TEC Corporation for Language and Educational Research, S. 52 – 91; jetzt in Steinberg und Jakobovits, 1971, S. 183 – 216).

Katz Jerrold J. und Fodor, Jerry A.
1963 "The Structure of a Semantic Theory", Language 39 (jetzt in Katz, J. J. und Fodor, J. A., The Structure of Language, Englewood Cliffs, Prentice-Hall, 1964, S. 479 ; 518).

Lakoff, George
1971 "On Generative Semantics", in Steinberg und Jakobovits, 1971, S. 232 – 296.

McCawley, James
1971 "Where do noun phrases come from?", in Steinberg und Jakobovits, 1971, S. 217 – 231.

Ruwet, Nicolas
1967 Introduction à la grammaire générative, Paris, Plon, 452 S.

Steinberg, D. D. und Jakobovits L. A., Herausg.
1971 Semantics: An Interdisciplinary Reader in Philosophy, Linguistics and Psychology, Cambridge, Cambridge University Press, 604 S.

Schaubild 19: Beispiel der dazugehörigen Bibliographie nach dem System Autor – Jahr

Autor, der nicht fehlen darf, nicht zitiert habt: und natürlich müßt ihr ihn gleich am Anfang des Kapitels zitieren. Dann müßt ihr eine neue Fußnote einfügen und alle Fußnoten bis 125 ändern!

Dieses Problem habt ihr beim System Autor – Erscheinungsjahr nicht: In den Text kommt ein einfacher Klammersatz mit Autor und Jahr, und das Literaturverzeichnis wird entsprechend ergänzt (handschriftlich, oder man muß höchstens eine Seite neu in die Maschine tippen).

Aber man braucht noch nicht einmal die Arbeit fertiggeschrieben zu haben: Schon während des Schreibens ist das Einfügen einer Fußnote mit lästigen Problemen beim Numerieren verbunden; beim System Verfasser – Jahr erspart man sich diesen Ärger.

Weil dieses System nur für bibliographisch ganz homogene Arbeiten in Frage kommt, kann sich die Bibliographie auch der unterschiedlichsten Abkürzungen in bezug auf Zeitschriften, Handbücher, Akten bedienen. Hier zwei Beispiele, eines aus den Naturwissenschaften, eines aus der Medizin.

> Mesnil, F. 1986. Etudes de morphologie externe chez les Annélides. Bull. Sci. France Belg. 29:110–287.
>
> Adler, P. 1958. Studies on the Eruption of the Permanent Teeth. Acta Genet. et Statist. Med., 8:78:94.

Fragt mich nicht, was das heißen soll. Man kann davon ausgehen, daß jemand, der so etwas liest, das schon wissen sollte.

V.5. Hinweise, Fallen, Gebräuche

Unzählige Kunstgriffe werden bei einer wissenschaftlichen Arbeit eingesetzt, in unzählige Fallen kann man geraten. Im Rahmen dieser kurzen Abhandlung beschränken wir uns darauf, ganz unsystematisch einige Hinweise zu geben, die jene Unzahl von Schwierigkeiten nicht annähernd erschöpfend behandeln, die man beim Schreiben einer solchen Arbeit bewältigen muß. Diese kurzen Hinweise haben den Zweck, euch die Vielzahl weiterer Gefahren bewußt zu machen, die ihr selbst entdecken müßt.

Gebt für allgemein bekannte Tatsachen keine Nachweise und Quellen an. Niemand käme auf die Idee zu schreiben »Napoleon ist, wie Ludwig schreibt, auf Sankt Helena gestorben«, und doch werden oft so einfältige Fehler begangen. Man schreibt leicht: »Die mechanischen Webstühle, deren Aufkommen nach Marx den Begriff der industriellen Revolution kennzeichnete«, wo es sich dabei doch um eine, auch schon vor Marx, allgemein anerkannte Vorstellung handelt.

Schreibt keinem Autor einen Gedanken zu, den er als Gedanken eines anderen wiedergibt. Nicht nur, weil es so aussieht, als stützt ihr euch unbewußt auf eine Quelle zweiter Hand, sondern weil jener Autor den Gedanken wiedergegeben haben kann, ohne ihn deswegen zu vertreten. In einer kleinen Schrift über das Zeichen habe ich über verschiedene Einteilungsmöglichkeiten gehandelt, darunter auch die, die Zeichen in expressive und kommunikative zuteilt. In einer Übungsarbeit konnte ich nun lesen: »Nach Eco werden die Zeichen in expressive und kommunikative eingeteilt«, wo ich doch diese Einteilung immer als zu grob abgelehnt habe: Ich hatte die Einteilung aus Gründen der Objektivität zitiert, aber nicht selbst übernommen.

Fügt keine Anmerkungen ein oder streicht keine, nur damit die Numerierung stimmt. Hat man die Arbeit endgültig mit der Maschine geschrieben (oder auch nur in eine lesbare Form gebracht), dann kann es passieren, daß man eine Anmerkung, die sich als falsch herausgestellt hat, entfernen muß oder daß man, koste es was es wolle, eine neue hinzufügen muß. In einem solchen Fall wird die ganze fortlaufende Numerierung falsch, und man kann von Glück sagen, wenn man bei jedem Kapitel neu zu zählen begonnen hat und nicht von Anfang bis Ende der Arbeit durchgezählt hat; denn es macht einen Unterschied, ob man 1 bis 10 oder von 1 bis 150 korrigiert. Darum ist die Versuchung groß, eine Anmerkung einzufügen, um die Lücke zu füllen, oder eine wegzulassen. Das ist menschlich. Aber in einem solchen Fall ist es besser, ergänzende Zeichen wie 0, 00, +, ++ usw. zu verwenden. Das macht natürlich einen provisorischen Eindruck und kann dem einen oder anderen Referenten mißfallen. Wenn ihr könnt, ändert darum die Numerierung.

Man kann Quellen aus zweiter Hand zitieren und doch wissenschaftlich korrekt verfahren. Es ist immer besser, nicht aus zweiter Hand zu zitieren, aber manchmal geht es nicht ohne das. Zwei Systeme werden vorgeschlagen. Nehmen wir an, daß Sedanelli die Feststellung von Smith zitiert, daß »die Sprache der Bienen in Ausdrücke der transformationellen Grammatik übersetzt werden kann«. Erster Fall: Wir wollen das Schwergewicht auf die Tatsache legen, daß Sedanelli diese Behauptung zu seiner eigenen macht. Dann schreiben wir, ein wenig kompliziert:

1. C. Sedanelli, <u>Die Sprache der Bienen</u>, Mailand, Gastaldi, 1967, S. 45 nach C. Smith,
<u>Chomsky und die Bienen</u>, Chattanooga, Valechiara Presse, 1966, (56).

Zweiter Fall: Es kommt nur darauf an, zu unterstreichen, daß die Behauptung von Smith stammt und daß wir Sedanelli nur zitieren, um unser Gewissen zu beruhigen, weil wir eine Quelle aus zweiter Hand benutzen. Dann schreiben wir in der Anmerkung:

1. C. Smith, <u>Chomsky und die Bienen</u>, Chattanooga, Vallechiara Press, 1956, S. 56 (zitiert bei S. Sedanelli, <u>Die Sprache der Bienen</u>, Mailand, Gastaldi, 1967, S. 45).

Man macht immer genaue Angaben über kritische Ausgaben und ähnliches. Man gibt an, ob eine Ausgabe eine kritische Ausgabe ist und von wem sie herausgegeben wurde. Man gibt an, ob eine zweite oder soundsovielte Auflage durchgesehen, erweitert und verbessert ist, sonst kann es passieren, daß man einem Autor eine Meinung als im Jahre 1940 geäußert zuschreibt, die er erst in der durchgesehenen Ausgabe 1970 des 1940 geschriebenen Buches geäußert hat, weil vielleicht bestimmte Entdeckungen vorher überhaupt noch nicht gemacht waren.

Vorsicht, wenn man einen nicht zeitgenössischen Autor aus ausländischen Quellen zitiert. Unterschiedliche Kulturen benennen dieselben Personen auf unterschiedliche Weise. In französischen Texten heißt Michelangelo Michel-Ange, Anselm von Canterbury ist italienisch Anselmo d'Aosta, Tschaikowsky heißt italienisch Ciaikovski, sprecht bei Roger van der Wayden und Rogier de la Pasteure nicht von zwei verschiedenen Malern; sie sind dieselbe Person. Zeus ist Jupiter oder Giove. Vorsicht auch, wenn ihr russische Namen aus einer alten französischen Quelle übernehmt. Natürlich heißt es nicht Staline oder Lenine, aber man könnte geneigt sein, Ouspensky zu schreiben, wo es doch heute Uspenskij heißt. Das gleiche gilt bei Städtenamen; Den Haag kann einem als The Hague, La Haye, L'Aja oder als s'Gravenhage begegnen.

Wie kann man hundert und aberhundert Sachen dieser Art wissen? Indem man zu gleichen Themen Texte in verschiedenen Sprachen liest. Indem man zum Kreis der Eingeweihten gehört. So wie jedes Kind weiß, daß »Satchmo« Louis Armstrong und jeder Fernsehzuschauer, daß die »eiserne Lady« Margret Thatcher ist. Wer das nicht weiß, sieht so aus, als komme er aus der hintersten Provinz. Im Falle einer wissenschaftlichen Arbeit (wie jener, in der der Kandidat, nachdem er ein wenig in der Sekundärliteratur geblättert hatte, sich ausführlich über die Beziehungen zwischen Arouet und Voltaire ausließ) spricht man nicht von »Provinzler«, sondern von »Dummkopf«.

Vorsicht bei Zahlen in englischsprachigen Büchern. Wenn in einem amerikanischen Buch 2,625 steht, bedeutet es Zweitausendsechshundertfünfundzwanzig, während 2.25 Zweikommafünfundzwanzig bedeutet.

Ausländer schreiben nicht Cinquecento, Settecento, Novecento, sondern 16., 18., 20. Jahrhundert. Aber wenn in einem englischen oder französischen Buch von »Quattrocento« die Rede ist, dann bezieht sich das auf einen bestimmten Abschnitt der *italienischen* und normalerweise florentinischen Kultur. Ausdrücke in verschiedenen Sprachen dürfen nicht leichthin gleichgestellt werden. Der englische Begriff »Renaissance« umfaßt eine andere Zeitspanne als die italienische Renaissance; zu ihr gehören auch Autoren des 17. Jahrhunderts. Ausdrücke wie »mannerism« oder »Manierismus« täuschen leicht, und sie beziehen sich nicht auf das, was die italienische Kunstgeschichte »manierismo« nennt.

Danksagungen. Hat euch, außer dem Betreuer, jemand mit mündlichen Ratschlägen, durch Ausleihen seltener Bücher oder auf andere Weise geholfen, so ist es guter Brauch, ihn am Ende oder am Anfang der Arbeit in einer Anmerkung zu danken. So etwas zeigt auch, daß ihr euch Mühe gegeben habt, diesen und jenen um Rat gefragt habt. Es zeugt von schlechtem Geschmack, dem Betreuer zu danken. Wenn er euch geholfen hat, dann hat er nur seine Pflicht getan.

Es könnte euch passieren, daß ihr einer Person dankt und bekennt, daß ihr in ihrer Schuld steht, die euer Referent nicht leiden kann, verabscheut oder verachtet. Ein schwerwiegender akademischer Unfall. Aber ihr seid selbst an ihm schuld. Entweder habt ihr Vertrauen zu eurem Referent, und wenn er euch gesagt hatte, jener sei ein Dummkopf, dann hättet ihr euch nicht an ihn wenden sollen. Oder euer Referent ist eine so liberale Person, daß er seinem Schüler die Bezugnahme auf eine Quelle gestattet, die er selbst ablehnt, und er macht diese Tatsache vielleicht zum Gegenstand einer sachlichen Diskussion in der mündlichen Prüfung. Oder aber euer Doktorvater ist ein alter, gehässiger, unkontrollierter und dogmatisch einseitiger Dummkopf, dann hättet ihr bei einem solchen Kerl keine Arbeit schreiben sollen.

Und wenn ihr trotzdem bei ihm schreiben wolltet, weil ihr euch trotz seiner schlechten Eigenschaften Protektion von ihm erhofft, dann seid konsequent unanständig, zitiert den anderen nicht, denn ihr habt euch dafür entschieden, von der gleichen Art zu sein wie euer Lehrer.

V.6. Der wissenschaftliche Stolz

Unter IV.2.4. war von der wissenschaftlichen Bescheidenheit die Rede, die das Vorgehen bei der Suche und bei der Auswertung der Literatur beherrscht. Jetzt sprechen wir vom wissenschaftlichen Stolz, der beim Schreiben der Arbeit zum Ausdruck kommen muß.

Es gibt keine unangenehmeren Arbeiten (und zuweilen kommt es auch bei gedruckten Büchern vor), als jene, in denen der Autor dauernd ungefragte Entschuldigungen vorbringt.

> Es steht uns nicht zu, diesen Gegenstand zu behandeln, trotzdem wollen wir die Hypothese wagen, daß...

Wieso steht es euch nicht zu? Ihr habt Monate, vielleicht Jahre auf das gewählte Thema verwendet, ihr habt wahrscheinlich alles gelesen, was darüber zu lesen ist. Ihr habt darüber nachgedacht, habt Aufzeichnungen gemacht, und jetzt merkt ihr, daß ihr nicht qualifiziert seid? Was, um Himmels willen, habt ihr die ganze Zeit gemacht? Wenn ihr das Gefühl habt, es stehe euch nicht zu, dann legt die Arbeit nicht vor. Wenn ihr sie vorlegt, dann, weil ihr das Gefühl habt, der Sache gewachsen zu sein, und auf keinen Fall könnt ihr Entschuldigungsgründe in Anspruch nehmen. Habt ihr also erst einmal die Meinungen der anderen dargestellt, habt ihr euch die Schwierigkeiten klargemacht, seid ihr euch darüber klar geworden, daß es in einer bestimmten Frage unterschiedliche Antworten gibt, *legt los.* Sagt ruhig: »wir sind der Auffassung, daß ...« oder, »man kann die Auffassung vertreten, daß ...«. In dem Augenblick, in dem ihr das schreibt, seid *ihr* der Fachmann. Stellt sich heraus, daß ihr ein untauglicher Fachmann seid, umso schlechter für euch; aber ihr habt kein Recht zu zögern. Ihr seid der

Vertreter der Menschheit, der im Namen der Gemeinschaft über diesen Gegenstand schreibt. Seid bescheiden und klug, bevor ihr den Mund aufmacht, habt ihr ihn aber einmal geöffnet, so seid stolz und hochmütig.

Eine Arbeit über das Thema X zu schreiben bedeutet den Anspruch, daß bis dahin niemand so umfassend und so klar über diesen Gegenstand geschrieben hat. Das ganze vorliegende Buch hat euch gezeigt, daß ihr bei der Wahl des Themas vorsichtig sein müßt, daß ihr umsichtig genug sein müßt, ein begrenztes Thema zu wählen, vielleicht ein ganz einfaches, vielleicht eines, das eine extrem schmale Fragestellung zum Gegenstand hat. Aber zum gewählten Thema, und seien es *Die Verkaufszahlen des Kiosks an der Ecke Bahnhof/Kreuzstraße vom 24. bis 28. Mai 1984*, müßt ihr *die höchste lebende Autorität* sein.

Und auch wenn ihr ein Thema gewählt habt, bei dem ihr alles zusammentragt, was andere zu dem Gegenstand gesagt haben, ohne irgend etwas Neues hinzuzufügen, dann seid ihr eine Autorität für das, was andere Autoritäten gesagt haben. Niemand als ihr darf besser *alles* kennen, was zum Thema gesagt wurde.

Natürlich müßt ihr so gearbeitet haben, daß ihr ein gutes Gewissen habt. Aber das steht auf einem anderen Blatt. In unserem Zusammenhang geht es um eine Stilfrage. Seid nicht so kleinkariert und habt keine Komplexe, denn das ist lästig.

VI. Die Schlußredaktion

Achtung: Das jetzt folgende Kapitel wird nicht als gedruckter Text, sondern als maschinengeschriebener Text wiedergegeben. Damit soll ein Beispiel für das endgültige Schreiben der Arbeit gegeben werden. Es enthält auch Fehler und Korrekturen; denn weder ich bin perfekt noch ihr.

Die Endfassung der Arbeit vollzieht sich in zwei Schritten: der Schlußredaktion und dem Schreiben mit der Maschine.

Die Schlußredaktion müßt, das ist klar, ihr machen, und bei ihr handelt es sich um eine geistige Leistung, während das Schreiben Sache des Schreibbüros ist und bloße Handarbeit. Aber das stimmt nicht ganz. Wenn man einen Text in eine maschinengeschriebene Fassung bringt, dann trifft man dabei auch ein paar grundsätzliche Entscheidungen über die Vorgehensweise. Wenn das Schreibbüro diese Entscheidungen trifft und dabei nach seinen eigenen Richtlinien vorgeht, dann ist es gar nicht zu vermeiden, daß eure Arbeit eine äußere Anlage erhält, die auch für ihren Inhalt Bedeutung hat. Habt aber, wie zu hoffen ist, ihr diese Entscheidungen getroffen, und zwar egal wie ihr arbeitet (handschriftlich, Schreibmaschine im Einfingersystem oder – schrecklicher Gedanke – mit Diktiergerät), dann muß eure Fassung schon Anweisungen für die graphische Gestaltung durch das Schreibbüro enthalten.

Und darum gebe ich in diesem Kapitel Hinweise auf die äußere Gestaltung der Arbeit, die für die gedankliche Gestaltung wie für das äußere Erscheinungsbild eurer Arbeit von Bedeutung sind.

Auch deshalb, weil ihr die Arbeit nicht unbedingt zum Schreiben geben müßt. Ihr könntet die Arbeit selbst tippen, besonders wenn bei ihr graphische Besonderheiten beachtet werden müssen. Denkbar ist auch, daß ihr selbst eine Erstfassung schreiben könnt und daß das Schreibbüro nur sauber abschreibt, was ihr, auch im äußeren Erscheinungsbild, schon festgelegt habt.

Die Frage ist, ob ihr Maschinenschreiben könnt oder lernen könnt. Ist das der Fall, dann kostet eine gebrauchte Reiseschreibmaschine weniger als das Schreibenlassen in einem Schreibbüro.

VI. DIE SCHLUSSREDAKTION

VI.1. Das äußere Erscheinungsbild des Textes

VI.1.1. Ränder und Zwischenräume

Dieses Kapitel beginnt mit der Überschrift, in GROSSBUCHSTABEN. Sie steht links (könnte sich aber auch in der Mitte der Seite befinden). Das Kapitel trägt eine Ordnungszahl, in diesem Fall eine römische Ziffer (zu anderen Möglichkeiten später).

Dann kommt, mit drei oder vier Zeilen Abstand, auf der linken Seite und unterstrichen, die Überschrift des Paragraphen, die die Ordnungszahl des Kapitels und die Ordnungszahl des Gliederungspunktes trägt. Es folgt dann die Überschrift des Unterparagraphen im Zweizeilenabstand: die Überschrift des Unterparagraphen wird nicht unterstrichen, und sie unterscheidet sich so von der Paragraphenüberschrift. Der Text beginnt drei Zeilen unterhalb der Überschrift und wird nicht eingerückt. Man kann nur zu Beginn jedes Paragraphen und jedes Absatzes um zwei Schritte einrücken oder – so machen wir es auf dieser Seite – zu Beginn jeden Absatzes.

Das Einrücken nach dem Beginn einer neuen Zeile ist so wichtig, weil dadurch gleich ersichtlich wird, daß die Überlegungen nach einer Pause weitergehen. Wir haben schon gesehen, daß es gut ist, oft mit einer neuen Zeile zu beginnen, aber man darf das ~~doch~~ nicht willkürlich machen. Der Beginn einer neuen Zeile bedeutet, daß eine zusammenhängende Gedankenführung, die aus mehreren Sätzen besteht, in der Sache abgeschlossen ist, und daß ein neuer Teil der Untersuchung beginnt. So wie wir beim Reden an einer bestimmten Stelle unterbrechen und fragen würden "Verstanden?", "Einverstanden?" – "Gut, dann können wir fortfahren". Und genauso, wie wir es da machen, so fangen wir eine neue Zeile an und fahren fort, wenn alle zustimmen.

Ist der Paragraph abgeschlossen, so läßt man zwischen dem Ende des Textes und dem Titel des neuen Paragraphen wieder drei Zeilen Abstand.

Diese Seite ist im Eineinhalbzeilenabstand geschrieben. Viele Abschlußarbeiten sind im Zweizeilenabstand geschrieben, weil sie dadurch besser lesbar werden, weil sie umfangreicher ausschauen, weil eine neu geschriebene Seite leichter ausgetauscht werden kann.

Wird im Zweizeilenabstand geschrieben, dann vergrößert sich der Abstand zwischen Kapitel-Überschrift, Paragraphen-Überschrift und möglichen anderen Überschriften um eine Zeile.

Wird die Arbeit in einem Schreibbüro geschrieben, so weiß man dort, wieviel Rand man zu lassen hat. Tippt ihr die Arbeit selbst, so denkt daran, daß die Seiten in irgendeiner Form gebunden werden müssen: auch auf der Seite der Bindung müssen sie lesbar bleiben. Auch auf der rechten Seite ist es gut, wenn etwas Luft bleibt.

Dieses Kapitel über die äußere Gestaltung ist, wie ihr gemerkt habt, nicht in Druckschrift gesetzt, sondern gibt, verkleinert auf das Format dieses Buches, die maschinengeschriebene Seite einer Abschlußarbeit wieder. Es handelt sich also um ein Kapitel, das zwar von eurer Arbeit, aber auch von sich selbst spricht. Hier werden bestimmte Ausdrücke unterstrichen, um euch zu zeigen, wie und wann man unterstreicht; Fußnoten sind angebracht, um zu zeigen, wie man Fußnoten anbringt, Kapitel und Paragraphen werden untergliedert, um zu zeigen, nach welchen Grundsätzen Kapitel, Paragraphen, Unterparagraphen untergliedert werden.

VI.1.2. Unterstreichungen und Großbuchstaben

Die Schreibmaschine hat häufig keine Kursivschrift, sondern nur die Normalschrift. Was darum im Buch kursiv gesetzt werden muß, wird in der Abschlußarbeit unterstrichen. Wäre die Abschlußarbeit das Manuskript für ein Buch, so würde der Setzer alle unterstrichenen Wörter kursiv setzen.

Was unterstreicht man? Das hängt von der Art der Arbeit ab, aber gewöhnlich gelten in Italien folgende Grundsätze:

a) Unterstrichen werden nicht allgemein gebräuchliche Fremdwörter (nicht unterstrichen werden Wörter in der eigenen Sprache oder allgemein gebräuchliche Wörter: Bar, Sport, aber auch Boom, Crack, Schock; in einer Arbeit über die Raumfahrt wird man Wörter aus diesem Bereich, die allgemein verwendet werden, wie etwa splash down, nicht unterstreichen);

b) Wissenschaftliche Namen wie felis catus, euglena viridis, clerus apiovorus;
c) Fachausdrücke, die betont werden sollen: "Die Methode der Sondierung bei der Erdölprospektion ...";
d) Ganze Sätze (sofern sie nicht zu lang sind), in denen eine These angesprochen und anschließend bewiesen wird: "Wir wollen also zeigen, daß sich die Definition der Geisteskrankheit grundlegend gewandelt hat";
e) Titel von Büchern (nicht Titel von einzelnen Kapiteln oder Aufsätzen aus Zeitschriften);
f) Titel von Gedichten, von Bühnenwerken, von Bildern und Skulpturen: Lucia Vaina-Pusca bezieht sich in seinem Aufsatz "La théorie des mondes possibles dans l'étude des textes-Baudelaire lecteur de Brueghel" auf Knowledge and Belief von Hintikka, um zu beweisen, daß das Gedicht Die Blinden von Baudelaire von der Parabel der Blinden von Brueghel inspiriert ist;
g) Titel von Tages- und Wochenzeitungen: Siehe den Artikel "Von der Unperson zum Klassiker", erschienen in der Frankfurter Allgemeinen Zeitung am 8. 10. 86;
h) Titel von Filmen, Liedern, Opern.

Achtung: Nicht Zitate anderer Autoren unterstreichen; für sie gelten die unter V.3. gegebenen Regeln; auch Textstellen, die länger als zwei oder drei Zeilen sind, werden nicht unterstrichen. Zuviel Unterstreichen ist, wie wenn man immer wieder "Hilfe, ich ertrinke" schreit, keiner achtet mehr drauf. Eine Unterstreichung muß immer der besonderen Betonung durch die Stimme entsprechen, die man dem Text beim Lesen geben würde, sie muß die Aufmerksamkeit des Zuhörers bzw. Lesers erwekken, auch wenn er gerade abgelenkt sein sollte.

In vielen Büchern werden neben dem Kursivdruck (das sind hier Unterstreichungen) Kapitälchen verwendet, Großbuchstaben in einer kleineren Schrift, als sie am Satzanfang oder für Eigennamen verwendet wird. Die

Schreibmaschine hat normalerweise keine Kapitälchen, ~~aber~~ doch man kann (aber sehr sparsam!) Großbuchstaben für einzelne Wörter von besonderer technischer Bedeutung verwenden. In diesem Fall schreibt ihr die SCHLÜSSELWÖRTER eurer Arbeit in Großbuchstaben und unterstreicht stattdessen Sätze oder fremdsprachige Wörter oder Titel. Hier ein Beispiel:

> Hjelmslev nennt SEGNISCHE FUNKTION die Beziehung, die zwischen den beiden FUNKTIONEN, die zu den beiden sonst unabhängigen Ebenen gehören, durch AUSDRUCK und INHALT hergestellt wird. Diese Definition stellt die Vorstellung vom Zeichen als autonome Einheit in Frage.

Natürlich muß jedesmal, wenn ihr einen Fachausdruck in Kapitälchen (aber das gilt auch im Fall der Unterstreichung) einführt, der so eingeführte Ausdruck unmittelbar vorher oder nachher definiert werden ~~muß~~. Gebraucht keine Kapitälchen, um euren Worten Nachdruck zu verleihen ("was wir herausgefunden haben, scheint nur ENTSCHEIDEND für den Zweck unserer Untersuchung"). Ganz allgemein sollte jeder Art von Emphase vermieden werden. Setzt kein Ausrufezeichen, keine Auslassungspunkte (es sei denn, um anzuzeigen, daß ein zitierter Text eine Lücke hat). Ausrufezeichen, Auslassungspunkte, Großbuchstaben, die für nichtfachspezifische Ausdrücke verwendet werden, sind typisch für den Dilettanten, kommen nur in Büchern vor, die auf Rechnung des Autors gedruckt werden.

VI.1.3. Paragraphen [in deutschen Arbeiten ist "Abschnitte" gebräuchlich]

Ein Paragraph kann Unterparagraphen haben, wie z. B. in diesem Kapitel. Wenn die Überschrift des Paragraphen unterstrichen wurde, dann unterscheidet sich die Überschrift des Unterparagraphen dadurch, daß sie nicht unterstrichen wird, und das reicht aus, auch wenn der Abstand zwischen Überschriften und Text immer der gleiche bleibt. Andererseits werden, wie man sieht, Paragraph und Unterparagraph durch die Numerierung unterschieden. Der Leser erkennt sofort, daß die römische Zahl das Kapitel, die erste arabische Zahl den Paragraphen und die zweite den Unterparagraphen bezeichnet.

VI.1.3. Paragraphen – Die Überschrift des Paragraphen wurde hier wiederholt, um eine andere Möglichkeit des Vorgehens zu zeigen. Die Überschrift ist in den Paragraphen einbezogen und wird unterstrichen. Dieses System eignet sich sehr gut, hat aber den Nachteil, daß es für eine weitere Untergliederung der Unterparagraphen nicht verwendet werden kann, die sich manchmal als nützlich erweist (wie wir noch in diesem Kapitel sehen werden).

Man kann auch nur nach Nummern ohne Überschriften gliedern. Zum Beispiel hätte der Unterparagraph, den ihr gerade lest, folgendermaßen gekennzeichnet werden können:

VI.1.3. Der Text hätte gleich nach der Zahl begonnen, und die ganze Zeile wäre vom unmittelbar vorhergehenden Paragraphen durch einen Eineinhalbzeilen-Abstand abgesetzt. Zwischenüberschriften helfen jedoch nicht nur dem Leser, sondern verlangen auch vom Autor systematisches Vorgehen, weil sie ihn zwingen, mit einer Überschrift den Inhalt des Paragraphen zu kennzeichnen (und ihn durch die Hervorhebung einer wesentlichen Frage zu rechtfertigen). Die Überschrift zeigt euch, daß der Paragraph als solcher seine Berechtigung hat.

Mit oder ohne Überschriften können die Ziffern, die die Kapitel und Paragraphen bezeichnen, unterschiedlicher Natur sein. Wir verweisen auf Paragraph VI.4.,

"Das Inhaltsverzeichnis", wo ihr einige Beispiele für Numerierung findet. Wir verweisen auf das Inhaltsverzeichnis, weil sein Aufbau dem Aufbau des Textes genau entsprechen muß und umgekehrt.

VI.1.4. Anführungszeichen und andere Zeichen

Doppelte Anführungszeichen (auch Gänsefüßchen genannt) verwendet man in folgenden Fällen:

a) Beim Zitieren eines anderen Autors im Text selbst, so wie wir es jetzt machen, wenn wir daran erinnern, daß nach Campbell und Ballou "Zitate, die nicht länger als drei Maschinenzeilen sind, in Anführungszeichen gesetzt werden und im Text selbst stehen"[1].

b) Bei der Zitierung von einzelnen Wörtern eines anderen Autors, wie im jetzt folgenden Beispiel, wo wir daran erinnern, daß nach den schon zitierten Campbell und Ballou unsere doppelten Anführungszeichen "quotation marks" heißen (aber da es sich um fremdsprachige Wörter handelt, könnten wir auch schreiben "quotation marks"). Übernehmen wir die Terminologie unserer Autoren und machen wir uns ihre Fachausdrücke zu eigen, so schreiben wir natürlich nicht mehr "quotation marks", sondern quotation marks oder, in einer Abhandlung über die angelsächsischen typographischen Gebräuche QUOTATION MARKS (weil es sich um einen terminus technicus handelt, der eine der Kategorien unserer Abhandlung bildet).

c) Bei allgemein gebräuchlichen Ausdrücken oder Ausdrücken anderer Autoren, die wir als "sogenannt" kennzeichnen wollen. Wir schreiben also, daß das,

1. W. G. Campbell und S. V. Ballou, Form und Style–Theses, Reports, Term Papers, 4. Aufl., Boston, Houghton Mifflin, 1974, S. 40

was die idealistische Ästhetik als "Poesie" bezeichnete, nicht die gleiche Bedeutung hatte wie der Fachausdruck POESIE in einem Verlagskatalog, wo er im Gegensatz zu ERZÄHLUNGEN und ESSAYISTIK steht. Gleichermaßen sagen wir, daß die Vorstellung von Hjelmslev von der SEGNISCHEN FUNKTION die gängige Vorstellung von "Zeichen" in Frage stellt. Anführungszeichen empfehlen sich nicht, um einen Ausdruck hervorzuheben, wie das manche möchten, weil man in diesem Fall unterstreicht oder 'einfache' Anführungszeichen setzt.

d) Beim Zitieren aus Bühnenstücken. Man kann zwar sagen, daß Hamlet die Worte spricht: "Sein oder Nichtsein? Das ist hier die Frage", ich würde aber bei der Übernahme einer Textstelle aus einem Theaterstück empfehlen:

Hamlet: Sein oder Nichtsein? Das ist hier die Frage.

sofern nicht die spezielle Sekundärliteratur, auf die ihr euch bezieht, herkömmlicherweise anders verfährt.

Was macht man aber, wenn man in einem in Anführungszeichen stehenden übernommenen Text einen weiteren Text in Anführungszeichen zitieren muß? Man verwendet einfache Anführungszeichen, wenn man etwa sagen will, daß nach der bekannten Feststellung von Smith "die berühmtem Worte 'Sein oder Nichtsein' das Paradepferd aller Shakespeare-Interpreten abgegeben haben".

Und wenn Smith gesagt hat, Brown habe gesagt, daß Wolfram etwas gesagt hat? Manche lösen dies, indem sie schreiben, daß nach der bekannten Behauptung von Smith "alle jene, die sich auf Brown mit seiner Behauptung beziehen, er lehne das Prinzip von Wolfram ab, für den »das Sein und das Nichtsein zusammenfallen«, einem schweren nicht zu rechtfertigenden Irrtum unterliegen". Aber seht einmal unter V.3.1. (Regel 8) nach, und ihr werdet feststellen, daß man das Zitat engzeilig und eingerückt bringen und dadurch eine Anführungszeichenschlacht vermeiden und sich auf einfache und doppelte Anführungszeichen beschränken kann.

Im vorigen Beispiel haben wir jedoch auch die »ekkigen«, »französischen« Anführungszeichen kennengelernt [laut Duden in Deutschland weniger gebräuchlich als in der Schweiz, Anm. d. Übers.]. Sie werden ziemlich selten verwendet, schon weil die Schreibmaschine sie oft nicht hat. Ich mußte sie dennoch einmal in einem meiner Texte verwenden, weil ich die normalen doppelten Anführungszeichen für kurze Zitate und für die Kennzeichnung als "sogenannt" brauchte, zugleich den Gebrauch eines Begriffes als signifikant kenntlich machen mußte (das geschah dadurch, daß ich ihn /zwischen Schrägstriche/ setzte) und schließlich eines anderen als »Signifikat«. Ich sagte darum, daß das Wort /Hund/ ein »fleischfressendes vierfüßiges Tier etc.« bedeutet. Das sind Ausnahmefälle, in denen ihr euch am besten der Sekundärliteratur, mit der ihr arbeitet, anschließt und die Zeichen handschriftlich im schon maschinengeschriebenen Text anbringt, genau wie ich es auf dieser Seite gemacht habe.

Spezifische Themen verlangen andere Zeichen, und insoweit lassen sich keine allgemeinen Hinweise geben. Für bestimmte Arbeiten auf dem Gebiet der Logik, der Mathematik oder der außereuropäischen Sprachen bleibt nichts übrig, als mit der Hand zu schreiben, was natürlich ziemlich aufwendig ist; anders ist es, wenn man eine elektrische Schreibmaschine hat, bei der man Schreibräder oder Schreibköpfe mit der entsprechenden Schrift einsetzen kann. In den Fällen aber, in denen man nur gelegentlich eine Formel (oder ein griechisches oder russisches Wort) schreiben muß, gibt es neben der Möglichkeit, mit der Hand zu schreiben, eine andere Lösung: das griechische oder das kyrillische Alphabet kann man nach international gebräuchlichen Regeln (vgl. Schaubild 20) transliterieren, während es im Falle logisch-mathematischer Formeln oft entsprechende Zeichen gibt, die sich mit der Schreibmaschine darstellen lassen. Natürlich müßt ihr euch beim Betreuer erkundigen, ob ihr mit diesen Ersatzlösungen arbeiten dürft, oder auch in der einschlägigen Literatur nachsehen, aber für alle Fälle gebe ich eine Reihe logischer Ausdrücke (links) als Beispiel, die mit kleinem Aufwand in die rechte Form transkribiert werden können:

$p \supset q$	wird	$p \rightarrow q$
$p \wedge q$	"	$p \cdot q$
$p \vee q$	"	p q
$\Box p$	"	Lp
$\Diamond p$	"	Mp
$\sim p$	"	– p
$(\forall x)$	"	(Ax)
$(\exists x)$	"	(Ex)

Die ersten fünf Ersatzlösungen wären auch im Druck akzeptabel; die letzten drei könnten in einer maschinengeschriebenen Abschlußarbeit akzeptiert werden, vielleicht mit einer einleitenden Bemerkung, die das Vorgehen ausdrücklich erklärt.

Entsprechende Probleme könnte es bei einer linguistischen Arbeit geben, wo ein Phonem als [b], aber auch als /b/ dargestellt werden kann ⟨im Deutschen üblich: Laut (Phon) [b], Phonem /b/, Anm. d. Übers.⟩.

In anderen Fällen von Formelbildung können Klammersysteme auf eine Folge von runden Klammern zurückgeführt werden; dadurch wird der Ausdruck

$\{[(p \supset q) \wedge (q \supset r)] \supset (p \quad r)\}$ umgewandelt in
$(((p \rightarrow q) \cdot (q \rightarrow r)) \rightarrow (p \rightarrow r))$

In gleicher Weise weiß jemand, der eine Arbeit über Transformationsgrammatik schreibt, daß Strukturbeschreibungen mit Klammern gekennzeichnet werden können. Aber wer Arbeiten dieser Art schreibt, weiß solche Dinge schon.

VI.1.5. Diakritische Zeichen und Transliteration

Transliterieren bedeutet, einen Text mit Hilfe eines anderen als dem im Original verwendeten Alphabet umzuschreiben (zu trankribieren). Die Transliteration soll den Text nicht phonetisch interpretieren, sondern das Original Buchstabe für Buchstabe wiedergeben, so daß es jedermann möglich ist, den Text in der Originalsprache zu rekonstruieren, auch wenn er nur die beiden Alphabete kennt.

Auf die Transliteration greift man meist für historische und geographische Namen und für Wörter zurück, die in der eigenen Sprache keine Entsprechung haben.

Diakritische Zeichen sind Zeichen, die den normalen Buchstaben des Alphabets hinzugefügt werden und die diesen einen besonderen phonetischen Wert geben sollen. Diakritische Zeichen sind also auch die wohlbekannten Akzente etwa des Italienischen (z. B. führt der spitze Akzent "ˊ" beim "e" am Schluß des Wortes zu einer geschlossenen Aussprache wie in "perché", die französische Cedille beim "ç", die spanische Tilde beim "ñ", das deutsche Umlautzeichen des "ü" und auch die weniger bekannten Zeichen anderer Alphabete: das russische "č", das dänische "ø", das polnische "ł" etc.).

In einer Abschlußarbeit z. B., die nicht über polnische Literatur geht, kann man den Schrägstrich beim L weglassen: statt "Łodz" schreibt man "Lodz", das machen auch Zeitungen. Aber bei den romanischen Sprachen ist man gewöhnlich anspruchsvoller. Schauen wir uns ein paar Beispiele an.

In jeder Art von Buch respektieren wir die Regeln für den Gebrauch der besonderen Zeichen des Französischen. Diese Zeichen haben alle für die kleinen Buchstaben eine entsprechende Taste auf den normalen Schreibmaschinen. Was die Großbuchstaben anbelangt, so schreibt man Ça ira, aber man schreibt Ecole und nicht École, A la recherche und nicht À la recherche ..., weil im Französischen die Großbuchstaben nicht mit einem Akzent versehen werden, auch nicht im Druck.

Wir respektieren in jeder Art von Buch, sei es für die Kleinbuchstaben oder die Großbuchstaben, die Regeln für den Gebrauch der besonderen Zeichen des spanischen Alphabets: Die Vokale mit dem Akut-Akzent und das n mit der Tilde: ñ. Für die Tilde auf dem kleinen ñ kann man auch das Zeichen für den Zirkumflex-Akzent verwenden. Aber in einer Arbeit über spanische Literatur würde ich es lieber nicht machen.

Wir respektieren in jeder Art von Buch, sowohl für die Kleinbuchstaben wie auch für die Großbuchstaben, die Regeln für den Gebrauch der besonderen Zeichen des portugiesischen Alphabets, von denen es sechs gibt, die fünf Vokale mit Tilde und das ç.

Bei anderen Sprachen muß man von Fall zu Fall entscheiden, und wie auch sonst wird die Lösung unterschiedlich sein, je nachdem, ob ihr ein einzelnes Wort zitiert oder eine Arbeit über jene besondere Sprache schreibt. Für isolierte Einzelfälle kan man sich an die

Russisches Alphabet			
Groß/klein	Transl.	Groß/klein	Transl.
А а	a	П п	p
Б б	b	Р р	r
В в	v	С с	s
Г г	g	Т т	t
Д д	d	У у	u
Е е	e	Ф ф	f
Ё ё	ë	Х х	ch
Ж ж	ž	Ц ц	c
З з	z	Ч ч	č
И и	i	Ш ш	ǎ
Й й	j	Щ щ	ǎč
К к	k	Ы ы	y
Л л	l	Ь ь	’
М м	m	Э э	e
Н н	n	Ю ю	ju
О о	o	Я я	ja

Schaubild 20: Wie man nichtlateinische Alphabete transliteriert

Altgriechisches Alphabet		
Großbuchstaben	Kleinbuchstaben	Transliteration
Α	α	a
Β	β	b
Γ	γ	gh
Δ	δ	d
Ε	ε	ĕ
Ζ	ζ	z
Η	η	ē
Θ	θ	th
Ι	ι	i
Κ	ϰ	c
Λ	λ	l
Μ	μ	m
Ν	ν	n
Ξ	ξ	x
Ο	ο	ö
Π	π	p
Ρ	ϱ	r
Σ	σς	s
Τ	τ	t
Υ	υ	ü
Φ	φ	ph
Χ	χ	ch
Ψ	ψ	ps
Ω	ω	ō

zu beachten: γγ = ngh
γϰ = nc
γξ = ncs
γχ = nch

(Fortsetzung Schaubild 20)

Gepflogenheiten von Zeitungen oder nichtwissenschaftlichen Büchern halten. Der dänische Buchstabe å wird gelegentlich mit aa wiedergegeben, das tschechische ý wird zu y, das polnische ł zu l und so weiter.

Wir zeigen in Schaubild 20 die Regeln für die diakritische Transkription des Griechischen (das in Abschlußarbeiten der Philosophie transkribiert werden kann) und des Kyrillischen (die für das Russische und andere slavische Sprachen verwendet werden kann, natürlich nur in Arbeiten, die nicht im Fach Slavistik geschrieben werden).

VI.1.6. Zeichensetzung, Akzente, Abkürzungen

Auch zwischen den großen Verlagshäusern gibt es Unterschiede in der Zeichensetzung, im Setzen von Anführungszeichen, Anmerkungen und Akzenten. Insoweit stellt man an eine Abschlußarbeit geringere Ansprüche als an ein druckfertiges Manuskript. Auf keinen Fall ist es schlecht, die dafür geltenden Grundsätze zu kennen und wenn möglich anzuwenden. Wir zeigen im folgenden als Hilfestellung eine mögliche Vorgehensweise auf, doch einige Grundsätze können von Verlag zu Verlag verschieden sein. Wichtig ist nicht so sehr, nach welchen Grundsätzen man vorgeht, als daß diese konsequent angewendet werden.

Punkt und Komma. Wenn Punkte und Kommata Zitaten in Anführungszeichen folgen, stehen sie innerhalb der Anführungszeichen, sofern die Anführungszeichen einen in sich abgeschlossenen Teil der Darstellung umschließen. Wir sagen darum, daß Smith sich hinsichtlich der Theorie von Wolfram fragt, ob wir dessen Meinung akzeptieren müssen, daß "Sein mit dem Nichtsein von jedem Standpunkt aus betrachtet identisch ist." Wie ihr seht, steht der Schlußpunkt innerhalb der Anführungszeichen, weil auch das Zitat von Wolfram mit einem Punkt endete. Dagegen schreiben wir, daß Smith nicht mit Wolfram übereinstimmt, wenn dieser behauptet, daß "Das Sein mit dem Nichtsein identisch ist". Und der Punkt steht hier nach dem Zitat, weil dieses nur einen Teil des zitierten Satzes darstellt. Ebenso verfährt man mit dem Komma: Wir sagen, daß Smith, nachdem er die Auffassung von Wolfram zitiert hat, daß "das Sein und das Nichtsein identisch sind", diese Auffassung vortrefflich widerlegt. Anders gehen wir vor, wenn wir ein Zitat wie das folgende bringen: "Ich glaube nicht," sagte er, "daß das möglich ist." Erinnert sei daran, daß kein Schlußkomma gesetzt wird, wenn eine Klammer geöffnet wird. Wir schreiben also nicht "er liebte eine farbige Sprache, duftende Töne, (symbolistische Idee), samtenes Herzklopfen", sondern "er liebte eine farbige Sprache, duftende Töne (symbolistische Idee), samtenes Herzklopfen".

Die Numerierung von Anmerkungen. Die Nummer der Anmerkung kommt nach dem Interpunktionszeichen. Wir schreiben infolgedessen:

> Die überzeugendste Darstellung des Gegenstandes ist, nach der von Vulpius,[1] die von Krahehenbuel.[2]. Die letztere erfüllt nicht alle Anforderungen, die Papper solche der "Reinheit" nennt,[3], wird aber von von Grumpz[4] ein "Vorbild an Genauigkeit" genannt.

[Im Deutschen setzt man die Anmerkungsziffer nicht generell nach dem Interpunktionszeichen, sondern geht –

1. Der Genauigkeit halber lassen wir jeder Zahl eine Fußnote entsprechen. Aber es handelt sich um erfundene Autoren.
2. Erfundener Autor
3. Erfundener Autor
4. Erfundener Autor

a.a.O	am angegebenen Ort
Abb.	Abbildung
Abs.	Absatz
Abschn.	Abschnitt
Anh.	Anhang
Anm.	Anmerkung
Anm. des Herausg.	Anmerkung des Herausgebers
Anm. des Übers.	Anmerkung des Übersetzers
Anm. des Verf.	Anmerkung des Verfassers
anon.	anonym
Art.	Artikel (bei Gesetzen) u. in Enzyklopädien
Aufl.	Auflage
Ausg.	Ausgabe
Bd.	Band
Beil.	Beilage
betr.	betreffend
cf.	(lat.) vergleiche
d.h.	das heißt
ebenda	am genannten Ort
e.g.	(lat.) zum Beispiel
ed.	(lat.) Herausgeber, herausgegeben
f. ff.	folgende (Seiten)
Fn.	Fußnote
geb.	gebunden
gen.	genannt
Herausg. oder Hg.	Herausgeber
ibid.	(lat.) am angegebenen Ort
i.e.	(lat.) das heißt
J.	Jahr
Jahrg.	Jahrgang
loc.cit.	(lat.) am angegebenen Ort

Schaubild 21: Die gebräuchlichsten Abkürzungen in Text und Fußnoten

MS	Manuskript
NB	(lat.) Nota Bene, beachte!
N	Note
NF	Neue Folge
o.J.	ohne Jahresangabe
o.O.	ohne Ortsangabe
op.cit.	(lat.) im zitierten Werk
passim	(lat.) an verschiedenen Stellen (einer zitierten Arbeit)
Pseud.	Pseudonym
s.	siehe
S.	Seite
sic	(lat.) Hinweis, daß in einem zitierten Text etwas wirklich so steht, wie es wiedergegeben ist; kann als Warnung oder als ironische Betonung einer abgelehnten Ansicht dienen
s.o.	siehe oben
Sp.	Spalte
s.u.	siehe unten
Übers.	Übersetzer, Übersetzung
Verf.	Verfasser
vgl.	vergleiche
v^0	(lat.) auf der Rückseite
vid.	(lat.) siehe
z.B.	zum Beispiel

NB. Dies ist eine Zusammenstellung der geläufigsten Abkürzungen. Besondere Fachgebiete (Paleographie, klassische oder moderne Philologie, Logik, Mathematik etc.) haben eine Vielzahl eigener Abkürzungen, die ihr beim Lesen der Sekundärliteratur zu diesem Gebiet lernt.

laut Duden – so vor: Bezieht sich die Anmerkung auf ein einzelnes Wort oder eine Wortgruppe, so steht die Anmerkungsziffer direkt dahinter noch vor einem folgenden Satzzeichen. Bezieht sie sich jedoch auf einen ganzen Satz oder durch Satzzeichen eingeschlossenen Satzteil, so steht sie nach dem schließenden Satzzeichen.]

Akzente. Das Deutsche kennt keine Akzente, für die anderen Sprachen hält man sich an die oben schon dargestellten Gebräuche (VI.1.5.).

VI.1.7. Weitere Ratschläge (in willkürlicher Reihenfolge)

Anführungszeichen, die geöffnet werden, müssen immer auch wieder geschlossen werden. Das könnte als idiotischer Rat erscheinen, und doch handelt es sich um eine der häufigsten Nachlässigkeiten in maschinengeschriebenen Texten. Das Zitat fängt an, und man weiß nicht, wo es aufhört.

Schreibt nicht zu viele Zahlen in arabischen Ziffern. Dieser Hinweis gilt natürlich nicht, wenn ihr eine mathematische oder statistische Arbeit schreibt, auch nicht, wenn ihr genaue Daten oder Prozentzahlen angebt. Aber im Verlauf der normalen Darstellung schreibt ihr besser, daß dieses Heer fünfzigtausend (und nicht 50 000) Mann hatte, daß dieses Werk in drei (und nicht 3) Bänden erschienen ist, wenn ihr nicht ein genaues Zitat von der Art "3 Bd." bringt. Schreibt auch, daß sich die Verluste auf zehn Prozent erhöht haben, daß jemand im Alter von sechzig Jahren gestorben ist, daß die Stadt dreißig Kilometer entfernt lag.

Verwendet dagegen Ziffern für Daten; sie werden übrigens am besten immer möglichst ausführlich geschrieben:

17. Mai 1973 und nicht 17/5/73, aber ihr könnt abgekürzt sagen "der Krieg 14 – 18". Möglichst kurze Datenangaben verwendet man natürlich auch, wenn es um das Datieren einer ganzen Reihe von Dokumenten, der Seiten eines Tagebuches etc. geht.

Man sagt einerseits, daß ein bestimmtes Ereignis um elf Uhr dreißig eingetreten ist, aber andererseits sagt man, daß im Verlauf des Experiments das Wasser um 11,30 Uhr um 25 cm gestiegen ist. Man sagt: Das Autokennzeichen Nummer 7535, die Hausnummer 30 der Blumenstraße, die Seite 144 eines bestimmten Buches.

Römische Zahlen gebraucht man dagegen bei Pius XII., Wilhelm II.

<u>Seid konsequent bei Abkürzungen und Zeichen</u>. Ihr könnt U.S.A. oder USA schreiben, aber wenn ihr USA schreibt, dann bitte später auch PCI, RAF, SOS, FBI.
(Anmerkung d. Übers.: In Deutschland ist die Schreibweise U.S.A. nicht üblich, doch werden bei anderen Abkürzungen zuweilen Punkte verwendet. Beispiel: F.D.P.)

<u>Vorsicht beim Zitieren von Buch- und Zeitungstiteln</u>. Will man sagen, daß ein bestimmter Gedanke, ein Zitat, eine Beobachtung aus dem Buch mit dem Titel <u>Die Verlobten</u> stammt, dann gibt es folgende Möglichkeiten:
a) Wie in <u>Die Verlobten</u> gesagt wird...
b) Wie in den <u>Verlobten</u> gesagt wird ...

In einer mehr journalistisch geschriebenen Abhandlung wählt man eher die Form b). Form a) ist korrekt, wenn auch gelegentlich umständlich. Ich würde Form b) bei einem Buch empfehlen, dessen Titel schon genau zitiert wurde, und Form a), wenn der Titel zum ersten Mal auftaucht und es wichtig ist zu wissen, ob der Artikel darin vorkommt oder nicht. Habt ihr euch für eine Form entschieden, so behaltet sie jedenfalls konsequent bei. Bei Zeitungen muß man darauf achten, ob der Artikel Bestandteil des Titels ist oder nicht. Es heißt *Die Welt*, aber die *Frankfurter Allgemeine Zeitung*.

Seid zurückhaltend beim Unterstreichen, es ist oft sinnlos. Man unterstreicht fremdsprachige Wörter, die sich im Deutschen nicht eingebürgert haben, wie *splash down* oder *centro-sinistra*, nicht aber Sport, Bar, Film, Flipper. Markennamen oder die Namen bekannter Denkmäler werden nicht unterstrichen. "Die Spitfire [(keine Pluralform!)] kreisten über dem Golden Gate." Philosophische Ausdrücke einer fremden Sprache werden nicht in den Plural gesetzt und erst recht nicht dekliniert. Es macht sich allerdings gar nicht gut, wenn man dazwischen lateinische Ausdrücke verwendet und die dann dekliniert (*"subjectum"*, *"subiecta"*). Diese schwierige Lage sollte man womöglich vermeiden, indem man Ausdrükke der eigenen Sprache verwendet (meist verwendet man das Fremdwort ohnehin nur, um die eigene Bildung herauszukehren).

Wendet Grundzahlen, Ordnungszahlen, römische Ziffern und arabische Ziffern mit Überlegung an. Es ist üblich, daß die römische Ziffer den übergeordneten Gliederungspunkt bezeichnet. Eine Angabe

XIII. 3

wird verwendet für den dreizehnten Band Teil 3, dreizehnten Gesang Vers 3, dreizehnten Jahrgang Nummer drei. Man kann auch 13.3 schreiben und das wird gewöhnlich verstanden, aber 3. XIII würde seltsam klingen. Schreibt ruhig *Hamlet* III, ii, 28, und man weiß, daß ihr von Vers 28 der zweiten Szene des dritten Aktes sprecht, auch *Hamlet* III, 2, 28 (oder *Hamlet* III. 2. 28) könnt ihr schreiben, nicht aber *Hamlet* 3, II, XXVIII. Schaubilder, statistische Tabellen, Zeichnungen oder Karten könnt ihr als Fig. 1 und Tab. 4 oder auch als Fig. I oder Tab. IV bezeichnen, aber bleibt um Himmels willen bei den einmal gewählten Grundsätzen. Und wenn ihr römische Zahlen für die Abbildungen gebraucht und arabische für die Figuren, dann sieht man auf den ersten Blick, auf was ihr euch bezieht.

Lest das maschinengeschriebene Manuskript nochmals durch! Nicht nur, um Schreibfehler zu korrigieren (besonders bei Fremdwörtern und Eigennamen), sondern auch um zu prüfen, ob die Fußnotennumerierung und die Seitenangaben in den Zitaten stimmen. Hier ein paar Sachen, die man unbedingt überprüfen muß:

Seitenzahlen: Stimmt die Numerierung?

Interne Verweisungen: Wird auf das richtige Kapitel und die richtige Seite verwiesen?

Zitate: Stehen sie immer in Anführungszeichen, am Anfang und am Schluß? Sind Auslassungszeichen, eckige Klammern, Einrückungen nach konsequenten Grundsätzen verwendet? Wird auf jedes Zitat gesondert verwiesen?

Anmerkungen: Hat die Anmerkung im Text die richtige Nummer? Ist die Anmerkung erkennbar vom Text abgehoben? Sind die Anmerkungen fortlaufend numeriert, oder gibt es Sprünge?

Bibliographie: Stehen die Namen in alphabetischer Reihenfolge? Habt ihr bei einem Autor Name und Vorname verwechselt? Sind alle Angaben vorhanden, um das Buch genau zu bestimmen? Macht ihr bei einigen Titeln genauere Angaben (z. B. Seitenzahl, Titel der Reihe) als bei anderen? Sind Bücher, Zeitschriftenaufsätze und Abschnitte aus größeren Werken deutlich unterschieden? Steht hinter jeder Verweisung ein Punkt?

VI.2. Das Literaturverzeichnis

Eigentlich müßte das Kapitel über die Bibliographie sehr lang, sehr genau und sehr aufwendig sein. Aber wir haben uns mit diesem Thema schon an mindestens zwei Stellen beschäftigt. Unter III.2.3. haben wir gesagt, wie die Angaben über ein Buch registriert werden müssen, und unter V.4.2. und V.4.3. haben wir sowohl gesehen, wie man ein Werk in einer Anmerkung zitiert, als auch, wie man die Verbindung zwischen dem Zitat in der Anmerkung (oder im Text) und der Bibliographie herstellt. In diesen drei Paragraphen findet ihr alles, was man für ein gutes Literaturverzeichnis wissen muß.

Auf jeden Fall ist es wichtig festzuhalten, daß eine wissenschaftliche Abschlußarbeit ein Literaturverzeichnis haben muß, mögen die Angaben in den Fußnoten noch so detailliert und genau sein. Man kann dem Leser nicht zumuten, sich die ihn interessierenden Informationen Seite für Seite zusammenzusuchen.

Es gibt Arbeiten, für deren Verständnis die Bibliographie eine nützliche, aber nicht unentbehrliche Ergänzung darstellt, bei anderen Arbeiten (etwa Untersuchungen über die Literatur zu einem bestimmten Bereich oder über die veröffentlichten oder unveröffentlichten Werke eines Autors) kann die Bibliographie den interessantesten Teil der Arbeit darstellen. Gar nicht zu reden von ausschließlich bibliographischen Arbeiten von der Art wie Die Untersuchungen über den Faschismus von 1945 bis 1950, bei denen die Bibliographie nicht ein Hilfsmittel, sondern das Ziel der Untersuchung darstellt.

Es bleiben nur noch einige Hinweise zur Gestaltung der Bibliographie hinzuzufügen. Gehen wir vom Beispiel einer Arbeit über Bertrand Russell aus. Die Bibliographie wird zweckmäßigerweise in Werke von Bertrand Russell und Werke über Bertrand Russell unterteilt (sie könnte natürlich auch eine allgemeinere Abteilung Werke zur Geschichte der Philosophie des 20. Jahrhunderts haben). Die Werke von Bertrand Russell werden in chronologischer Reihenfolge aufgeführt, die Werke über Bertrand Russell in alphabetischer. Es sei denn, das Thema der Arbeit wäre *Die Untersuchungen über Bertrand Russell von 1950 bis 1960 in England*; in diesem Fall könnte auch die Bibliographie *über* Bertrand Russell chronologisch aufgebaut sein.

Bei einer Arbeit über *Die Katholiken und der Aventin** dagegen könnte die Bibliographie etwa folgende Einteilung haben: Dokumente und Protokolle des Parlaments, Artikel in Zeitungen und Zeitschriften der Katholischen Presse, Artikel in Zeitungen und Zeitschriften der faschistischen Presse, Artikel und Zeitschriften von anderer politischer Seite, Werke über das Ereignis (und vielleicht eine Abteilung mit allgemeinen Werken zur italienischen Geschichte dieser Zeit).

Damit wird klar, daß sich das Problem je nach Typ der Arbeit verschieden stellt und daß es darauf ankommt, in der Bibliographie Primärquellen und Sekundärquellen deutlich zu unterscheiden und kenntlich zu machen, ebenso ernsthafte Arbeiten und weniger zuverlässige etc.

Aufs Ganze ~~genommen~~ gesehen und im Lichte dessen, was wir in den vorhergehenden Kapiteln gesagt haben, hat die Bibliographie folgende Aufgaben: a) Sie soll das Werk erkennbar machen, auf das verwiesen wird; b) sie soll seine Auffindung erleichtern und c) deutlich machen, daß man mit den Gebräuchen der Disziplin, in der man abschließt, vertraut ist.

Mit seiner Disziplin vertraut sein bedeutet zweierlei: Man muß den Eindruck vermitteln, daß man die ganze Literatur zum Thema kennt, und man muß den bibliographischen Richtlinien des Faches folgen. Was diesen zweiten Punkt anbelangt, kann es durchaus sein, daß die allgemeinen Richtlinien, die in diesem Buch gegeben werden, nicht die besten sind, und darum muß man sich die Sekundärliteratur zum Thema zum Vorbild nehmen. Für den ersten Punkt stellt sich die berechtigte Frage, ob in einer Bibliographie nur die Werke stehen sollen, die man tatsächlich ausgewertet hat, oder alle, von deren Existenz man weiß.

Insoweit scheint zunächst die Antwort auf der Hand zu liegen, daß die Bibliographie einer Abschlußarbeit nur die Werke aufführt, die man tatsächlich ausgewertet hat, alles andere wäre unanständig. Aber auch hier kommt es auf die Art der Arbeit an. Eine Untersuchung kann durchaus das Ziel haben, alles ans Licht zu bringen, was zu einem bestimmten Thema geschrieben wurde, ohne daß irgend jemand erwarten könnte, daß man sich tatsächlich jede einzelne Äußerung angesehen hat. Dann würde es genügen, wenn der Kandidat <u>deutlich</u> darauf hinwiese, daß er nicht alle Werke der Bibliographie ausgewertet habe, und wenn er vielleicht die tatsächlich ausgewerteten mit einem Stern kennzeichnen würde.

Aber das gilt nur für Themen, zu denen es bisher noch keine <u>vollständigen</u> Bibliographien gibt, bei denen also der Kandidat verstreute Verweisungen zusammentragen muß. Gibt es zufälligerweise schon eine vollständige Bibliographie, so kann man ebensogut auf diese verweisen und nur die Werke aufführen, die man tatsächlich ausgewertet hat.

Oft kann man von der Überschrift einer Bibliographie auf ihre Zuverlässigkeit schließen. Sie kann überschrieben sein mit <u>Bibliographische Nachweise</u>, <u>Verwendete Literatur</u> oder <u>Allgemeine Bibliographie zum Thema X</u>, und es wird sogleich völlig klar, daß sich auf Grund des Titels Erwartungen an die Bibliographie knüpfen, die sie erfüllen muß oder deren Erfüllung von ihr nicht erwartet werden kann. Man kann nicht mit <u>Bibliographie zum Zweiten Weltkrieg</u> eine magere Zusammenstellung von dreißig deutschen Titeln überschreiben. Schreibt in einem solchen Fall <u>Verwendete Literatur</u> und hofft auf Gott.

So armselig eure Bibliographie auch sei, versucht wenigstens, sie in richtige alphabetische Ordnung zu bringen. Dafür hier einige Regeln: Ausgangspunkt ist natürlich der Familienname. Vorangestellte Adelsbezeichnungen wie "de" und "von" gehören nicht zum Nachnamen, wohl aber großgeschriebene Präpositionen vor dem Namen. Darum führt man D'Annunzio unter D auf, aber Ferdinand de Saussure wird als Saussure, Ferdinand de eingeordnet. Man schreibt De Amicis, Du Bellay, La Fontaine, aber Beethoven, Ludwig van. Auch hier empfiehlt es sich allerdings, die einschlägige Sekundärliteratur im Auge zu behalten und deren Bräuchen zu folgen. Bei Autoren aus früheren Zeiten (etwa bis zum 14. Jahrhundert) zitiert man beispielsweise den Vornamen und nicht das, was der Nachname zu sein scheint, was aber in Wahrheit eine vom Namen des Vaters abgeleitete Bezeichnung oder die Angabe des Geburtsorts ist.

Eine Standardeinteilung für die Bibliographie einer allgemeinen Abschlußarbeit könnte, zusammengefaßt, so aussehen:
- Quellen
- Bibliographische Nachschlagewerke
- Werke zum Thema oder zum Autor (vielleicht unterteilt in Bücher und Aufsätze)
- Zusätzliche Materialien (Interviews, Dokumente, Erklärungen).

VI.3. Anhänge

Es gibt Arbeiten, bei denen ein oder mehrere Anhänge unvermeidlich sind. Eine philosophische Arbeit, die einen seltenen Text zum Gegenstand hat, den ihr ausgegraben und transkribiert habt, bringt diesen Text im Anhang, und vielleicht stellt dieser Anhang den originellsten Teil der ganzen Arbeit dar. Eine historische Arbeit, in der oft auf ein bestimmtes Dokument Bezug genommen wird, kann dieses Dokument im Anhang bringen, auch wenn es schon veröffentlicht ist. Eine juristische Arbeit, die sich mit einem Gesetz oder einer Reihe zusammengehörender Gesetze beschäftigt, muß diese Gesetze im Anhang wiedergeben (wenn sie nicht in geläufigen Gesetzessammlungen enthalten sind und ohnehin jedermann zur Verfügung stehen).

Bringt man vorhandenes Material im Anhang, so erspart man sich lange und lästige Zitate im Text, und man kann sich mit kurzen Verweisungen begnügen.

In den Anhang kommen auch Tabellen, Diagramme, statistische Daten, sofern es sich nicht um ganz kurze Angaben handelt, die man gut im Text bringen kann.

Ganz allgemein solltet ihr alle jene Angaben und Unterlagen in den Anhang aufnehmen, die den Text zu sehr belasten und seine Lektüre erschweren würden. Manchmal allerdings ist nichts unangenehmer als dauernde Verweise auf den Anhang, die den Leser dazu zwingen, dauernd von der Seite, die er gerade liest, im Anhang zu blättern. In diesen Fällen muß man seinen gesunden Menschenverstand walten lassen. Man muß vermeiden, daß der Text zu komprimiert wird, man muß kurze Zitate oder Zusammenfassungen der im Anhang gebrachten Aussagen, auf die man sich bezieht, in den Text einfügen.

Wenn ihr einen bestimmten theoretischen Punkt weiter ausführen wollt, aber den Eindruck habt, daß das die Entwicklung eures Gedankengangs stören würde, weil ihr auf einen Seitenweg geratet, dann könnt ihr diesen Punkt im Anhang behandeln. Angenommen, ihr schreibt eine Arbeit über die Poetik und die Rhetorik bei Aristoteles und ihre Einflüsse auf das Denken der Renaissance, und ihr findet heraus, daß in unserem Jahrhundert die Schule von Chicago diese Texte auf eine neue Weise interpretiert hat. Wenn die Beobachtungen der

Schule von Chicago euch dabei helfen, die Beziehungen des Aristoteles zum Denken der Renaissance zu klären, so zitiert ihr sie im Text. Es könnte aber auch interessant sein, etwas weniger bestimmt von der Sache in einem besonderen Anhang zu handeln und an diesem Beispiel nachzuweisen, daß nicht nur die Renaissance, sondern auch unser Jahrhundert versucht hat, den Texten des Aristoteles zu neuem Leben zu verhelfen. Ebenso wäre es denkbar, daß ihr eine Arbeit in romanischer Philologie über die Gestalt des Tristan schreibt und daß ihr in einem Anhang darauf eingeht, auf welche Weise in der Décadence – von Wagner bis Thomas Mann – von diesem Mythos Gebrauch gemacht wurde. Diese Frage hätte keine unmittelbare Bedeutung für den philologischen Gegenstand eurer Arbeit, aber ihr könntet zeigen wollen, daß die Deutung Wagners auch philologische Anregungen gibt, oder – umgekehrt – daß sie ein Musterbeispiel schlechter Philologie darstellt; in diesem Zusammenhang könntet ihr vielleicht weitere Übelegungen und Untersuchungen anregen. Diese Art von Anhängen ist gewiß nicht besonders empfehlenswert, denn sie passen eher zum Werk eines fortgeschrittenen Wissenschaftlers, der sich gelehrte und kritische Ausflüge der verschiedensten Art erlauben kann; ich mache meinen Vorschlag mehr aus psychologischen Gründen. Manchmal ist man mit großem Enthusiasmus bei der Arbeit, und es zeigen sich zusätzliche Lösungswege und Alternativen, und man kann der Versuchung nicht widerstehen, auch darüber zu schreiben. Verbannt ihr diese Ausführungen in den Anhang, so könnt ihr einerseits euer Mitteilungsbedürfnis befriedigen und andererseits sicherstellen, daß die Geschlossenheit der Arbeit nicht gefährdet wird.

VI.4. Das Inhaltsverzeichnis

Das Inhaltsverzeichnis muß alle Kapitel und Unterkapitel sowie alle Paragraphen des Textes mit der gleichen Numerierung, mit der gleichen Seitenzahl und mit den gleichen Worten enthalten. Dieser Rat scheint selbstverständlich zu sein, aber überprüft sorgfältig, ob diese Anforderung erfüllt wird, bevor ihr die Arbeit einreicht.

Das Inhaltsverzeichnis ist ein unverzichtbarer Dienst, den man dem Leser und sich selbst erweist. Es hilft dabei, einen bestimmten Punkt schnell wiederzufinden.

Das Inhaltsverzeichnis kann am Anfang oder am Schluß stehen. In italienischen und französischen Büchern steht es am Ende, in englischen und vielen deutschen am Anfang. Seit einiger Zeit gehen auch einige italienische Verleger auf die zweite Weise vor.

Meiner Ansicht nach steht das Inhaltsverzeichnis besser am Anfang. Man braucht nur ein paar Seiten zu blättern und hat es gefunden, während das Aufsuchen am Schluß umständlicher ist. Aber wenn es am Anfang stehen soll, dann wirklich am Anfang. Manche Bücher aus dem angelsächsischen Raum plazieren es nach dem Vorwort, und oft kommt nach dem Vorwort auch noch die Einleitung zur ersten Auflage und die Einleitung zur zweiten Auflage. Barbarisch. Dümmer geht's nicht, mann kann es genausogut gleich irgendwo in der Mitte bringen.

Eine andere Möglichkeit besteht darin, am Anfang eine wirkliche Inhaltsübersicht zu bringen (sie enthält nur die Kapitel) und am Schluß eine sorgfältig durchdachte Zusammenfassung. So geht man bei Büchern vor, die sehr eingehend untergliedert sind. So wie man manchmal an den Anfang eine Inhaltsangabe nach Kapiteln setzt und an den Schluß ein Sachregister, gewöhnlich verbunden

Schaubild 22: Beispiele für eine Inhaltsübersicht

ERSTES BEISPIEL

DIE WELT DES CHARLIE BROWN

ZWEITES BEISPIEL

DIE WELT DES CHARLIE BROWN

mit einem Namensregister. In einer Abschlußarbeit ist das nicht nötig. Es genügt eine sehr eingehende Inhaltsübersicht, am besten am Anfang der Arbeit, gleich nach dem Titelblatt.

Der Aufbau des Inhaltsverzeichnisses muß den der Arbeit widerspiegeln; das gilt auch für die äußere Gestaltung. Es muß also beispielsweise aus der Anordnung des Inhaltsverzeichnisses hervorgehen, daß Paragraph 1.2. ein Unterpunkt zu 1. ist, wenn das im Text so ist. Zum besseren Verständnis ~~machen~~ geben wir in Schaubild 22 Beispiele für ein Inhaltsverzeichnis. Die Numerierung der Kapitel und Paragraphen könnte allerdings auch anders sein, mit römischen und arabischen Ziffern, Buchstaben des Alphabets etc.

Die Inhaltsübersicht nach Schaubild 22 hätte auch folgendermaßen numeriert werden können:

A. ERSTES KAPITEL
- A.I. Erster Paragraph
- A.II. Zweiter Paragraph
  - A.II.1. Erster Unterparagraph des zweiten Paragraphen
  - A.II.2. Zweiter Unterparagraph des zweiten Paragraphen
  - usw. usw.

Oder sie könnte sich auch auf folgende andere Weise darstellen:

- I.1. Erster Paragraph
- I.2. Zweiter Paragraph
  - I.2.1. Erster Unterparagraph des zweiten Paragraphen
  - usw. usw.

Ihr könntet auch noch eine andere Einteilungsform wählen, sofern das Ergebnis ebenso klar und unmittelbar einsichtig ist. Überschriften müssen, wie ihr gesehen habt, nicht unbedingt mit einem Punkt abgeschlossen werden. Auch ist es guter Brauch, die Nummern von Überschriften rechts und nicht links eine gerade Linie bilden zu lassen, d. h. so

```
 7.
 8.
 9.
10.
```

und nicht so

```
7.
8.
9.
10.
```

Das gleiche gilt für römische Ziffern. Pingeligkeit? Nein, Sauberkeit! Wenn die Krawatte nicht sitzt, zieht ihr sie euch zurecht, und nicht einmal ein Hippy hat gerne Taubendreck auf der Jacke.

VII. Abschließende Bemerkungen

Ich möchte mit zwei Bemerkungen schließen: *Eine wissenschaftliche Arbeit schreiben bedeutet Spaß haben, und es ist mit der Arbeit wie mit dem Schlachten eines Schweines, wie die Italiener sagen: Man wirft nichts davon weg.*

Wer dieses Buch gelesen hat, ohne von Forschung eine Ahnung zu haben, wer Angst vor einer solchen Arbeit hatte, weil er nicht wußte, wie er mit ihr fertig werden soll, der kann einen Schreck bekommen haben. So viele Regeln, so viele Anweisungen, da komme ich im Leben nicht damit zurecht ...

Das ist aber nicht wahr. Der Vollständigkeit wegen muß ich von einem Leser ausgehen, der von nichts eine Ahnung hat, aber jeder von euch hatte sich beim Lesen dieses oder jenes Buches schon viele der Vorgehensweisen angeeignet, von denen die Rede war. Mein Buch diente höchstens dazu, sie alle in Erinnerung zu rufen, ans Licht des Bewußtseins zu heben, was viele von euch schon in sich aufgenommen hatten, ohne sich darüber klar zu sein. Auch ein Autofahrer bemerkt, wenn man ihn dazu bringt, über seine eigenen Handgriffe nachzudenken, daß er eine phantastische Maschine ist, die in Bruchteilen von Sekunden lebenswichtige Entscheidungen trifft und die sich fast keinen Irrtum leisten darf. Und doch fahren fast alle Auto, und die Tatsache, daß verhältnismäßig wenige bei Verkehrsunfällen sterben, zeigt, daß die meisten so schlecht nicht fahren – und mit dem Leben davonkommen.

Wichtig ist, daß man das Ganze *mit Spaß* macht. Und wenn ihr ein Thema gewählt habt, das euch interessiert, wenn ihr euch entschlossen habt, der Arbeit eine gewisse (wenn auch vielleicht kurze) Zeitspanne zu widmen, die ihr euch vorgenommen habt (wir haben eine Mindestzeit von sechs Monaten angenommen), dann werdet ihr merken, daß man die Arbeit als Spiel, als Wette, als Schatzsuche erleben kann.

Es liegt eine Art sportliche Befriedigung in der Jagd auf einen Text, der nicht aufzufinden ist, es bereitet eine rätselhafte Befriedigung, nach langem Nachdenken die Lösung für ein Problem zu finden, das unlösbar schien.

Ihr müßt die Arbeit als Herausforderung auffassen. Herausgefordert seid ihr: Ihr habt euch am Anfang eine Frage gestellt, auf die ihr noch keine Antwort wußtet. Es geht darum, die Antwort in einer begrenzten Zahl von Zügen zu finden. Manchmal kann die Arbeit zu einer Partie zwischen zwei Gegnern werden: Euer Autor will euch sein Geheimnis nicht verraten, ihr müßt ihn einkreisen, ihn mit Vorsicht befragen, ihn dazu bringen, das zu sagen, was er nicht sagen wollte, aber hätte sagen müssen. Manchmal ist die Arbeit eine Patiencespiel: Ihr habt alle Teile, es kommt darauf an, sie an die richtige Stelle zu legen.

Wenn ihr die Partie mit sportlichem Ehrgeiz spielt, werdet ihr eine gute Arbeit schreiben. Wenn ihr dagegen schon mit der Vorstellung startet, daß es sich um ein bedeutungsloses Ritual handelt und daß es euch nicht interessiert, dann habt ihr verloren, ehe ihr anfangt. Für diesen Fall habe ich euch schon am Anfang gesagt (und laßt es mich nicht wiederholen, weil es verboten ist), laßt euch die Arbeit schreiben, schreibt sie ab, ruiniert euch nicht das Leben, ruiniert es nicht denen, die euch helfen und die sie durchlesen müssen.

Hat euch das Schreiben der Arbeit Spaß gemacht, werdet ihr Lust bekommen, weiterzumachen. Normalerweise denkt man bei der Arbeit an der Abschlußarbeit an den Augenblick, in dem sie fertig wird: Man träumt von den Ferien, die hinterher kommen. Aber wenn die Arbeit gut gemacht wurde, dann befällt einen nach ihrer Beendigung eine große Arbeitswut. Man will alle die Punkte vertiefen, die man vernachlässigt hatte, man will alle die Ideen weiterverfolgen, die einem gekommen waren, die man aber auf sich beruhen lassen mußte, man will weitere Bücher lesen, Aufsätze schreiben. Und das ist ein Zeichen, daß die Arbeit euren geistigen Stoffwechsel angeregt hat, daß sie eine positive Erfahrung war. Es ist auch ein Zeichen dafür, daß ihr jetzt Opfer eines Zwangs zum Forschen seid, ein wenig so wie Chaplin in *Moderne Zeiten*, der auch nach der Arbeit immer noch Schrauben anzieht: und ihr müßt euch Mühe geben, euch zu bremsen.

Aber einmal gebremst, spürt ihr vielleicht eine Berufung zur Forschung in euch, ihr merkt, daß die Abschlußarbeit nicht nur ein Mittel zum Universitätsabschluß war und der Universitätsabschluß nicht nur ein Mittel zum Vorrücken in die staatlichen Besoldungsgruppen und zum Zufriedenstellen der Eltern. Und es ist auch gar nicht gesagt, daß der Vorsatz, weiter zu forschen, bedeutet, daß man die Universitätslaufbahn einschlägt, dort auf eine Anstellung wartet, auf eine Tätigkeit außerhalb der Universität verzichtet. Man kann auch in einem anderen Beruf genügend Zeit zum Forschen aufbringen, ohne dafür einen Auftrag der Universität zu fordern: Auch wer in einem Beruf seinen Mann steht, muß sich fortbilden.

Wenn ihr euch auf irgendeine Weise der Forschung widmet, werdet ihr feststellen, daß eine gut gemachte Abschlußarbeit etwas ist, von dem man nichts wegwirft. Zunächst werdet ihr sie für einen oder zwei wissenschaftliche Aufsätze verwerten, vielleicht sogar für ein Buch (mit einigen Überarbeitungen). Aber im Laufe der Zeit merkt ihr, daß ihr auf die Arbeit zurückgreift, um Material zum Zitieren aus ihr zu entnehmen, um die Literaturkartei wieder zu verwenden, etwa um Teile auszuwerten, die nicht in die Endfassung eurer ersten Arbeit eingegangen waren; was bei dieser Arbeit zweitrangig war, stellt sich jetzt als Ausgangspunkt neuer Untersuchungen dar. Es kann euch passieren, daß ihr noch nach Dutzenden von Jahren auf die erste Arbeit zurückkommt. Auch weil sie wie die erste Liebe war, man vergißt sie nicht leicht. Im Grunde war es das erste Mal, daß ihr eine ernsthafte und anspruchsvolle wissenschaftliche Arbeit gemacht habt, und diese Erfahrung ist nicht gering zu schätzen.

Anmerkungen

Seite

12 * Fermo e Lucia war eine frühe Fassung des Romans I Promessi Sposi, Die Verlobten, von Alessandro Manzoni (1785–1873): ital. Dichter.

13 * Giosuè Carducci (1835–1907): ital. Dichter und Schriftsteller.

16 * Gianfranco Contini (* 1912): ital. Dichter und Philologe.

17 * Beppe Fenoglio (1922–1963): ital. Erzähler. Seine Werke haben großenteils die Partisanenzeit des Zweiten Weltkrieges zum Gegenstand.

18 * Langhe: hügeliger Landstrich im Piemont/südlich von Turin.

18 ** Cesare Pavese (1908–1950): ital. Schriftsteller.

18 *** Alberto Savinio: Pseudonym des Erzählers, Malers und Musikers Andrea de Chiricio (1891 [Athen] – 1952 [Rom]).

18 **** Dino Buzzati (1906–1972): ital. Schriftsteller.

18 ***** Tommaso Landolfi (1908–1979): ital. Erzähler.

21 * Elio Vittorini (1908–1966): ital. Erzähler.

22 * Antonio Gramsci (1891–1937): ital. Denker und Politiker, Mitbegründer der Kommunistischen Partei Italiens.

25 * Querelle des anciens et des modernes ... Nach E. R. Curtius, Europäische Literatur und lateinisches Mittelalter, 2. Aufl. 1954, S. 256 handelt es sich dabei um ein »Konstantes Phänomen der Literaturgeschichte und der Literatursoziologie«.

26 * Edoardo Sanguineti (* 1930): ital. Schriftsteller und Kritiker.

31 * Alessandria ist eine Stadt in Norditalien (Piemont).

31 ** Caltanisetta liegt auf Sizilien.

32 * Raffaele La Capria (* 1922): ital. Erzähler.

35 * Ugo Foscolo (1778–1827): ital. Dichter und Schriftsteller.

35 ** Giacomo Leopardi (1798–1837): ital. Lyriker und Prosaschriftsteller.

38 * Giuseppe Garibaldi (1807–1882): ital. Freiheitskämpfer, General und Schriftsteller. Maßgebende Figur des *Risorgimento*.

39 * Francesco Domenico Guerrazzi (1804–1873): ital. Schriftsteller und Politiker.

47 * Danilo Dolci (* 1924): ital. Soziologe, der im Kampf gegen Armut und Analphabetentum in Auseinander-

setzungen mit den Behörden verstrickt war; zahlreiche Bücher.

67 * PCI: Partito Comunista Italiano, die Italienische Kommunistische Partei.

68 * DC: Democrazia Cristiana, die Italienische Christlichdemokratische Partei

69 * Budrio: Stadt in Norditalien, nordöstlich von Bologna.

69 ** Adolphe Appia (1862–1928): Schweizer Bühnenbildner, der sich gegen das naturalistische Bühnenbild wandte und insbesondere Bühnenbilder zu Opern von Richard Wagner schuf. Verfasser zahlreicher theoretischer Schriften.

70 * Palmiro Togliatti (1893–1964): einer der Gründer der Kommunistischen Partei Italiens und bis zu seinem Tod ihr Generalsekretär.

70 ** Unità: Parteiorgan der Kommunistischen Partei Italiens.

71 * I promessi sposi (Die Verlobten): historischer Roman von Manzoni, vgl. Anm. zu S. 12.

109 * Alessandria: Stadt mit ca. 100000 Einwohnern in Norditalien (Piemont).

129 * Braidense: Biblioteca Nazionale Braidense, die im Palazzo Brera untergebracht ist und ihre alten Bestände u.a. im Zusammenhang mit der Aufhebung religiöser Orden erworben hat.

160 * Carmagnola: Il Conte di Carmagnola, Tragödie von Manzoni (vgl. auch Anm. zu S. 16).

160 ** Programma di Erlangen di Klein: Felix Klein (1849–1925), deutscher Mathematiker, der auch an der Universität Erlangen lehrte.

162 * Le grand Meaulnes: Roman von Alain-Fournier, deutsch Der große Kamerad, Hamburg 1956.

184 * Camillo Benso Conte di Cavour (1810–1861): bedeutender Politiker auf dem Weg Italiens zum Einheitsstaat.

184 ** Felice Cavalotti (1842–1898): ital. Politiker, Journalist und Schriftsteller.

188 * Adelchi: Tragödie von Manzoni (vgl. Anm. zu S. 16).

190 * Wohl Anspielung auf Dantes »dolce stil nuovo«, vgl. Die Göttliche Komodie, Purg. XXIV 52–54 (deutsch von Karl Streckfuß): »Dem Hauch der Liebe lausch ich sinnend; was sie mir vorspricht, nehm ich wahr und schreibt es nach, nichts aus mir selbst ersinnend.«

195 * Giovanni Gentile (1875–1944): Politiker und Philosoph des Faschismus.

255 * So wurde die (letztlich erfolglose) parlamentarische Opposition gegen die Regierung Mussolini im Jahre 1924 genannt, die sich auf den Aventin, einen der sieben Hügel Roms, zurückgezogen hatte.

UTB

Uni-Taschenbücher GmbH
Stuttgart

Band 578
Deutsche Juristen aus fünf Jahrhunderten
Eine biographische Einführung in die Geschichte der Rechtswissenschaft. Herausgegeben von Prof. Dr. Gerd Kleinheyer, Bonn, und Prof. Dr. Jan Schröder, Bonn. Unter Mitarbeit von Erwin Forster, Hagen Hof und Bernhard Pahlmann. 2., neubearbeitete Auflage. 1983. 409 S. DM 29,80. C. F. Müller

Band 593
Einführung in Rechtsphilosophie und Rechtstheorie der Gegenwart
Herausgegeben von Prof. Dr. Dr. h. c. Arthur Kaufmann, München und Prof. Dr. Wilfried Hassemer, Frankfurt. 4., völlig neubearbeitete und erweiterte Auflage. 1985. XXVI, 445 S. DM 26,80. C. F. Müller

Band 594
Kriminologie
Eine Einführung in die Grundlagen. Von Prof. Dr. Günther Kaiser, Freiburg. 7., völlig neubearbeitete und ergänzte Auflage. 1985. XVIII, 393 S. DM 29,80. C. F. Müller

Band 706
Strafvollzug
Eine Einführung in die Grundlagen. Von Prof. Dr. Günther Kaiser, Freiburg. Prof. Dr. Hans-Jürgen Kerner, Heidelberg und Prof. Dr. Heinz Schöch, Göttingen. 3., neubearbeitete Auflage. 1983. 544 S. DM 29,80. C. F. Müller

Band 764
Grundzüge des Polizei- und Ordnungsrechts in der Bundesrepublik Deutschland
Von Prof. Dr. Heinrich Scholler, München, und Prof. Dr. Siegfried Broß, Richter am BGH. 3., völlig neubearbeitete Auflage. 1982. XV, 300 S. DM 23,80. C. F. Müller

Band 765
Soziologie der öffentlichen Verwaltung
Von Prof. Dr. Renate Mayntz, Köln. 3., überarbeitete Auflage. 1985. X, 265 S. DM 19,80. C. F. Müller

Band 880
Konkurs- und Vergleichsrecht
Von Prof. Dr. Dr. h.c. Fritz Baur, Tübingen. 2., neubearbeitete Auflage. 1983. XIV, 220 S. DM 22,80. C. F. Müller

Band 881
Grundzüge des Kommunalrechts in der Bundesrepublik Deutschland
Von Prof. Dr. Heinrich Scholler, München, und Dr. Siegfried Broß, Richter am BGH. 3., neubearbeitete Auflage. 1984. XIV, 286 S. DM 23,80. C. F. Müller

Band 882
Grundzüge der Neueren Privatrechtsgeschichte
Ein Studienbuch. Von Prof. Dr. Hans Schlosser, Augsburg. 6., völlig neubearbeitete und erweiterte Auflage. 1988. Ca. 280 S. Ca. DM 24,80. C. F. Müller

Band 883
Rechtstheorie für Studenten
Normlogik – Methodenlehre – Rechtspolitologie. Von Prof. Dr. Klaus Adomeit, Berlin. 2., durchgesehene Auflage. 1981. XV, 191 S. DM 19,80. C. F. Müller

Band 930
Deutsche Verfassungsgeschichte der Neuzeit
Eine Einführung in die Grundlagen. Von Prof. Dr. Christian-Friedrich Menger, Münster. 6., durchgesehene Auflage. 1988. VIII, 227 S. DM 19,80. C. F. Müller

Band 932
Recht der Betriebs- und Unternehmensmitbestimmung
Band 1: Grundriß. Von Prof. Dr. Reinhard Richardi, Regensburg. 2., überarbeitete und erweiterte Auflage. 1979. XXX, 210 S. DM 18,80. C. F. Müller

Band 933
Recht der Betriebs- und Unternehmensmitbestimmung
Band 2: Examinatorium. Von Prof. Dr. Reinhard Richardi. Regensburg. 2., völlig neubearbeitete Auflage. 1979. IX, 192 S. DM 18,80. C. F. Müller

Band 1042
Die geistesgeschichtlichen Grundlagen des deutschen Rechts
Zwischen Hierarchie und Demokratie. Eine Einführung. Von Prof. Dr. Hans Hattenhauer, Kiel. 3., überarbeitete und erweiterte Auflage. 1983. XII, 428 S. DM 28,80. C. F. Müller

Band 1093
Gesellschaftsrecht
Die privatrechtlichen Ordnungsstrukturen und Regelungsprobleme von Verbänden und Unternehmen. Ein Lehrbuch für Juristen und Wirtschaftswissenschaftler. Von Prof. Dr. Friedrich Kübler, Frankfurt. 2. neubearbeitete und erweiterte Auflage. 1986. XXIV, 451 S. DM 29,80. C. F. Müller

Band 1094
Wahlfach Sozialrecht
Eine Einführung mit Examinatorium. Herausgegeben von Prof. Dr. Hans F. Zacher, München. 2., völlig neubearbeitete und erweiterte Auflage. 1981. 296 S. DM 22,80. C. F. Müller

Band 1095
Einführung in das Wettbewerbs- und Kartellrecht
Von Prof. Dr. Fritz Rittner, Freiburg. 2., neubearbeitete Auflage. 1985. XXXIV, 450 S. DM 29,80. C. F. Müller

Band 1133
Verwaltungslehre
Einführung mit Examinatorium. Von Prof. Dr. Franz Knöpfle, Augsburg, und Prof. Dr. Werner Thieme, Hamburg. 2., völlig neubearbeitete und erweiterte Auflage. 1984. VIII, 188 S. DM 19,80. C. F. Müller

Band 1134
Wahlfach Internationales Privatrecht und Rechtsvergleichung
Einführung mit Examinatorium. Von Prof. Dr. Dr. h.c. Fritz Sturm, Lausanne. 1982. 304 S. DM 24,80. C. F. Müller

Band 1135
Grundkurs im BGB Band 1
Von Prof. Dr. Hans Schulte. 3., neubearbeitete Auflage. 1988.

Band 1136
Antike Denker über den Staat
Eine Einführung in die politische Philosophie. Von Prof. Dr. Klaus Adomeit, Berlin. 1982. XVI, 215 S. DM 19,80. R. v. Decker